宁波文化研究工程·专门史研究　ZM10.201103

# 宁波古村落史研究

## NING BO GU CUN LUO SHI YAN JIU

### 邱枫 著

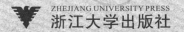
ZHEJIANG UNIVERSITY PRESS
浙江大学出版社

图书在版编目(CIP)数据

宁波古村落史研究 / 邱枫著. —杭州：浙江大学
出版社,2011.11
ISBN 978-7-308-09322-4

Ⅰ.①宁… Ⅱ.①邱… Ⅲ.①村落－文化史－研究－
宁波市 Ⅳ.①K295.53

中国版本图书馆 CIP 数据核字(2011)第 241396 号

**宁波古村落史研究**

邱　枫　著

---

**责任编辑**　吴伟伟 weiweiwu@zju.edu.cn

**封面设计**　十木米

**出版发行**　浙江大学出版社

　　　　　　（杭州市天目山路 148 号　邮政编码 310007）

　　　　　　（网址：http://www.zjupress.com）

**排　　版**　浙江时代出版服务有限公司

**印　　刷**　杭州日报报业集团盛元印务有限公司

**开　　本**　710mm×1000mm　1/16

**印　　张**　13

**字　　数**　220 千

**版 印 次**　2011 年 11 月第 1 版　2011 年 11 月第 1 次印刷

**书　　号**　ISBN 978-7-308-09322-4

**定　　价**　32.00 元

---

# 前　言

　　"六遂"称野,炊烟袅然处有人家,于此聚族形成村落——城市之外的聚落,形态殊异。村落是人类聚集、生产、生活和繁衍的最初形式,自古有之,但一直处于演进发展之中。进入现代社会以后,无论是自古以来的穷乡僻壤,还是交通重心发生位移形成的相对封闭,在一些演进较为缓慢的特定地域,仍有幸保存着各个特定历史时期的一些村落,而且村落的环境、建筑、历史文脉、传统氛围均保存较好,这样的村落即我们所称的"古村落"。

　　宁波地区的古村落,之所以能够保存至今成为"古村落",是因为在20世纪80年代始至今的改革开放时期较少受到乡村工业经济发展及大拆大建的冲击,得以能够较多地保持营造之初至今、历经各代的建设留存下来的,较为完整和体现历史纵贯性的实物形态和生活形态,而并不是说这些村落的历史就一定比其他的村落的历史更为"古"。很多古村落因为历史变动损毁较多,或异地迁建,或逐渐遭遗弃,甚至完全推倒新建,而失去了"古村落"的称号,其实它们的历史倒真是相当源远流长的。事实上,宁波地区的村落的历史与宁波地区的开发史是并行的,相对较年轻的村落也基本都在晚明之前就已经形成了定居点。我们今天判断"古村落"的标准,主要是截在当前这一时间横断面,看这个村落聚落风貌留存之"古"意的浓淡。

　　是什么原因使自然村落成为历史存留,成为"文化遗产",成为我们今天称之为的"古村落"的呢? 原因大体有四:

其一,地理环境的封闭性。多数古村落地处偏远的地区,交通不便,信息不灵,与外界交流交往甚少,经济社会文化处于一种自我循环之中。

其二,自然资源禀赋较好。

其三,宗法制度较严。维持自然村落百年千年生产方式、生活方式变化很少、比较稳定的重要原因,是乡土的制度保证。乡土制度在自然村落中,往往表现为宗法制度,祠堂是它们的地方法庭;村规民约、家规宗族制度是它们的"宪法",而且它们执法都非常严厉。

其四,文化的认同。自然村落一般成为文化遗产,是因为这种文化的认同能延续百年、千年。它们文化的"先进性"与"文明性",不是世人的标准,而是自己的标准。它们的文化不是面向外部世界的,要别人认同,要别人看,或有什么商业目的。这种文化就和生儿育女一样一代一代繁衍、承续。这就是人们把生儿育女叫做传宗接代的缘故。这种文化的认同,几乎渗透在村落人们的一切生产行为中,生活行为中,社交行为中。村落的一砖一瓦、一草一木、一房一舍、一街一巷、一河一塘都浸透了这种文化;村落的人们的一言一行也浸透着这种文化;他们的语言、习俗、服饰都折射着这种文化。

古村落文化的构成要素体系详见表0-1。

表 0-1　古村落文化构成要素体系

| | | |
|---|---|---|
| 村落环境 | 自然环境 | 山、水、农田、林地、大气、动植物等 |
| | 人工环境 | 建筑、街巷、村落格局、风貌、空间形态等 |
| | 人文环境 | 风俗习惯、艺术、经济、文化等 |
| 村落生态 | 自然生态 | 水、土、动植物、气候等 |
| | 人居生态 | 社会—经济—自然复合生态系统的和谐、适用、安全、文化、人性化、经济性等 |
| | 文化生态 | 传统地方文化特色环境 |
| 村落景观 | 自然景观 | 由山水林田等构成的景观格局,视觉意向 |
| | 历史景观 | 在历史上有意义的建筑物、遗迹或标志性景观 |
| | 人的活动 | 劳作、交往、休憩、礼仪、宗教、祭祀、节庆等 |
| 村落特色 | 地域特色 | |
| | 村落风貌 | 建筑特色,村落格局 |
| | 场所精神 | 空间特色,生活特色 |

| | | |
|---|---|---|
| 村落历史 | 文物古迹、历史建筑 | |
| | 古典园林、历史节点 | |
| | 文献、传说 | |
| 村落情趣要素 | 民俗 | 节日、集市、传统文艺、风俗、习惯、节庆活动,等等 |
| | 生产 | |
| | 气候 | 春夏秋冬、日、月、星、风、云、雨、余晖等 |

　　如果说远古新石器时期的河姆渡是宁波发展的第一站的话,那么,河姆渡东面古越国的军港、姚江北边的城山渡(今江北慈城乍浦)则是宁波发展的第二站。自从江南地区并入秦,成为大一统国家一部分以后,创造宁波文化的主人也逐渐发生了变化。秦时实行了大规模的迁移政策,越人被迁移到江淮流域,而汉人则不断迁入浙江,迁入宁波。从此,宁波文化的主人逐渐转换为讲汉语的汉人。[①] 汉唐时期的浙东地区,出现了几个文化家族,如虞氏、贺氏、王氏、谢氏等,其中,虞氏家族位属今天宁波区域的余姚,这些大家族都是北方移民后裔。也就是说,这个时期,移民文化程度较土著高,浙东文化是一种“移植型”文化,从此,宁波文化并入汉族儒家文化圈,并逐渐兴盛起来。通常我们把宁波划归在江南这一大的人文地理和文化范畴,这也奠定了宁波古村落的文化基调——江南古村落,而同样密布河流水网、湖泊池塘的地形地貌也赋予了它“江南”这一特定意境的物质基础和现实需求。

　　作为村落的“江南”包含了何种因素?多雨与潮湿,使“天·地·人”之间因为濛濛水气而紧密地联系在一起。“避天水,近地水”成为江南建筑的特点。桥、水渠、水埠头、水巷、墙根浸泡在水里的民居,处处都能闻到水的气息,听到水的声音,哪怕是许多并不能直接见到水的街巷,都有一种濒水的意境。江南本质上就是一种意境地。石的基,木的架,砖的隔,瓦的盖,主题全是水,而北方的主题则是冬天的寒气。不同材料的结点:石与木的柱础、石与砖的墙脚(石窗)、砖与瓦的檐、木与瓦的梁椽,等等,这一切都围绕着“不烂、不湿、不淋”的主题。

　　严格地考证宁波每一个古村落建村伊始的年代是一件非常困难而不

————————

① 　钱茂伟:《宁波的历史与传统文化》,宁波出版社 2007 年版,第 2 页。

一定会有定论的事情,除了少数村落之外,宁波乡间大多数村落并没有编制完整的村史村志,也没有流传下来始末确凿的家族谱牒,村落的历史只在口口相传的传说或故事中,现在则只能在很年长的村民那里或有听闻。但是依据宁波地区拓殖定居、移民开发的区域开发史,我们可以判断,宁波现存的古村落,最早建于晚唐和五代。随着宋室南迁,宁波由昔日的边缘地区成为京畿之地,许多北方大族迁徙到浙江,在南宋时期有一个建村的高潮,所以在宁波偏僻的山水之间,建于南宋的古村落比比皆是。早于此的有近年介绍较多的千年进士古村走马塘,其始建于北宋端拱(988—989)年间,是江苏长洲陈氏迁居的结果。北宋时,长洲进士陈矜任明州知府,死后葬于城南的茅山,其子为父守陵,带家眷定居走马塘,遂成为今走马塘人的祖先,至今已传38代。据宁波天一阁藏的陈氏家谱,宋以后历朝,这里出过76位进士,被誉为"中国进士第一村"。宁波地区现有建筑群规模最大、保存最完整的石屋古村——宁海许家山村,则是南宋末年宰相叶梦鼎的后裔叶大卿父子自东仓避乱至此,定居繁衍,延续至今。村落现成为浙东沿海山地石屋建筑群落的典范,许家山古道在明清两代是象山通往宁海县府的主要官道。

　　当然,因为岁月的关系,存世最多、保存最好的,还是各个古村落在明清两代时期的建设。对于现代人来说,无论这些古村落建于哪个朝代,都是古老而陌生的。这些村落的构建和村民们代代相传的生活方式,还有那些久远的故事,相对我们而言都是新鲜而生动的。

　　宁波的地理整体趋势是由西向东倾斜,东临东海。西北部主要以山地为主,山脉连绵,千米高峰迭起,阻挡冬季寒流;向东南发展,丘陵缓延,宁绍冲积平原,地势平坦,河道纵横;沿海海岸曲折,港湾众多,岛屿星罗棋布。总的来说,宁波地区地理环境复杂,地貌多样,有山地、丘陵、平原、河网、海滨,从而孕育了形式多样的民居样式,既有拙朴自由的山乡民居,有宗法血缘维系成的平原传统聚落,有交通要道汇成集市而形成的地缘村落,又有海洋文化浸染出的别有特色的渔港民居。村落的形态也因地理环境的多样而愈加呈现出异彩纷呈的面貌。

　　不过,我们仍然可以从中剥离出一些共同的要素和特征。宁波地区的古村落,在其独特的自然与人文环境中,经过较长时间的发展演变,形成了自己的固有特色和风格:

　　其一,地域类型的多元性和多样性。宁波地区的古村落,论历史年代,自唐经宋、元、明、清至民国各个历史时期都有，尤其以明清时期的古村落最为常见；按功能特征分，农耕型、驿站渡口型、滨海渔村型、山水隐逸型等类型齐备，但以农耕型为主体；按其历史成因，原始定居型、地区开发型、民族迁徙型、避世迁居型、历时嵌入型等样样齐全；按村落的平面形态特征，聚集型、松散团聚型、散居型都有，尤以规模较大的聚集型多见；按其文化性质，如皖南地区的商业型和浙江永嘉地区的典型耕读型，在这里都有，但以耕读型最为普遍。从总体上看，宁波地区的古村落表现出多元、多样性的特征，堪称古村落博物馆。

其二，功能、结构的地域差异性。宁波地区古村落按其实用功能和结构特征，各个不同地域会显示出明显差异，尤以驿道、水道边的交通节点形成的商业型古村落和滨海的渔村最具地域特色。宁波地区古村落既保留了中原汉文化古风，又与当地特殊而艰险的自然、人文环境相适应，表现出的第一个最鲜明特征，就是宗族聚居，即一个村落几乎都是由许多具有血缘关系的家庭共同组成的宗族大家。

其三，古村落地域分布的高度集中性。中国的古村落以秀丽的山水风光、恬静的田园生活和理想的耕读环境，形成至真至美的境界，因此多依山傍水、贴近自然。宁波地区虽自然生态环境十分优越的平地不多，但环境优美的小型山间盆地却成串地沿河溪分布，这些地区自然成了古村落高度聚集的区域。

其四，宁波灿若繁星的优秀村落，得以保存原真风貌至今而能在众多村落中成其为"古村落"，与其连绵不绝的山川、更迭的交通，有着密不可分的因果关系。按照古村落遗存分布的规律，古村落得以保留主要取决于其所处的自然与交通环境。

其一般都分布在两类区域：一是古代乡村经济、文化和交通比较发达，而近现代交通重心发生偏移的区域。浙江与闽、赣、皖、苏、沪五省市相邻，其中与闽、赣、皖三省接壤面积最广，并且大多为山地。其间驿道纵横交错，数百年来交通变化繁杂，近百年更是变化巨大。古驿道像一条珠链串起了许多的古村落，如宁海茶院乡的许家山村，其山间的石路就是刚刚修复绕村而过的登山步道，在古代是象山通往宁海县府的主要官道。据记载，明弘治元年(1488)，朝鲜文化名人崔溥奉命去济州岛扫墓，突遭暴雨，漂至浙江台州海滨登陆，后行路8000多公里历经136天回到朝鲜。在崔溥所著的《漂海录》一书中，赫然出现了许家山的名字："廿五日乘船到越溪巡检司,廿六日过亭头港从越溪铺开始步行。过西洋岭、许家山至市奥铺。"
村落位于山顶,周围都是山地,植被保护得很好,草木茂盛,古枫参天,翠竹
亭亭,走进许家山仿佛走进一个世外桃源,其最大的特点是原始、荒野之
美,全村绝大部分都是山里开凿的黑色玄武岩(当地人称"铜板石")堆垒而

图 0-1　宁海许家山村内驿道

成的石屋。许家山是宁波市现存规模最大、保存最完整的石屋建筑群,也是浙东沿海山地石屋建筑群落的典范,堪称"石头王国"(见图 0-1)。再如象山的儒雅洋村,村落古为象山至宁波驿道所经,曾设邮驿,村东北道路沿溪至欧阳桥折东跨西沙经墙头镇通县城。民国时期较长一段时间内为乡公所驻地,信用社、邮电局、影剧院、初中、中心小学均设于此,除了商店,还有农贸市场,逢农历四、九集市,一直到 20 世纪 80 年代都是象西的政治、经济、文化中心,村街两侧店铺林立,商贸繁荣。

浙东山阻路隔、地狭人稠,
自然资源缺乏,自古经商之风较盛。穿梭在浙、闽、赣、皖边界崇山峻岭中
的商贾们,在不断寻找贸易和运输中转地点的过程中,无意间创造了聚落
建造的辉煌,为后人留下宝贵的财富。如地处宁波东钱湖南岸的韩岭村,
在北宋王安石治鄞时已形成逢五、逢十的定期集市。1140 年,南宋丞相史
浩经韩岭去祖居下水村,留下《东湖游山》一诗,其中就有"中有村虚号韩
岭,渔歌樵斧声相参"之句,足见韩岭集市在当时已小有名气。在此后的几
百年间,韩岭一直是宁波市区连接象山港的最重要交通枢纽和水陆转运中
心,在市区乘航船穿钱湖至韩岭上岸,过村南茅岭墩,向东南可达大嵩海
滨。象山港的海鲜、城杨的山货竹木、宁波城的南货洋布等,均需在韩岭过
驳、交易,同时它还是鄞县境内诸多村落之间交通的必经要道。水陆交通
节点这一重要的地理位置造就了韩岭集市的空前繁荣,全盛时韩岭老街上

店铺林立,往返于城内的航船每天高达18班之多,可见当时人员货物往来之频繁。同样的例子还有奉化的岩头村和鄞州横街镇的凤岙村,等等。

　　二是历来就是比较偏僻独立的区域。相对独立和偏处一隅,使村落将外来文明的侵蚀降到最低程度,保持着长时间的稳定和安宁。如奉化溪口镇的栖霞坑村,其村落的地理环境如同它的名字——位于四面环山的山坳中,犹如处于一个"坑"中。栖霞坑村中只有一条山溪,溪水由西往东

图0-2　奉化栖霞坑村全景

流,水声潺潺,山涧水清澈见底,涧中央的石头已被山水冲刷得十分圆润光滑,涧水是村民们唯一的生活水源,于是民居等各类房屋便建在这条山涧两边,山涧似乎成为了村落的脊梁,维持着整个村落的生命,同时使村落呈一种典型的带形整体格局。另外,由于村落处于南北两座山的山坳中,平面上处于村落中心地带的地势相对较两边低,所以民居在沿着水系东西向分布的同时,分别从中间向南北向渐渐上升,因为这一特定的地理环境,村落的布局呈立体而非平面式的背山面溪分布(见图0-2、图0-3),成就了它独特的格局和面貌。有趣的是栖霞坑村中只有一条街,在山涧的南侧,紧靠山涧,也呈东西走向,宽约2.5米,贯穿着整个村落,是村落的主要交通要道。据说古街原来都是鹅卵石铺地,顺着山势自由向上盘旋的蜿蜒小巷与古街相连,连通着主街与村中的家家户户。山涧北面的民房也通过山涧上的石桥与主街连通,所以村中的整个道路系统就像是叶子的脉络,主脉与次脉根据地势与房屋位置而作适宜的变形。栖霞坑处于延绵的山岙中,本应该是个不受外界干扰的世外桃源,但在抗战期间还是受到了日寇的践踏与破坏,不少古建筑——比如说祠堂等,在那时被摧毁,可以说那段历史给

这个古老的村落造成了不可磨灭的伤害。

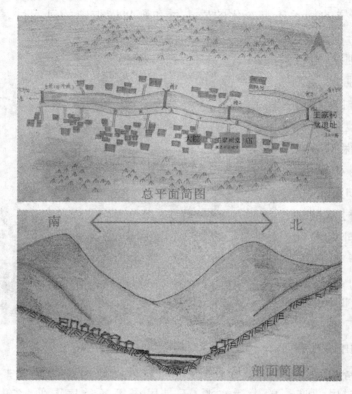

图 0-3　奉化栖霞坑村平面与剖面示意图

　　笔者多年来足迹到访过宁波诸多古村落,采风、调研,从最初的欣赏、感动到心怀一份沉甸甸的责任。本书从宁波一地的历史地理和区域开发的历史着手,探讨宁波古村落的源流、分布、整体面貌,从宏观、中观、微观三个层次绘就宁波古村落的群像。同时选择包括宁波市首批"十大历史文化名村"在内的一批遗存状况良好的优秀古村落为重点和例证,从村落布局形态、环境营造、民居建造、宗族演化和风俗等层面刻画村落的具体表情,点面结合,力图描摹宁波古村落物质形态和非物质形态的双重特征。

邱　枫

2011 年 9 月

# 目　　录

# 第一章　宁波古村落的历史地理研究

## 第一节　宁波地区开发简史

　　古村落的平面形态、功能构成、建筑风格、文化氛围，以及数量、规模、质量等，都受制于特定的历史地理环境背景。

　　宁波所隶属的浙东地区，浙江境内的各大山脉在这里趋于平缓，向东海延伸。这些地方大都属于丘陵和平原相间的地区。水是民生之本，村落选址最基本的依据是干净和方便的水源，村落的构建大多和水系有着亲密的关系，村中多会建设集生活、灌溉和消防等功能于一体的水利系统。因此不难理解，在于越时代，环宁波平原的山麓溪谷形成了最早的一批生民聚落，其大者有三处，分别汇集于淡水丰富的山口溪谷小平原上。当秦王朝郡县天下的时候，在当时"海涯鄙地"的甬句地区设置了鄞、鄮、句章三县，这种行政建置的密度在非中原地区是罕见的，其基本依据不外乎原住民聚居的密度。鄞县建立在今奉化白杜，其地俗名有城山；鄮县在今鄞州宝幢的同谷下庄，其地今有雅庄；句章在今余姚大隐与鄞州歧阳交界处的姚江边的城山。此三处均得淡水之利。此外在姚江上游建立了余姚。鄞与句章本为越国故聚落，是在关于越国的文献中已经出现过的古地名。至于鄮县是秦置县抑或汉置县，历来有两种说法，因为至今未发现鄮县为秦代建置的确切史料，但是汉代建有鄮县，这是事实。宁波最早的一批村落的建置就应该集中在上述三处。三县治周边的考古发现，可证明当时已有大的聚落。①

随着今平原中部的逐渐成陆，三县联动开发的大趋势日益明显，寻找新的地域中心便成为这段历史的一大主题。中部日益成陆的海涂，以其可贵的土地与物产资源吸引着山麓的居民，使他们看到广阔的开拓前景。然而海涂漫漫，斥卤难治，人们尝试着向中部挺进，演进了千年探索的勇敢者历史。村落开发建设的历史就伴随着这一地域拓殖的过程和路径，开始覆盖整个宁波平原。今余姚江、奉化江和甬江的三江汇流处，1500 年前是茫茫海涂中的一块高地，其平均海拔约比滩涂高 2 米左右，最高处约在今宁波南城区的祖关山。在今海曙祖关山、江北湾头和江东道士堰一带均有汉、晋墓葬群发现，出土器物已十分生活化，据此基本可以判断，在六朝前，三江高地上基本形成了村庄规模的居民聚落。在平原的不断开发中，沿山麓而设的三个县的机制必然要形成统一体，这是地域经济一体化的需要。

甬江流域大规模的土地开垦在南朝时代。开垦与移民是这一时代甬江流域的历史主调。统一开垦需要统一的行政调度，三县鼎立的体制结束了，开始了四县合一的时代。刘牢之与孙恩的一场战争摧毁了城山的句章城，也为它提供了另择城址的机会。在樟溪冲出山口的光溪，建立了新句章县治。重选县址的意义在于，光溪镇所扼樟溪之水，乃是宁波平原最丰富的一笔淡水资源，樟水一支灌注到下游的小江湖中，湖泊的东面是一望无边的可供日后开发的滩涂地；另一支流经鄞江，一条可以通航的平稳河江，为日后的运输提供了基础。

南朝·宋大明四年（460），山阴地区因为土地兼并，导致大批失田农民迁入句章地区，拉开了宁波平原大规模土地开发的序幕。大明七年，南朝·宋东土大旱，而鄞县未开垦土地较多，会稽太守刘子尚到今鄞、奉一带劝农，鼓励农民烧燔垦殖。齐梁年间（502 年前后），句章县将海迹泻湖开修成蓄泄淡水的罂豆湖，使县内的大批土地得到灌溉。句章得樟水、小江湖和罂豆湖的水利灌溉，经济优越于其他各县。故在隋开皇九年（598），鄞、鄮、余姚三县入句章，史称"大句章"，使光溪成为甬江流域经济和政治

---

① 早期县的建立按"大率方百里"的笼统概念，按聚落为中心划分，未有明确的疆界。句章城北的乌石山、五步山，分布着西周至汉晋时期的古墓群，1995 年发掘 30 余座。白杜南岙分布有大量汉晋古墓，此处距故鄞县治不足 2 公里。2006 年为配合农田基本建设，发掘了古墓几百座。

中心。

　　带着土地开垦和人口增加的强大趋势，甬江流域进入了唐朝时代。作为地域中心的光溪日益凸现出它偏远一隅的弱点，而在开发中越来越成气候的三江高地，逐渐成长为新的地域中心。621年，唐王朝从四县合一的大句章中将原来的句章县境土地分离出来，单独建立一个州，称鄮州；鄮州设州治于三江高地，这可以看做对在三江高地建立行政中心的一次试探性的建置行为。四年后的625年，由于水利、交通和后方供给等诸多原因，新的鄮州撤销了，又恢复大句章的建置，只是县名更改为鄮县。738年，唐王朝将润州（今江苏镇江）多年水旱灾害中的2万流民安置到鄮县，在初唐人口稀少的时代，突然增加如此巨大的人口，顿使城市的规模升级，这就为鄮县升级为州级城市提供了契机。鉴于鄮县人口剧增，738当年在鄮县建立了州级机制。唐长庆元年（821），明州刺史在三江高地建造明州州城，这座要塞式小城，日后被称作宁波的子城，今鼓楼就是子城的南城门。至此，甬江流域正式完成寻找地域中心的历史使命，也从此确定了宁波城市的发展方向。从621年到821年，在整整200年的时间里，甬江流域终于完成了地域中心的转换，在三江口产生了真正意义的州级城市，也意味着宁波平原的开发进入了成熟期。

## 第二节　耕地的开拓

　　聚落定居是以稳定的食物来源为前提的，稻作农业是聚落攸关生存的经济基础，因此村落是地缘历史的产物，也是人与自然争斗的结果，这一点在"七山二水一分田"的浙江地区表现得尤为典型。

　　了解宁波地区村落发展的脉络，有两条线索可以帮助我们寻找答案：一是作为村落物质生活基础的耕地的开拓；二是宗族定居的历史。这两条线索是紧密联系又互相印证的。宁波地域耕地开拓的拓殖开发史的指向是从山前"台地"向三江平原挺进，即以潮汐不能波及的较高燥的山麓冲积扇为发源地，逐渐在三江地带利用丘阜建立聚落开拓平原，最后推进到平原中心建立聚居点，拓殖幅度也由偏狭愈益转向广域。拓殖推进的脉络即是宁波村落发展的脉络。

　　然而，中国的历史学家向来注重国家史和政治史，而地方层面的土地开拓史很难找到原始资料。然而有两个成果可以帮助我们间接了解耕地开拓情况,这就是水利和田赋。很显然,各个时代兴修水利都不是为水利而水利,基本上都是为了蓄泄和灌溉,也就是说,水利修到哪里,基本上耕地也开发到哪里。

宁波平原是在全新世海侵的海涂上逐步成陆开发的,它的基本特点是改造盐碱地,因此淡水是必要的条件。只有淡水的引入,才可能农耕;有农耕方可能定居,有定居才可能形成村落。因此,在平原开发之前,早期的村落基本上分布于有淡水的山口,大的居民聚落如坐落在今天白杜的"鄞"、宝幢的"鄮"和城山渡的"句章",无不具备这样的条件。

宁波平原的水利史有十分明确的阶段性特点。唐代是治源头,它山堰、东钱湖和广德湖的治理,是唐代载入史册的三大水利工程。两个湖泊的功能显然都是潴蓄淡水的,而它山堰则是渠首引水工程,但是我们不能忘记紧接它的下游有一个小江湖,从而配套完善了它的蓄水功能。唐代见诸史册的另一处水利工程仲夏堰,只是为小江湖分配淡水的闸口。我们基本上可以断定,当时的耕地主要在这三大湖的周边,而早期的村落也聚居在这些地区。值得指出的是,由于它山之水向东引导,在今天的宁波城市所在地潴成了日、月二湖,这两个湖泊边在明州城池建筑之前也是耕地和村落的集结地。

宋代的水利工程都是政府组织的对干流的治理,主要解决"三江"与"六塘江"之间的关系,工程都是沿江可以闭启的活动水闸,这也就暗示了新的耕地沿着六塘河两岸形成带状的分布,宋代的村落就必然基本坐落在这些"耕地带"上。再往北的慈溪东北部地区较为多山,且又靠近海边,在早期谷物只能依靠池塘蓄水进行小规模的灌溉。为了保护这一地区免遭干旱和咸潮之苦,唐宋时期这里也修筑了一系列的运河和水闸,大大促进了这一地区农业的发展,村落也随之生长壮大。沿杭州湾的大部分海岸地区(从余姚北部到镇海东部)由于土壤多沙和受咸潮影响,原来是不适宜生产和定居的,仅在慈溪县北坡山麓小湖周围有可能种植小面积的水稻,宋代时沿杭州湾建成了一条长石堤塘,使这一地区的盐场和田地得到保护,最后发展成为宁波地区的棉花种植中心。

元代和明代产生了大量的小型水利工程,其基本特点都是堰坝,以土坝为主,与宋代相比较,并没有增加新的可以闭启的水闸。这一事实说明了在民间大规模的耕地开发中,与之配套的小型水利工程以拦蓄为特点,并在平原遍地开花。小型的堰坝,就其工程量而言,一般的家族甚至一个劳动力充足的家庭都可能完成。这就从一个侧面让我们看到了平原耕地在那个时代已经普遍开发。就以宁波平原核心部分的鄞县而言,南宋宝庆年间,有耕地746顷29亩,到明洪武时期,纳入田赋的为10928顷211亩,至明末,全县纳赋耕地为11064顷5亩,这三组数字的对比即是耕地迅速开发的一个生动例证。

明清时期宁波地区农村聚落和人口大幅度增长,其原因一是农耕技术水平的提高;二是商品经济的迅速发展。农耕技术水平的提高,使沿海地区原本不适宜农业耕作的土地得以改良,而沿海地区本身空气湿润、雨量充沛的气候也利于农作物生长。沿海经济的迅速发展,则是宁波聚落和人口的大幅度增长的根本原因,由于农作物生产经济化程度逐渐提高,不适合种植稻谷、小麦等粮食作物的沿海地区,种植了茶叶、棉花等经济作物,并大力发展养蚕业。在明清时期,宁波的茶叶、棉花、丝绸等农副产品不仅在全国范围内流通,还远销海外。

宁波平原上的耕地到明代基本开发完毕,伴随着的是作为居民定居点的平原村落也全部形成。这些村落都是缘水而建、聚族而居,我们从村落的地名上可以看到,这些村落的名字有一个十分明显的特点,那就是“姓氏村落”地名占了绝大多数。首先是大量的纯村落地名:张家、王家、孙家、水家、施家……其次是复合村落地名:孙王、张马、宋严王、孔童张……再次是姓氏加地物地名:钱家边、孙家漕、夏家桥、王家埠头、呑里王、邱隘、王隘、邬隘、柏树方、白龙王庙何家、夜夜红钱家、鹅泾块俞家……还有姓氏加方位地名:上张、下王、上陈、下陈、上李家、下吕家、前殷、东杨、西杨、南楼、北楼、王下溪……这里的“上”、“下”指河流的上下游,“前”、“后”指南北次序,或者与集市的距离;姓氏加方位加地物地名:前虞垾、后虞垾、徐东埭、溪下陈家……

这些地名以平原村落为多,山区就比较多地用地物作为地名,这是因为一方面平原地物标志性不明显,从而姓氏成为标志;另一方面,山区开发晚,先有地物名,再有人居住。

这些村落地名标志着血缘人口的聚族而居,也是耕地成片开发后人口发展的结果。村落,正是在耕地的成片开发中形成,耕地的这般开发历史同时被宁波平原的氏族定居史所证实。今天在平原上聚族而居的村落,几乎全部在明末之前已经出现,而到了清代,凡是外地迁入的姓氏,其定居的方向只有两个,要么因为经商定居于城里,要么清一色地到山区,因为这时候,番薯从福建引入,推动了山地的开发,也为人们在山区的定居创造了物质条件,使得山区村落的定居成为可能。

## 第三节　集市的发展

还有一个现象也可作为宁波地区村落发展脉络的印证,那就是农村集市。中国农村集市的起源至少可上溯到秦汉时代,大规模发展则是在明中叶以后。明末清初的战乱天灾在相当大范围内造成人口流失,经济衰退,农村集市也遭到很大破坏,康熙、雍正年间逐渐恢复,乾隆—道光年间农村集市的发展进入一个全面稳定的增长阶段,全国大多数省区集市数量均较清初有显著增长,其中直隶、山东增长在20%以上,广东、湖北超过50%,四川、江西的数字更是翻了一番还多。集市的发展需要所在地周边有村落及其人口的支撑,起着一定范围方圆之内的货物集散、交易中心的作用。由于农村人口分散、购买水平低,农民购买和出售有明显的间歇性,不足以维持固定商业中心的门槛要求,故以周期性集市和流动贸易为特征。

集镇产生于某一特定地点的影响因素可归纳为:第一,交通线或通航河流的近旁,特别是交汇点,来往客商常经于此,利于物资集散,遂形成场市,如东钱湖南岸的韩岭,地滨钱湖、又连接通往象山的驿道,是重要的水陆转运码头,商业贸易十分繁荣。第二,因寺庙而成场市,如眉山县镇江场,百年前为镇江流而修建镇江庙后,香火很旺,逐渐演变成商业性质。第三,在人口较为集中的较大村落,由当地官吏、大户或同姓家族出头派捐划地,设立市场。具体的集镇产生,往往是以上因素共同作用的结果。集市的出现和分布往往直接体现所在地人口和经济的繁荣程度,集市内交易的主要物品种类也反映出这一地区种植和生产的特色。

与江南的其他地区一样,宁波的村落在空间分布上显然十分密集,方圆十里之内甚至有五六个村落结聚在一起,村与村之间的稳定秩序是一个十分值得关注的事情。除了土地的划分外,有两个因素造成了它们之间的互通性和秩序性,那就是农村集市制度和大村落的示范意义。

集市对村落间的秩序具有意想不到的价值。一般来说,集市把各种"能量级"的村落分成三个档次:基本上在方圆二十里中,能够形成三个"十天三市"的"巨村",其集市的安排基本与农历的一月三十天相适应,相互间的配置一般是农历一四七、二五八、三七十来分组,其能量级相当于集镇。然后是一批"十天两市"的补充机制,如农历一六、二七、四九,形成小区域的循环,由能量级为"大村"的村落来承担。最后是不设集市的小村。这三个级别的村落,因为其势力能量的不同,自然形成规范和带动作用。

在这里值得我们注意的是一个"集市社区"的概念。其实村落还不完全具备真正意义的"农村基本单位",以市场结构组合起来的集市社区才具有农民社会或者传统农耕社会的全部特征,才是一个完善的社会体系。农民的实际社会区域的边界并不是由他所在村庄的狭窄的范围决定,而是由他所在的基层市场区域的边界决定的。以集市社区为特点的基层市场,满足了农民家庭所有正常的贸易需求,既是农产品和手工制品向上流动进入市场体系的起点,也是供农民消费的输入品向下流动的终点。作为社会体系,集市社区是农民熟人社会的边界,农户所需要的劳务和资金需求一般在这里得到满足。在旧时鄞县西乡的草席制作区,这一效果尤其明显。基层市场的频率有效地调节了农民无休止的农作劳动的节奏,也构成了他们通婚圈的范围,并与农民的宗教娱乐活动有关。市场是影响村落发展的重要外部因素,我们不要小看了集市社区的影响力,这种小农经济极为顽强的生命力,使它战胜或者阻碍了以追求利润为动力的经营式农场的发展,一直影响着商品化的生产方式向资本主义过渡。

日本学者斯波义信 20 世纪 60 年代曾经对宁波地区的集市作过详细的研究。他绘制了不同时期宁波地区集市分布的地图。从图 1-1 可以看出,当时除了宁波城最近郊有几个集镇外,在宁波平原上还见不到集镇,这说明当时宁波地区的村落发展还是零星、稀疏的状态,这主要是因为平原中许多地方蓄水和排水问题没有解决不宜于农耕。很明显,除了宁波城最近郊的几个集市外,其他的集市几乎都位于进入山区的路口山麓平原,这说明两个问题:一是早期的村落主要在地势相对较高而又靠近水源的山麓平原发展,这一点在傅璇琮主编的《宁波通史——史前至唐五代卷》中有确切的论断:"定居农业由山麓冲积扇地带向平原地带推进,这是浙东经济开发的历史必然。孤丘聚落的形成对于开发广大的沼泽平原是一个有利的条件,宁波平原的开发即是以一个个孤丘作为跳板而进行的。新中国成立以来,宁波近郊和邻近地区大批古墓葬的发现,证实了东汉时平原孤丘聚落的兴盛。"①二是当时的农村贸易主要就是山区产品交换平原产品,"我们知道,在编号 5、6、7、8、9、18 和 21 等集市中交换的物资主要有木柴、木炭、毛竹和竹笋,而编号 4、15 和 18 等处则位于政府酿酒、收购稻米的地方。"②

图 1-1　1227 年前后宁波地区　　　　　　图 1-2　1560 年前后宁波地区
集镇分布图　　　　　　　　　　　　　　集镇发展图

　　在元明过渡时期,由于长江下游地区的暴动和骚乱中断了大运河的航线,使依赖于这条航线的沿线经济处于瘫痪,从而也阻滞了宁波的发展。明朝政府向农民征收沉重的田赋和严格限制对外贸易,使宁波经济状况更为糟糕,这一时期宁波地区集市的发展停滞不前甚至有所衰退,从图 1-2 中可以看出,这一期间只建立了两个新的农村集镇,而 1227 年以前已建的两个集镇也关闭了。可以想见,村落的发展在这期间也处于衰微之中。

　　然而到明代中期,商业发展的步伐开始加快了,农业的恢复和工业的多种经营与沿海贸易的复活相互配合地向前推进。从图 1-3 中可以看出,这一时期农村集镇网扩展到了全地区,包括姚江流域和甬江北部平原集市

---

①　傅璇琮主编:《宁波通史——史前至唐五代卷》,宁波出版社 2009 年版,第 76 页。
②　[美]施坚雅:《中华帝国晚期的城市》,徐松年、马裕祥、王文源译,中华书局 2000 年版,第 475 页。

都得到了高密度分布的发展,而宁波西部和奉化东北部平原农村集镇也有明显的发展,这明显是这些区域的村落发展和人口扩张带来的地区性贸易的繁荣,而且得益于当时水利工程特别是堤防和排水渠方面的重大进展,促进了宁波东部和南部平原以及象山港北部沿岸地区居民点的逐渐发展。

图 1-3　1730 年前后
宁波地区集镇分布图

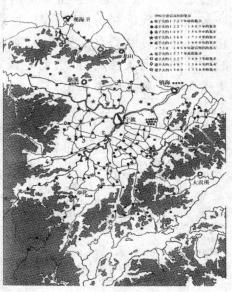

图 1-4　1900 年前后
宁波地区集镇分布图

随着上海开埠后的兴起、轮船的出现,使宁波作为一个远洋贸易中心的重要性下降了,但它作为一个区域中心又繁荣起来,而且由于宁波慢慢变为经济上依附于上海的一个区域性职能的经济中心,它背倚着上海这一个大的市场,与上海定期班轮的开航和当地运输效率的适当改善,提高了宁波腹地内进口商品的比例和促进了农业的商品化。从图 1-4 中可以看到,这一时期整个宁波腹地中新设了好几十个定期集市,到这时,一个稠密的集镇网覆盖到了整个宁波平原,同时也说明,居民点村落在宁波平原全境得到充分发展,农村经济也在同时期达到了成熟的发展,很多留存至今的古村落也在这一时期达到了它的全盛时期。经过这一高峰时期的发展,我们现今看到的古村落的格局、面貌也基本形成了。

集市发展的过程也彰显出宁波村落从"点状"向"树状"最后形成"网

状"层次体系这样一个发展的脉络。集镇的命名与村落呈现出完全不同的景象：集士港、横溪、莫枝、高桥、古林、大嵩、咸祥、车厩、大桥、新契头、柴桥、长街、西店……（当然有些是从村落发展而来，还保留了村落的姓氏地名：比如邱隘、洪塘、庄桥、陆家埠）。这是因为集镇和村落是两种社会功能。村落：家族的聚居地——核心是宗祠、墙门、社火；集镇：市井所在——核心是"街"（城市是"坊"也即是街区）。而且集镇大多集结了众多姓氏，与许多单一姓氏的村落情况迥异，加之集镇在乡村贸易中的节点作用也使得它的交通条件和特点十分重要，所以集镇的命名中往往浓缩了集镇所在地的区位和交通条件的特点，而姓氏这一在村落地名中十分关键的要素，在集镇命名中则已隐去了。

# 第二章 宁波古村落的物质形态特征

　　很显然,村落区别于其他类型的社会组织形式,它既不同于由陌生人构成的街道和物业小区这样的生活共同体;也不同于由于业缘关系而构成的熟人社区,如单位宿舍大院。它是一个由血缘、亲缘、宗缘和地缘关系结成的特定的互识社会和生活空间,是中国农村广阔地域和历史渐变中的一种实际存在的最稳定的时空坐落。我们都知道,所有的古村落都不是根据一张事先规划好的图纸一气呵成建造成的,村落的整体形态和格局体现了一个不断完善的历史,是随着生活的进程一点点成长起来的生命体,是连续的代际间人的空间理想的表达载体。但是,老村落并不是无意义的"前朝遗物",而是数千年百姓创造的生存方式,它的内在逻辑肌理、生命节奏,它的工艺性、合理性与实用性,它的实践形态的生活哲学,都生动地凝结在那些厚朴而鲜活的老村落中。

　　如果我们跳脱出单个的建筑院落的观察尺度,从更宏观整体的聚落形态和整体格局的角度,考察村落的建筑群落布局、公共建筑的位置分布、街道巷弄、水系水体、环境梳理等方面,我们可以深入地分析、总结地处江南腹地、水乡泽网的宁波古人,在营造自己世代衍息的村居环境时积累的智慧、反映出的思想方法,可以探究村落整体形态布局体现的形体、空间肌理和隐含其中的宁波成熟的宗法农业社会的组织肌理,可以通过追溯肌理的生成和演变过程与机制,探寻影响宁波古村落形成、发展演变的深层因素,以及这些因素的变迁对于今天古村落的发展与保护的现实意义(周时奋,2004)。

## 第一节　影响宁波古村落布局的因素

### 一、自然因素

古村落形态都是在特定的自然地理条件以及人文历史发展的影响下逐渐形成的,古村落的形态及其景观正是这种自然、地理和人文、历史特点的外在反映。古村落外部空间环境所呈现的丰富多彩的形式和风格很难用单一的原因作出令人信服的解释,而是地理、气候、社会、经济、文化等诸多因素综合作用的结果。正是这种错综复杂、千变万化的因素的影响,才产生了丰富多彩、各具特色的古村落外部空间环境。

既然自然因素对民居及古村落的影响十分显著,那么处于相同自然条件下的民居及村落其形态便包含有许多共同的特征,而处于不同自然条件下的民居及村落其形态则各异。按照这种分析,因地理位置不同,我国各地区的自然条件如气温、湿度、风向、地形、地质、地貌等方面的差别也是极为悬殊的,因而反映在民居建筑及村落聚落的形态上,也必然带有明显的地域特征(彭一刚,1990)。以下分别从地理气候、地形地貌和地质材料等几个方面作具体分析。

#### (一)地理·气候

地理、气候对于民居及村落聚落形态布局的影响是显而易见的,特别是在气候特征比较显著的地区,这种影响尤为突出。这是因为自给自足的小农经济拥有的财富及技术手段十分有限,不可能像今天这样用现代化的科学手段来满足人们通风、采光、避暑、御寒等方面起码的生活要求,因而只能充分利用自然条件,尽力去适应当地的气候因素来建造住房,并形成相应的居住生活环境。

宁波与绍兴、台州这三大地区一起在地理范畴广义上都属于浙东。浙东地理整体趋势由西向东倾斜,东临东海。西北台州主要以山地为主,山脉连绵,千米高峰迭起,阻挡冬季寒流,向东南发展,丘陵缓延,宁绍冲积平原,地势平坦,河道纵横。沿海海岸曲折,港湾众多,岛屿星罗棋布。总的来说浙东地区地理环境复杂,地貌多样,有山地、丘陵、平原、河网、海滨,从而孕育了形式多样的民居样式。

（二）地形·地貌

地形和地貌的变化,对于村落形态的影响相对于整体地理形势来说更加直接和显著。特别是在山区或丘陵地带,这种影响尤为突出。地形环境对于村落形态和民居的影响十分明显,但在以往的研究中却没有引起人们足够的重视。现代的审美意识与以往有许多不同,其中很重要的一点,就是改变以往集中注重事物本身的角度,而更多地把它放在整体环境中加以考察。这一点对于古村落的研究特别重要。我们的祖先十分珍重自然风貌,无论从选址择基还是到大兴土木地动手修建,都极为慎重地考虑到与山形水势的结合,不仅竭力利用有利的自然因素来创造更加适合于生活和生产的环境,而且还要使整个村落和建筑等人工景观十分谐调地融合在大自然的环境之中,互相因借,互相衬托,从而创造出景观风貌丰富多样、地理特征又十分突出的自然村落景观。

地形对古村落的影响主要体现在地貌这一方面。宁波的地貌以山地丘陵和平原为主,地势西南高,东北低,自西南向东北方向倾没入海。西南浙东低山丘陵区,有西南—东北走向的四明山脉,发源于天台,分布于余姚、奉化、鄞县。天台山支脉,由宁海西南入境,经象山港展延成南部诸山。东北部和中部为宁绍冲积平原的甬江流域平原,地势平坦,河流纵横。人们出于生活的方便会选择平原地带而居,但又不会远离山脉,因为山脉就是一座座的天然屏障,又蕴藏着丰富的生活资源,为村落形成提供了优越的条件。就山地村落来说,受环境的影响所表现出来的格局方式主要有两种:一种是村落沿呈内凹弯曲形式的等高线布置,这种村落一般位于山坳中,这种格局有向心、内聚的感觉,从人们的心理和感受上看,具有相对的安全感;这一类村落的实例相对较多,如奉化的里村、栖霞坑村等,由于地理位置相对偏僻,保留下来的这类古村落也较多。另一种是村落沿呈外凸弯曲形式的等高线布置,外凸的布局具有离心、发散的感觉,视野开阔利于通风,如象山的儒雅洋村就是这一类,位于象山县西周镇东南青龙山南麓群山环抱的丘陵谷地中,背山面水,因据交通要道,由千年古驿发展成村,至今尚留有驿站古道及欧阳桥等,是象山县西部的纯山区村,山村风貌浓郁。

## （三）水系

宁波的水网主要包含两个方面：一个是河流，另一个是海洋。宁波地区，原是"咸卤之乡"。水流从四明山下来，汇集到江里；江离海很近，卤潮侵入，最早是不宜于农田种植的。后来人们创造了许多抵抗卤潮的方法，碶、塘、堰、壩逐渐建设，这些水利建设的历史在宁波的地名当中保留下来许多印迹，如石碶、段塘等。到了唐宋时代，对于耕地的进一步需求促使人们对修治堤防工作更为出力，几条塘河及天然形成的东钱湖，进一步储蓄山溪众流而灌溉全域的农田，使这一块广大的平原成为农林沃土。

在宁波的周围，有许多大小河流环绕着，甬江是其中最主要的一条，与姚江、奉化江汇流之处即为三江口。至于淡水河渠，西乡、东乡各有三条。西乡：南塘河从光溪桥到南水同，西中塘河从横街头到望春桥，西塘河从栲湖桥到一二八桥；东乡：前塘河（郎横溪河）从爱民桥到古大石礻契桥，中塘河从莫枝堰到横石街，后塘河从东舆到大河桥。上述"三江六塘河"，形成了宁波平原水网平原的地理环境，对宁波村落的选址以及村落内部的格局都产生了非常重要的影响。

河流较少、平原面积大、地形完整、开阔和平坦的自然环境中，易形成圆形或多边形村落的乡村聚落；在河网密度较大的平原，易形成带状村落。有些村落中有自然的宽阔溪水穿过，溪水在高低不平的河床上奔跑，溪水的两岸有许多棵大树，年代多了，枝干粗壮弯曲，溪水旁边两岸，矗立着一排排古香古色的民居。樟溪流经的鄞江镇就有一批这样的古村落，如光溪村、悬慈村、鲍家坎村，等等。

## （四）地质·地方材料

建筑空间，包括室内空间与室外空间，都是人们凭借着一定物质材料并按一定结构方法从自然空间中围隔出来的，即是一种由人工而形成的空间。因而，作为围隔手段而使用的物质材料及结构方法必然对建筑的形式和风格产生这样或那样的影响。而村落又是由众多的单体建筑组合而形成的，所以整个村落的形态与景观，也将间接地受到建筑材料与结构方法的影响。民居建筑其乡土特色十分鲜明，这当然是由多方面因素而形成的，但是在这些因素中，地方材料所起的作用尤为突出。这是因为材料往往决定着结构方法，而结构方法则往往直接地表现为建筑的形式——它的内部空间划分及外观。

当然任何一类建筑其形式与风格都要受到建筑材料以及与之相适应的结构方法的制约,为什么民居建筑尤为突出呢? 这是因为遍布于各地的民居建筑不可能像其他建筑那样,不惜花费大量的人力、物力从遥远的外乡去购置并运送建筑材料,因此,就地和就近取材便成为民居建筑非遵循不可的原则。不仅如此,即使是就地取材,除砖、瓦等经过简单的加工制作外,其余大部分材料均属未经加工的原始天然材料,而只是在建筑的现场临时加工,而每一个地区所能使用的原始天然材料如土、石、竹、木、草等,又必然受到当地地质构造和气候条件的影响。

具体到宁波地区,青色的砖瓦是最能体现地方特色的建筑材料,所有的美化都在砖的构造中解决,基本的工艺是水磨青砖,以及烧制成型的花砖和砖构件。水磨青砖的工艺,是从苏州传过来的。当青砖经过拼花以后,一般是拼成菱形或者八角形与小方块的结合,然后用带水的磨具反复地打磨,据说最后一道工序是用银洋钱直接在青砖上细磨。青砖之所以能够达到打磨光洁的效果,是因为青砖是用宁波当地最细腻的"青紫泥"烧制的,所谓青紫泥,就是在七八千年前海水上涨时沉淀下来的水中泥沙,经过地下腐烂和积淀,成为颗粒十分细腻的不透水的泥层,呈青紫的颜色。它几乎没有大的颗粒杂质,可以磨制成十分细腻的砖面。这种工艺所表现的不是材质的贵重,而是花在上面的"工口"和手艺。相对于这样一种细腻品位,还有一种看起来比较粗犷的墙体组砌方法,就是用一片片青砖、瓦和打碎的缸片等材料构成的瓦爿墙,一般用于院墙或山墙,既是废物利用,又别有一番自然活泼的情趣。宁波博物馆正是采用了这样一种地方传统的墙面做法,而传达出浓郁的"宁波味"。

## 二、社会因素

除自然因素外,社会因素对于民居及村镇聚落形态的影响也是十分明显的。一般地讲,生产力低下、经济和文化都比较落后的地区,自然因素对于民居及村镇聚落形态所起的制约作用往往是难以逾越的,而在经济和文化比较发达的地区,社会及文化因素所起的作用则更为显著。它必然还要受到经济因素、思想观念、政治制度、宗教信仰、伦理、道德观念、血缘关系、生活习俗等多种非物质功利等因素的影响,从这个意义上讲,民居作为家庭生活所赖以进行的物质空间形态肯定会受到上述多种社会因素的影响;

至于聚落，不论是"村"还是镇，它都远远超出一家一户的范围，而真正地跨进到"群居"的范畴，所以它本身就不折不扣地带有社会的属性。因而以上所列举的多种社会因素，必然更加明显地对其物质空间形态产生这样或那样的影响。下面就几个主要的方面分别作具体分析。

（一）经济因素

经济因素诚然是重要的，它可以为住宅及村落建设提供可靠的物质基础，没有这个基础，一切都只能是子虚乌有。村落的经济实力、生产方式、主要经济来源等一定会在各个层面上影响一个村落最后呈现出的综合形态。经济富足的村落与经济窘迫的村落，其表现出来的面貌一定是不一样的，前者在满足基本需求的同时，会有余力在一些仪式空间、休闲聚会空间上多一些考量，形式上也会更加考究和排场；而农耕型村落、渔猎型村落和驿路商业型村落也一定会不一样。

（二）宗族观念

宗族制度盛行是中国古代社会的重要特征之一。以血缘关系为纽带而组建的村落，在原始聚居中已有明显表现。这种由血缘派生的"空间"关系，数千年来一直影响着中国传统村落的形态。

由于宗族关系在古代礼制中占有重要地位，因此，村落的布局首先强调的是宗祠位置的布局。就像原始人类聚居生活时首领位居村落中心那样，古村落中常将宗族祠堂或首领（族长）住房的位置居于村落的核心，村落的整个布局自然地以此为中心由内向外生长，这种未经事先规划而自然形成的在城市规划学中称之为"自下而上"的布局方法。这样宗祠不仅是村民在空间上的活动中心（各种祭祖、诉讼等族中大事均在此进行），而且是村民们心目中的政治、文化和精神的中心。

血缘宗法关系在村落布局中还有另外一个明显的反映，就是族中各支各房院落的布局依据辈分尊卑亲疏各就其位，例如族中长老居最上层，统管全村，下面分出若干个支系，支系之长统领着各房后人。常有村东为长房、村西为次房的尊卑大小之分。

（三）交通因素

衣食住行，家居车旅，人类的生活与交通息息相关。所谓交通，《辞海》

中解释为"相互通达"。实际上我们最为熟悉的"交通",常常与"运输"联系在一起,指人或物从一个地方移到另一个地方的方式和手段。从交通所行经的地域来看,我们可以把它划为陆路交通、水路交通与空中交通。毫无疑问,对古村落的整体格局产生深远影响的是陆路交通和水路交通。

陆地是人类的基本栖息地。在那里,人们生产、生活、交互往来、迁移走动,自古如此。因此可以说,陆路交通与人类的历史一样久远,对人类的生存与发展有着不可忽视的作用。我国的陆路交通有着颇为悠久的历史。在人类的最远古时期,双脚行走是当时交通最基本的、也是唯一的手段,肩挑手提、拖抬扛背是当时基本的运输方式。在秦统一中国后,为了更好地实现全国政治、经济和文化的统一,拆毁了战国时期遗留下来的路障、城堑等,大力发展车马驿道,形成了以咸阳为中心的全国性陆路车马交通网。这些交通道路或分布于田间河边或分布于崇山峻岭。于是人们开始纷纷向这些陆路交通道路聚集,一个又一个的村落沿着驿道而建,然后由这些道路再向村落内延伸,如象山儒雅洋村、宁海许家山村,等等。

水路交通对人们的生活同样起着十分巨大的作用。在工业时代到来之前,人们的出行、货物的运输除了依靠畜力陆路交通外,主要就是依靠水路交通。人类使用船舶作为水上交通工具的历史几乎也同人类文明史一样悠久。从最远古的独木舟到后来的舟筏,再到后来的帆船,人们自然而然地选择这些河流为水上交通道路并沿河居住,形成一个个的村落。为了进一步方便日常生活的出行与物品的交换搬运,人们还会主动地在原有河流的基础上开挖出更多的支流,在村落内也形成一个完整的水路系统。濒临水道方便货物的集运、疏散,随之也可能会带来贸易和商业的机会,会促进周边居民点村落的繁荣,甚至直接在水运节点上催生新的村落,如奉化岩溪边的岩头村、东钱湖的韩岭村、江北的半浦村,等等。

（四）文化因素

文化,作为观念形态的东西应当属于形而上的范畴,它一经形成便会渗透到人们生活的各个方面,并支配着人们的思想和行为。民居及村落作为人们日常生活的物质空间环境,则属于形而下的范畴,它一方面要适应人们对它提出的物质功能要求,另一方面也要满足人们对它提出的精神和心灵方面的要求,而精神和心灵对于个人来讲却不是孤立自在和绝对自由的,它必然要从属于整个社会的思想意识,并深深地打上社会的烙印。所以我们在研究民居及村落时,就不得不深入到文化领域的各个方面去探索它们对于聚落形态究竟起着什么样的影响和作用。

宁波地区明清以来影响最大的文化流派当推"浙东学派"。明末、清初以黄宗羲、万斯大、万斯同、全祖望等为代表研究经学兼史学的经史学派,形成了著名的"浙东学派",在明、清思想文化史上占有主导地位,对近代中国也有非常大的影响。浙东学派是浙东地区发达的商品经济和"经世致用"文化传统相结合的产物。在公私观念上,他们提出"各得自私、各得自利"的"公天下";在经济观念上,以"切于民用"为标准,揭示了"工商皆本"的合理性;在"富民"观念上,主张民富先于国富;在"义利"观念上,反对空谈义理,主张义利统一。

这种思想观契合了商品经济社会的发展趋势,一直以来对浙东社会有深刻的影响,即强调个性、个体、能力、功利、注重实际,也成为浙江人文精神的重要表征。反映在民居建筑的布局和细节装饰中,既有传统儒学、道家思想的影响又有明确张扬功利的内容,反映了浙东学派"经世致用"、"知行合一"的思想,这在其他地区的民居中还不多见。

### (五)风水观念

人与人、人与自然这两重关系都是人们在村落选址和营造时所不能回避的问题。人与自然的关系在中国传统社会很大程度上则是受到风水观念的影响。

风水又称堪舆,堪表示高处,舆表示低处,堪舆的意义即指地形的高低变化。堪舆理论的核心是整体观。它把一个空间事物作为一个整体,来谋求与天地的和谐,它的结构是将零乱无形的空间布局形成空间观念的格式化和"轴心化"。

看风水从某种意义上讲是对于环境的选择问题。人们总是要生活于某种环境之中,环境的好与坏就不免会对人的生活和行为产生积极或消极的影响。人们建造房屋以避风雨、寒暑,这就是一种用人工形成的小环境,它与人贴得最近,关系也最密切,可以说是人的第一环境圈。但是这个圈的范围实在太小了,人们感官触角和生活行为不可能局限在如此有限的范围之内,于是就要向外延伸,希望在第一环境圈之外再建立一个范围更大的第二环境圈,但是这个圈的形成绝非人力所能胜任,唯一可行的就是对自然环境作出选择。古代流行的风水学很可能就是为了满足这种要求应运而生的,所以看风水实际上就是一种"相地术"。风水家为了寻觅一块吉地,首先必须对自然地形进行仔细的踏勘,并对山、水等自然要素之间的相互关系进行认真的分析,以寻求生发气的凝聚点,再按负阴抱阳、刚柔相济的原则进而考虑如何迎气、纳气、藏气等问题。这样,经过反复地察看与分析,一个比较理想的村落环境方能最终被选定(姚光钮,2001)。

按风水要求,一个吉地大体上应具备这样一些外部特征:以山为依托,背山面水。所谓的背山,就是风水中所说的"龙脉",它在吉地中占有突出重要的地位,是"气"的生成之源;在龙脉之前有一块平旷的地坪,称之为"明堂",这里就是村落拟建的基地;明堂之后常有一座较高的山称祖山,从这里分出支脉,向左右两侧延伸呈环抱的形势,从而把明堂包围在中央,由此就形成了一个以明堂为中心的内向的自然空间。从风水的观点看,这种因山势围合的空间便可以起到藏风纳气的作用。明堂之前则有河流或水面,这样便可使气行之而有止;明堂正对着的远方亦需有山为屏障,这种山称之为朝山;由外部进入明堂的地方称水口,作为沟通内外交通要道的水口,其左右应有山峦夹峙,具有守卫的象征意义,这或许是出于安全感的要求。至于水口则忌宽而求窄,有"水口不通舟"之说。从这样一些外部特征看,很容易使人联想到陶渊明在《桃花源记》中的一段描写:"林尽水源,便得一山,山有小口,仿佛若有光,便舍船从口入,初极狭,才通人,复行数十步,豁然开朗,土地平旷,屋舍俨然……"如果认为这一段描写就是古人心目中理想的聚落环境,那么这和风水中的选择实在是相当接近,

所谓理想环境,不外从两个方面看:一是属于物质功利的范畴,如良好的空气、阳光、朝向、绿化等条件,按风水的选择,几乎所有的村落都不外是背山面水,坐北朝南,因而都能基本上满足这方面的要求;二是属于心理、观念和象征意义的范畴,这则和传统文化、价值观念、宗教信仰、审美情趣等因素相联系,在这些方面,应当承认风水学中确实存在着一些封建迷信的糟粕,但是就其尊重自然环境、以期使村落建筑与之取得和谐的联系这一方面,具有十分积极的意义。

当然,讲风水也得有一个可供选择的自然条件,一般来讲,凡有山有水的地方,风水便广为流行,在明、清时代,风水可分为江西和福建两大流派,究其原因很可能便与这两个省的境内多山所致。宁波地区古村落的营造也广受风水的影响,特别是在宁海、象山、余姚四明山区等地,更是为风水的流行提供了特别有利的地理条件。如宁海的前童整个村落是按"回"字

九宫八卦式布局的,南街、
北街是外围,花桥街、石镜
山路、双桥街为内围,老
街、小巷穿插有序,祠堂、
水井散布其间。而与街巷
紧紧相依的是前童特有的
"水八卦",这是前童最早、
最完整也是受益至今的一
项水利工程"杨柳洪拂"
(见图 2-1)。童姓的先祖
按照八卦原理,引白溪水
进入村内,布建水网,家家
门前都有溪水流过,方便
村民洗菜、涤衣。这一布

图 2-1　宁海前童村内水系

局显然是与前童始祖放弃家业,举家迁徙至这一与世无争之地的出世做法
暗合。现在这一科学而缜密的水系已经成为所有前童人共享的露天舞台,
路面卵石铺就,水系伸展如肢,妇女浣帕,老人聊天,顽童嬉戏,人入画卷,
情趣盎然。

（六）防御意识

　　中国古代社会动荡,宗族之争、民族战争不断,村落的选址和建筑特别
强调防御的安全,防御意识作为一种心理积淀,以"潜意识"的形式左右着
中国几千年的聚落形态与空间布局。传统聚落在中国特有的人文环境中
形成诸多鲜明个性,其中血缘性、聚居性、内敛性、封闭性、自给性等,都是
为村落求安的潜在自我保护能力之恰切表达,"住防合一"早已成为中国传
统聚落的一个主要特征,很多古村落就体现出外观封闭、排外聚内的防御
意识。

　　象山儒雅洋村就是一个在这方面较为典型的村落,如果把儒雅洋称作
桃花源的话,那么它的安全防范措施就是这世外桃源赖以生存的保障。背
山面水、地势较高的环境易守难攻,可以形成村落的天然屏障;而村内整个
路网布局形似迷宫,村内通道错综排布,自然形成不同的街坊。道路大多
为"丁"巷,而无"十"字巷口直穿,这其实是出于防御与风水的考虑。大小

"丁"字巷又与内环路、环村路巧妙相连,内环路和村内"丁"字路各设一道端巷(俗称袋状路)有进无出。巷道空间曲折多变,处处展示着理性的色彩,显示着"八卦"的神秘,形成对外排斥、对内凝聚的路网格局。村内面积有限,因此建筑密集高大,墙高巷深,街道更显狭窄、幽邃。巷道幅宽较窄,本身就是防御措施之一;各条巷道少有笔直,通过曲折、坡度、宽度等的变化,给人以丰富的方向感和排他性。陌生人乍入其中,百折迂回,如入迷宫。对于熟悉此村地形的人,此多变的巷道恰又似隐形路标,具有强烈的识别导向性。而关键的是巷内还设有街门和过街楼,当年有专人把守,层层把关,处处设防,万无一失。村西南、东北口的大户人家建有扼守村口要道的"瞭楼",村东北道旁还建有一字排开的 15 间的武装团练房。如有紧急情况,碉楼和团练几处一起开火,整个村子固若金汤。

### (七)交往·习俗

凡聚落所在的地方,必然有交往活动。但是具体到交往的形式、规模和范围,则要依交往的性质和内容不同而有所区别。村镇聚落不同于单体民居建筑,民居往往只限于一家人的生活容量,而聚落则必然会反映出人与人之间的交往活动。这就是说除有街巷等必要的空间之外,某些交往活动频繁的地区还应辟有专门场所以适应于公共交往活动的要求,如村口、桥头、祠堂门前等"结点"空间,一方面可以扩大交往、丰富村民的生活内容,另外也会使村落的物质空间环境由松散而走向结构化,从混沌而走向有序。当然,这些空间在村落中可能是相对比较自由和松散的形式,它们或与宗祠相结合,或依附于寺庙成鼓楼,甚至只是一块空旷的场地,节日时人流如潮,待曲终人散,依然还原成一片空地。在村落中还有一种规模较小的交往场所便是井台,井和人的生活息息相关,特别是妇女,汲水、淘米、洗衣、洗菜等活动都离不开井台,虽不是因交往而设,但在缺乏交往机会的农村,特别是对妇女来讲,几乎成为谈天说地、摆家常和交换信息的重要场所。她们既在这里汲水、洗衣,同时也进行交往活动,充满了生活气息。

### (八)诗画境界

山水村落文化在中国古代的流行,与中国古代村落中的文人喜好隐逸的风尚有直接的关系。他们崇尚山林,醉心于山水之间,把山水诗和山水画的意境引入村落的营造之中,从而孕育了村落与诗境画意相统一的文化环境。他们即便身在仕途,也向往归隐山林、泛舟江湖、闲话农居的舒适逍遥,有一种挥之难去的隐逸情结。

在中国的村落文化中,不论是山水田园诗,还是抒情感怀诗都善于将主观的情与客观的景融合统一,既含蓄蕴藉,极富"言外之意";又传神优美,极具自然之美。许多村落的建造凝结着深厚的规划思想,表达出深刻的文化内涵和人文情怀。宁波地区的古村落,多是中原民族移民南迁避世定居于此而建造的。有的在建设之前,族内受过良好教育的文人、贤达、诗人、画家等汇聚一堂,在勘察山水环境的基础上,将山水要素与绘画意境融为一体,先画出村落建设草图,安排好"水口园林"、"村落八景"等内容,然后按照规划图开始施工建设,从而造就了众多的充满诗情画意的乡村园林景观。如鄞州区著名的"进士村"走马塘就有走马塘八景——"柳塘春信"、"蕙江秋湖"、"团桥明月"、"笔架瑞雪"、"遗忠灵石"、"同文弦歌"、"南堰晓风"、"西隐晚钟",历代都有村中的文人雅士对此谱诗咏赞。

## 第二节　宁波古村落的整体格局

### 一、村落整体布局形态的基本类型

纵观宁波地区古村落,我们发现村落布局各有特征,但是,从总体上看,可以分为以下几大类:一是集中型,它是以一个或多个核心体为中心,在现存古村落中常以祠堂、庙等为中心,组织有序的空间结构,塑造庄严肃穆的空间氛围,表达敬祖尊先,长幼有序等"礼乐文化"的精神,典型实例如镇海十七房村;二是组团型,则以多个宅区形成组团,随地形、道路、水系相变化和联系的群体组合成空间形态,常常以树、塔、庙等标志物为起点,成为划分外界的标志,以路、桥、树或牌坊、亭子延伸空间,以祠堂、庙宇、戏台等公共建筑和广场形成村内的开放空间,以街、巷的收敛和转折引向宅群的组团空间,典型实例如鄞州走马塘村;三是带型,随地势或流水方向顺延或环绕成线形布局,典型实例如东钱湖韩岭村、鄞州横街镇凤岙村等;四是鱼骨型,以沿水或沿街伸展的主街为轴,向两侧延伸一条条更小的巷道与主轴相垂直,院落人家沿着巷道两边布置,村落交通组织呈明显的主次、公私之分,典型实例如奉化岩头村。

### 二、村落外部公共空间

中国农村由于长期处于以自给自足为经济特点的小农经济的支配之下，加之封建礼教、宗教、血缘等关系的束缚，总的说来公共性交往活动并不受到重视。因应交通和外部活动的需要，也会产生诸如街巷、桥、广场空地、池塘井台等外部公共空间，随着村落自身的延展和生长，也会呈现出多元而丰富的形态景观，在实现其最基本的功能价值的同时衍生出了村落公共生活的群体意向。公共空间的治理与维护，提出了公共事务的概念；公共的际界也因此明确，这一际界即以权利与义务的同构得以体现。公共事务（如淘河、修路、造桥、建亭）需要组织和依存，因此一种"自构"的程序依血缘氏族的基础展开。

我们应当看到自然村落不同于城市以及其他类型的建筑群，其形成过程均带有很大程度的自发性，这样，就必然会导致其形态发展的多样、多变、偶发和不稳定性。这一特点将意味着要对它进行严格而科学的分类是十分困难的。然而不同地区、不同地形、不同性质和不同规模的村落毕竟还各有其特点，所以又不能不加区别而笼统地来论述它们的布局形式和景观特点。正是基于上述的原因，我们认为可能还是把村落拆散成为多种要素如街、巷、广场等，分别地加以分析，更有利于把问题讲清楚。当然，这样做看起来似乎缺乏概括性和理论深度，但是却比较切合研究对象的特点。这是因为村落本来就是"没有建筑师的建筑"，一定要把它强行纳入到某种理论体系或范畴中去，这只能导致逻辑上的颠倒和混乱。下面拟分别就组成村落物质空间外部环境的各种要素所产生的景观作用作具体分析。

#### （一）街

在人们的概念中，通常总是把"街"和"市"联系在一起，即认为凡是街都必须有商业活动。但在自然村落中的街主要是为了起到交通和交往的作用，他们沿着一条交通路线的两侧盖房子，于是不期而然地就形成了所谓的"街"，也可能沿"街"发展了店铺和集市，但两者并不一定直接相关。从空间的限定方面看，村落中的"街"往往给人以七零八落和不完整的感觉，因为它们通常并没有一个事先的规划，而是随着两侧建筑物的鳞次增加而延伸的。例如某些街道，仅一侧的建筑比较整齐而密集，从而形成屏障并起着界定空间的作用，与其相对的另一侧，建筑物则稀疏散落，几乎起不到界定空间的作用,这样的街如果用城市的眼光来衡量,可以认为是残缺不全或由纯偶然的因素主宰一切,但是作为村落的街,则恰恰相反,正是由于这些偶然因素,反而会使人产生一种朴实自然的亲切感。

还有一些街道,其中某些段由于两侧建筑物的夹峙,空间异常封闭,抬头仰望几乎只剩下了一线天,但是过了这一段却出乎意料地出现了一个很大的缺口,人们来到这里不仅顿觉豁然开朗,而且极度收束的视野往往可以渗入到更大范围的自然环境中去。这种开与合的强烈对比,正体现了村落建筑环境的有机生动的属性。还有一些街道,其中的某些段仅用低矮的院墙来限定空间,院墙之后为住宅的庭院,院内种植花木,每当行人路过这里,街道空间转折变化,气氛随之而转换,从而使人倍感亲切。还有一些街临河一侧,于河的对岸又熙熙攘攘排列着一些民居建筑,远山近水交相辉映,三五人家点缀其中,其自然情趣尤为浓郁。

虽然说宁波古村落中某些以商业为主的街道空间比较完整,但仍然不能与城市中的街道相提并论。城市中的街道,一般地讲其两侧建筑都比较整齐地排列于街道的前沿,从而使得界定的空间保持高度的完整性。而村落或集镇中的街道却因建造过程的自发性,不可能做到整齐一律,相反,其两侧建筑往往参差不齐,从而使街道空间忽宽忽窄,或者出现某些小的转折。在欧洲,即使是很小的城镇,几乎都拥有广场、喷泉、钟塔等标志性很强的设施,我国传统的村落包括宁波的古村落却没有这些东西。然而尽管如此,似乎也并不使人感到单调,究其原因,可能正是由于它的街道空间忽宽忽窄并时而具有某些小的转折所致。从日常的经验中可以体验到空间的宽窄变化给人的感观和心理上留下的印象,远比立面变化来得深刻。至于空间的转折,则会强迫人们改变自己的行进路线和方向,这些都具有很强的标志性,因而通过上述的空间变化必然会大大地提高街道空间的可识别性。当然,这些变化必须适度,如果过于曲折则适得其反,甚至会使人觉得扑朔迷离。好在宁波古村落一般规模都比较小,不会因为变化过多或过分曲折而使人失却了判断的能力。还有一些村落由于受到特定地形的影响,其街道空间呈弯曲或折线的形式。这种情况在城市中是极为罕见的,但是在自然村落中却屡见不鲜。

街道空间既然呈狭长封闭的带状空间,那么它必然有一个起点和终点,在这里我们姑且把它称之为"街口",它实际上就是街道空间的两个端部。然而村落总是处于不断扩展的过程之中,所以街道也必然要随之而向外延伸,这就意味着所谓的街口只不过是一种暂时的现象。现在人们所见到的街口,几年之后,由于街道的外延,便被新扩建的部分所取代,从而在其后又形成新的街口。正是由于处在不断变化发展的过程之中,村落中的街口几乎都不设任何明确的标志。只有在特定的地形条件下,街道没有向外延伸的余地时,才建有牌楼一类的东西当作进入街道入口的标志。

(二)巷

巷,它与街共同组成为交通网络,密如蛛网似的延伸到村落的各个角落。在中小规模的村落中,这种网络形同树状结构,以街为主干,而巷则如同树权,由主干向村的四面八方延伸,并通过它来连接各家各户。通常所说的"大街小巷",即意指街道宽、巷道窄,前者为主,可以容纳许多人在其中进行各种交往活动;后者为辅,仅起着分散人流的交通联系作用。

与街相比,巷也是一种更为私密、封闭和狭长的带状空间。由于巷比街更窄,而且界定这种空间的界面又多为建筑物的山墙,按传统习惯,为保持宁静、安全,几乎都为不开窗的实墙,致使巷道空间成为一种十分狭窄、封闭的带状空间。由于窄而封闭,便显得深,所谓"窄巷深弄"正是对这种空间的一种感受。

对于宁波古村落来说,除街道空间外,借密如蛛网的巷道连接着各家各户,从而便形成一种独特的空间网络系统,它对于宁波古村落传统的生活环境具有特殊的功能和审美意义。从表面上看这好像只是反映了乡间传统的生活习惯,但从深层结构上看,却十分深刻地体现出一种受儒家伦理道德观念所左右的居住空间意识。

上述的序列,同时还经历着由静至闹、再由闹转静的过程。自然空间倘无人的干扰则原本宁静;街道空间车水马龙、川流不息,本属闹的处所。中国传统是崇尚静的,且不说佛、道两教以虚静为最高境界,就是供常人居住的环境也力避喧闹而务求宁静,所以除为经商而不得不居于闹市外,一般住宅都以远离街道为佳。巷道空间虽然与街道空间相衔接,但却是基本垂直于街道而向深远处延伸,因此远比街道空间宁静。作为由闹到静的过渡,由它来连接私家宅院,必然会过滤闹市的影响,从而获得宁静的居住环境。

在巷道中,最引人注目的便是夹峙于其两侧的墙面,它多为建筑物的山墙,随着屋顶坡度的变化时起时伏,常具有优美的轮廓线。宁波古村落

图 2-2　鄞州走马塘村内巷道

中的房屋山墙一般有观音兜和马头墙两种形式,特别是采用马头墙的形式,以青瓦镶边的墙头,或跌落或翘起,纵横交错,构成了极富韵律变化的天际线,而挟于其中的正是"一线天"(见图 2-2)。面对巷道的山墙,出于安全感的考虑一般很少开窗,给人的感觉异常封闭,但如果在大面积的实墙上偶尔有几处门窗开口,便可借强烈的虚实对比而显得格外突出。倘若于高墙之上设有过街楼或披檐者,将更有助于打破墙面的单调感,而使巷道空间富有活力。

### (三)桥

桥,作为一种公共交通设施对于水源丰富、水网纵横的宁波古村落来讲是至关重要的。在古代,修桥补路被认为是一种慈善事业,有富者,乐于好施,慷慨解囊捐助于修桥补路者不乏其人,正因为这样,有相当多的桥都修造得既精美又坚固,即使历经风雨、战火,石构的桥都安然无恙,成为村落历史发展的鉴证。至于桥本身的形式,也是多种多样的,其中最富特色的要算是拱桥(见图 2-3)。这种桥,上可行人,下可通舟,特别适合江南水乡。宁波古村落中最常见就是这种形式的桥。宁波水乡村落,河

图 2-3　奉化岩头村内拱桥

网交织,常把村落分割成为块状的组团,各组团之间只有通过桥才得以沟通其间的联系。在讨论街景的时候曾经分析过街道空间的特点:呈狭长、封闭的带状空间,特别在江南一带,其街道异常狭窄,人的视野被极度地收束,在这种环境中人们所期待的,自然是豁然开朗,然而在什么情况下才会获得这种感觉呢?最好的机会就是过桥的时候。由于桥跨越河道,而河道不仅与街道相垂直,同时又比较开敞,加之拱桥桥面的中央部分大大地高出地面,因而在过桥的时候,人的视野便顿觉开朗。

从景观的角度看亭桥和风雨桥往往更能引起人们的兴趣。风雨桥或亭桥的意义不仅仅是交通方面,而且是公共信息交互的场所,它的社会性甚至大于交通功能性,尤其是桥的两头与沿河的街巷交接,往往是贩夫走卒和村民百姓集聚之地,形成村落中空间层次转换交接的结点。河道空间虽然比较开朗,但与街道空间一样,同呈封闭的带状空间,河道与桥道这两条带状空间却呈相互垂直交叉的形式,这就是说每当走到桥上的时候,还必然经历空间方向的转换与对比,这也会使人产生某种兴奋的情绪。在鄞州区鄞江镇、洞桥镇,奉化江口镇这样一些宁波南部的河网地区的古村落中还保留着一些古老的桥梁,如洞桥镇洞桥村老洞桥、洞桥镇蕙江村百梁桥、横街镇林村万安桥、江口镇南渡村广济桥,等等。

以上所分析的主要是处于宁波水乡村落中的桥以及它们在整体空间环境中对于景观所起的作用。即使对于一些河道水网不密集的村落来讲,尽管桥并不多见,但凡是有桥的地方,都会给村落景观增添几分姿色。这不仅是因为一般的桥都具有比较精美的体形及轮廓线,即使是用几块石板乃至用独木搭成的最简陋的桥,都必将为村落环境增添一项独特的景观要素,从而引起人们更多的兴趣。

(四)牌楼、过街楼、门楼

牌楼,属于一种纪念性的建筑,本身并没有具体的功能和使用价值,主要是用来纪念功德或宣扬伦理道德观念。设在街口的牌楼犹如街道的入口,它标志着街道从这里开始。这样的牌楼有时与街道两侧的建筑结合得很紧密,起着界定街道空间端头的作用。与建筑不同的是,建筑通常表现为实的界面,而牌楼则为虚的界面,以虚的界面来界定空间似有似无,既不会妨碍人们穿行通过,但又可以暗示出空间的层次和范域,穿过牌楼,人们可以意识到已经走进或走出某个特定的空间领域。

图 2-4　鄞州走马塘村内一过街楼

相比牌楼,过街楼则是经常出现在宁波传统村落街巷中的一种建筑类型。它不属于纪念性建筑,本身的造型也不甚讲求,因而就观赏价值来讲,似乎不能与牌楼相提并论;但就分隔空间来讲,其作用却并不亚于牌楼,有时甚至还要超过牌楼。如果说牌楼本身只不过是一维形式的平面结构,那么过街楼则是具有一定厚度的空间结构。这两者虽然都可以起到分隔街道空间的作用,但是由于牌楼比较单薄、通透,用它来分隔空间可以说是隔而不绝,换句话说就是渗透的成分多而分隔的成分少,人们从中穿过时留下的印象比较淡薄。过街楼则不然,它不仅具有一定的进深和厚度,而且由于上部空间被利用,一般都处理得比较实,而开口的面积所占比例远远小于牌楼,不言而喻,用过街楼来分隔街道空间,其连通和渗透的成分必然小,而分隔的感觉则更强烈(见图 2-4)。这样,当人们穿过时留下的印象必然要比牌楼深刻。此外,人们穿过牌楼时,只不过经历两重空间层次,即由这一侧至另一侧,牌楼本身作为一种平面结构并不形成空间感觉,而当穿过过街楼时则必须经历三重空间层次。

与此相似的另一种情况是依附于建筑物的一侧的门楼,它的一侧与主体建筑相连接,另一侧临水或临陡坡,当中则留有可穿行的门洞。这样的门楼一般设于村口或村周,起着限定空间范围的作用,它不像城门那样森严,也不像设于街巷之中的过街楼那样实实在在地起着分隔空间的作用。

### (五)广场

西方公共广场的交通、贸易、议事的功能在中国是被分离的,议事功能按级别分别由祠堂、桥头和理发店来承担。与此相适应,在一些村落中便形成了所谓的广场,但这一"广场"的概念与西方的广场却不完全相同,在宁波古村落中，往往只是表现为桥头、村口或宗祠门口的"空地"，与西方那种经过刻意的设计、建设和整饬的形式严整的广场不可同日而语。

村落中的广场，除少数依附于寺庙、宗祠外，绝大多数都是由于集市交易、人流疏散、转运或堆放货物等实际需要而自发形成的空地，基本都没有经过刻意地营造整饬，这点与欧洲的城市广场有本质的区别。依附于寺庙、宗祠的广场主要是用来满足宗教祭祀及其他庆典活动的需要，它多少带有一点纪念性广场的性质。寺庙广场在平时作用并不明显，主要是造成一种严肃的气氛，作为由世俗环境向宗教环境的过渡，但是每逢庙会则热闹非常。按照中国传统习惯，庙会既是宗教信徒的节日，又是市井之间进行各种交易的一种集市形式，另外还兼有各种喜庆娱乐活动。依附于宗祠的广场与寺庙广场的情况十分相似，宗祠主要是用来祭祖的，这从某种意义上讲就是一种"家庙"。由于供奉者仅限于一家一族，而且功能又比较单一，所以其规模将受到一定的限制。

还有一种主要用来进行商品交易的集市性质的广场。由于商品交换是人们日常生活中所不可缺少的一部分，这种类型的广场便带有更多的公共性，在宁波古村落中大多可以见到或大或小的这类广场。它与街道相结合，即在主要街道相交汇的地方，稍稍扩展街道空间从而形成广场。这种广场面积虽然不大，但地位却十分重要，几乎成为村落的中心。特别是由于街道和巷道空间均不外是一种极其封闭、狭长的带状空间，人们很难从中获得开敞或舒展的感觉，而穿过街巷一旦来到广场时，尽管它本身并不十分开阔，但也可借对比作用而产生豁然开朗的感觉。

总之，广场无论在规模、尺度、形状、位置选择以及内容的安排上都与整个村落保持着统一和谐的关系，它本身既有丰富的景观变化，又能容纳为数众多的人进行各种形式的交往活动；不仅成为人们户外活动的中心，而且也是人们精神上的中心，这样的广场在村落中所占的地位似乎可以与欧洲的广场相媲美——堪称为户外的客厅，虽然它在形式上相较显得十分简陋和随意。

### （六）水塘

水的景观作用毋庸置疑，这点在中国古典园林中可以得到明证。许多古村落中都力求借助于地形的起伏，贯水于低洼处而形成池塘。有的甚至把宗祠、寺庙、书院等少有的公共性建筑环列于其四周，从而成为村落的中心。这种形式在宁波古村落当中虽不是十分典型和普遍，但也能见到类似的例子，如鄞州区的走马塘村、象山的儒雅洋村（见图2-5）。

图2-5　鄞州走马塘村荷花池

某些临近于建筑物的水塘，虽然对村落整体景观并无甚大影响，但却可以起到衬托建筑物的作用。这里可分两种情况：一种是池塘被建筑物所环抱，这种池塘仿佛镶嵌于建筑物中，与建筑物的关系十分紧密，加之池塘本身的形状又比较规整，犹如现代建筑中专为丰富景观变化而设置的水池。每当风平浪静，水面像是一面镜子，建筑物倒影于水中，若隐若现自然会情趣倍增。另一种情况是水塘虽然临近于建筑，但自成一体，与建筑物的关系不密切，这样的水塘既可以衬托建筑物，又将建筑物当作背景。特别是某些水塘其周围较富有变化，例如有护坡、石阶、曲径等作为点缀，从而形成一种浓郁的自然情趣和田园风味。总之，凡是临水的建筑，即使本身平淡无奇，但至少也有助于获得某种开敞、宁静的气氛。

（七）井台

过去古村落中的日常生活水源，除了直接临水的人家之外，大多只能依靠从井中取用，所以井便成为组成村落的重要元素之一。井，除了可以提供饮用水外，还可以提供生活用水，如洗衣、淘米、洗菜等。由于家家户户都离不开井,因而它就成为联系各家各户的纽带。特别是某些规模较大的村如果设有若干个井的话,那么每个井都必须要服务于一定的住户,于是就形成了以井为中心而把村落划分成若干小块的格局。为便于汲水或洗刷衣物,井的周围多用石条砌筑成井台,如果它坐落于街头巷尾,还为之让出一个较为宽敞的空间。这样,既方便人们在这里汲水,又不致影响交通,于是就形成了一个小小的井台空间,这些空间或凹入街巷的一侧,或镶嵌在街巷的转角处。总之,都是借周围的建筑而围合成为一个半封闭式的空间。

　　井台空间的形成,虽然主要是出于使用要求,但在村落中,也可以起到丰富景观变化的作用。一般的街巷,其空间异常封闭狭窄,人们处于其中总不免有单调的感觉,如果能穿插一些小的节点空间,便会打破单调而增强其节奏感。街巷空间呈"线"状的空间形态,具有很强的连续性,井台空间则属于"点"状的空间形态,两者相结合,犹如文字中的标点符号,可借以分出段落并加强其抑扬顿挫的节奏感。此外,井台空间虽然很小,却也是村落中不可多得的交往场所之一,特别是对于妇女来讲,她们很少有机会接触外界,更不可能参与其他交往活动,然而借淘米、洗衣之机,便可以走出家门,并相聚在这里说近道远、评议大千世界。据此可以认为,井台空间在村落中不仅占有重要的地位,而且也是最富有生活情趣的场所之一。

　　宁波一些近溪傍水的古村落中,如鄞州区塘溪镇童村、童夏家村、上周村等山间村落,还有一种类井台空间,即当地人称之为"石水缸"的古老蓄水池,大者有5米见方,大多设在溪坑边,缸内的水是用毛竹做水流,从山间引入,主要作用是为了山林消防、饮用水和日常洗涤之用。每至晨夕,"石水缸"周围成了整个山村最热闹的地方,村民们围着"石水缸"四周,一边洗涤,一边讲着"大道",非常热闹。

### (八)溪流

　　溪流,不同于江河,没有它们那种浩荡的气势,也不同于池塘,不像它们那样静谧、安详。它小巧蜿蜒,但却充满了动的活力。王维的诗句"明月松间照,清泉石上流"正是以静与动相对比而道出了溪流所独具的诗情画意。如果能够临溪而居,可以利用溪流的有利条件而获得极为优美的自然环境。宁波古村落中的民居建筑也有相当多的实例,因为坐落在溪流之畔而具有良好的环境及景观效果,如奉化的岩头村沿岩溪两侧,以及韩岭村沿韩岭溪两侧、溪口镇栖霞坑村沿筠溪两侧的民居。虽然这些民居的主人在建造之初并不是有意识地为追求景观效果，而是为了就近方便地获得生活水源才把住房建造在溪流之滨。

溪流与村落的关系不外有两种情况：一种是沿着村落的边缘涓涓地流过，另一种是贯穿于村落的中间。民居建筑傍山而建，依地形起伏而参差错落，并通过台阶而直落溪边，濒临于溪边的人家便可得"近水楼台"之利，他们不仅可以充分地利用溪水来方便生活，而且还可以使生活更加接近于自然，从而获得浓郁的山石林泉等自然情趣。总之，其自然情趣之迷人，远非水街、水巷或一般村落可以与之相比拟。特别是某些分散独立的小村落，建筑物稀疏散落地分布于溪流的沿岸，其环境之优美尤其令人神往。即便是穿过村落内部的溪流，虽然受人工影响其自然情趣有所减弱，但依然可以起到某种调节气氛的作用，而使村落景观富有独特的生机、活力和情趣。

（九）周边环境

"周边"的概念与场所的概念相反。如果说场所是有中心的确定世界，那么，周边则是模糊的无序空间。若把前者叫做"图"的话，那么后者就可称为"底"。宁波许多环境优美、空间完整的古村落，其外部空间环境可概括为"山环水绕"，具备鲜明特色和强烈标志性，同时也为村落内部空间提供了独特背景。如儒雅洋村周边具有保持很好的生态环境，山体重峦叠嶂，植被郁郁葱葱，水体也没受到污染，部分古树还被神化，体现出村落居民对自然的尊重。

### 三、公共建筑

浙东古村落当中，除了大量性的村居住宅之外，尚有丰富多样的公共性质的建筑，它们在村落的社会延续和生活组织方面起着举足轻重的作用，在村落的整体形态格局的构成当中往往起到画龙点睛的作用。

村落的公共建筑大致分为宗教祭祀、文教、休闲、商业等几大类。宗教祭祀类包括各级宗祠、寺、观、庙等，文教类建筑包括书院、私塾、藏书楼等，休闲类建筑主要是指村落当中一些供人休憩、闲坐小聚的小品建筑，如牌坊、过街门、廊桥、亭子等。商业类建筑在宁波古村落中是比较活跃和有特色的一类，如各种店铺、作坊、医馆、钱庄、当铺等。这些门类繁多的公共建筑为我们勾勒出宁波村落生动鲜活的生活画卷。

### (一)寺、观、庙

佛教在浙东历史悠久,而宁波是日本和高丽僧人去天台求法的必经之路,自唐朝始,佛风披靡,历经五代、宋及元明清各代,形成了宁波的佛教大丛林,同时也使宁波百姓在佛风的长久浸淫中把佛教作为一种与生俱来的集体无意识,最后全然成为"百姓佛教"。有一组数据能说明这一现象——到解放时,全宁波境内有佛寺庵堂 2456 座,僧尼 4724 人。

佛教在百姓中的认识作用,基本不外乎祈福禳灾、超度轮回,它的主要功能被理解成作用于从死亡到来世的这段历程中,因此民间的佛教仪式多在丧事葬礼、七祭百日周年时举行,发生在超度亡灵、驱鬼逐魂这样一些与"鬼"事有关的场合,而与"人"事有关的求财、祈福、消灾、避祸、愈病、长生以及预测今生的活动,则多求赖于民间的社火庙祀崇拜。也就是说,前者事关宏观而模糊的来生,后者则事关细枝末节的今世。其实,大多数中国人的有神信仰是泛神的,他们对于宗教神、民间原始神以及灵物的崇拜,心中没有明确的分野。这不仅仅是儒、道、佛"三教合一"的影响,而且一切非宗教的神灵在他们的心目中,往往具有同等的价值和地位。

因此,浙东古村落中常见寺、庵、观、庙杂处,相安无事。

社火崇拜是比较具有宁波地域特色的民间信仰现象,其崇拜的偶像涵括了原始五行神、日月星辰、山川草木、帝王将相、孝子贤孙、忠臣烈女,总体上构成了一个泛神的系统。它与佛教和其他宗教的最大区别在于,宗教的信仰尚能由个人选择,而社火崇拜则是按家族或家庭为单位编入某一组织结构中。大多数的社火是私庙,或称宗庙,但又区别于家族的宗祠,后者祭祀祖宗的灵魂,而前者则是家族的庇护神或本尊神。社火的这些特点决定了它在浙东乡间村落存在的普遍性和与乡间百姓生活密切相关的顽强生命力。到民国的晚期,仅在宁波城区和四郊的鄞县地区,就有社火祀庙 517 处,尚不计星罗棋布的大量土谷祠、土地堂。

乡民从农业社会自身的功利需要出发,形成了保境安民神—医神—水利神—生育神—道德神—文化神—爱情婚姻神这样的一个神祇系列。通过这个神祇系列,大体能看到人们对于社会的安宁、治水治虫而达到农业的丰收、健康并生儿育女这一类农业社会中人生的第一层次需求的重视。一个姓氏单纯的村落,比如只有一个同姓宗族,常常就只有一个祀庙。如果一个村落里有一个主要的宗姓和数个杂姓居住在一起,如果他们关系和谐，虽不同姓，但可以成为同一个祀庙的"庙脚"，这样有利于增强村落的凝聚力。有时在一个大的村落里会有好几个庙，比如在鄞县东钱湖的陶公山村，这里的几个大姓——忻氏、曹氏和薛氏，他们各自建立了自己的祀庙，忻氏为"画船殿"，祀传说中的医神鲍盖；曹氏为"胡公祠"，祀浚湖有功的刺史胡榘；薛氏为"文武殿"，祀关羽和岳飞。但是他们又共同奉"上塔山庙"为三姓的公庙，祀奉宋代疏浚东钱湖有功的知府李夷庚和主簿吕献之。

寺庙在村落中的选址相对于宗祠来说显得要多变和随意得多，村边、田头、大树下、山脚山腰山顶都有可能是其落址的地方，村外通往其他村落的道路旁边也经常能看到偏处以求僻静的庙宇之所在。当然，也有寺庙坐落在村中十分显要和热闹的位置，这些寺庙往往规模比较大，村民们在其中的祭拜活动也比较频繁和隆重，在村民的社会生活中扮演了比较重要的角色。比如宁波奉化溪口的岩头村，其宗庙钱潭庙就位于将村子一分为二的村落生命线——岩溪西岸的溪西街街边，夹在跨越岩溪的两座古桥——广济桥和永宁桥之间，其中，距离连接村中两条交通及商业主街（溪东街和溪西街）的古桥永宁桥仅五十步之遥，扼据村中之要道，是自村外公路入村后进入村落聚居腹地的必经之地。岩头村聚居的毛氏家族是从浙西江山石门村迁来的，宗庙在建造之初就刻意保持其朝向、建筑结构、石阶的阶数和式样完全和江山石门村的原有宗庙一样，以示不忘故里。据说，过去两

地人相遇，如果能说出宗庙的建筑特色就会认同是自己人，享受同族共室的待遇。由此可见，这座宗庙在毛氏族人的心目中的地位。因此，它设址于如此显赫的门户位置就是十分容易理解的了，它作为毛氏宗族具体可见的象征踞守着村口，向过往的村人或外客昭示着它背后强大家族的存在（见图 2-6）。

图 2-6  奉化岩头村钱潭庙

（二）商业类建筑

浙江沿海有三个港口——宁波、温州和台州,后两个港口附近有较高的山丘将其与浙江其他地区相分隔,而宁波平原则为港口的贸易和运输提供了较为深广的腹地。一千年来的区域发展中,宁波既是一个贸易港,又起了浙东地区商业系统的中心城市作用。劳动的分工、各地商品的专业化以及需求与消费的差异,通过一个遍及城乡的商业集散网得到交流。江南水网平原的独特地理条件,使得水运在商品的运输和流向上起着极为重要的作用,以宁波为中心,向四周伸展出去的水路,呈轮辐状辐射,宁波乃至浙东地区生产的地方特色商品,通过这个水路网流向宁波,而北方或岭南等外省的商品或中转物资也经港口到达宁波后,再通过水路网向其腹地发散。

浙东尤其是宁波平原这种独特的区域经济的历史背景,为我们观察和理解商业元素在古村落历史发展及聚落形态当中的独特作用,提供了很好的帮助。这里有一个概念——"集市社区",值得我们注意。正如在前言中已经阐明的那样,其实,单一村落还不是具备真正完全意义的"农村基本单位",农民的实际社会区域的边界并不是由他所在村庄的狭窄范围决定,而是由他所在的基层市场区域的边界决定的。因此,有些村落因

图 2-7　东钱湖韩岭村老街

其在商业集散网中的节点地位、或者处在水路驿道的重要位置,而获得了特殊的发展机遇。这些村落,其整体形态布局受到商业发展变化的影响制约非常明显。宁波东钱湖韩岭村就是典型一例(见图 2-7)。

同样因居水路特殊节点而兴盛的还有宁波奉化溪口的岩头村。岩头村环村皆山,由狮子山、牛路岗、化岩山、西峰山和后门山等两三百米高的山丘簇拥环抱,岩溪自南向北流经村落,形成东西窄、南北长的溪谷盆地型

图 2-8　奉化岩头村村景

整体格局（见图 2-8）。在岩溪东西两岸形成了两条夹溪绵延伸展的商业老街——溪东街与溪西街，其中尤以溪东街商肆店铺集中，街面悠长完整，风貌气氛浓郁，以一条街的完整形式向我们展示了民国时期商贸繁荣的浙东村落街市的历史风貌和细节。岩头作为一个地处山区、相对闭塞的古村，会形成贯穿南北的溪东西两街、尤其是溪东街这样一条商肆连绵、各业汇聚的商业街市，当年它一定曾是一定范围之内的商贸中心地，否则无法解释小小一个山村何以支撑这样商贸繁盛的街市。那么，是什么历史原因历史情境造就岩头村当年的地位？分析起来主要有两点：

其一，岩头村沿岩溪向来建有筏埠，每天有十几条竹筏往返于剡江畔古镇萧王庙，那个时候，岩溪上游的万竹、大堰等地，由于去奉化县城受山高路险的横山山脉相阻，往往从水路取道岩头，坐筏北出溪口达萧王庙，然后搭夜航船抵宁波。水路在交通中所起的重要作用使得岩头成为奉化西南山区与奉化县城及宁波之间的交通节点村，岩头筏埠，送出去的是奉化西南山区盛产的毛竹、木材、柴爿和木炭等山货，运回来的是大米、食盐、棉布和药品等山区需要的日用品，成为奉化西南山区腹地的出口通道和物资集散地，自然商货云集，行旅不绝，商行店号在筏埠所在村落汇聚也就不难理解。

其二，近一个多世纪以来，由于人口急增，地处山区溪谷地域狭窄的岩头村，因其出产不足供人所需，形成了闯荡天下、外出谋生的风气，据粗略估计，时至今日，岩头毛姓定居上海的约有两万之众，散居国内其他各地的约有一万多人，侨居海外各国的约有一千多人。相对于一个村的范围，这样大量的旅外的岩头人，为赡养在乡的父母、接济贫困的亲友，每年皆有较丰的资金汇入岩头，使其成为一个消费性很强的村落，较强的"内需"，进一步促成了岩头商贸的繁荣。

　　溪东街全长约 275 米,平均宽度为 2 米,现状路面铺装材料以水泥为主,应该为后来整治时候所改,店铺屋檐底下的"上街沿"则大多仍为石块或石条铺砌。整条街的地势由南向北递增。两边建筑以二三层为主,二层楼檐高约 4.5 米,三层楼檐高约 7.4 米(见图 2-9)。东南边靠山,西北边面朝岩溪,背山面水,环境十分优越。

　　当年的溪东街,商肆连绵,鳞次栉比,米店、肉铺、钱庄、理发店、中药店、南货店、咸货行、布庄店等应有尽有,买卖兴隆。曾经比较有

图 2-9　奉化岩头村溪东街

气的店铺有:文大米店、毛福梅父亲所开的祥丰南货店、东来杂货店、大成米店、仁昌小店、永瑞袜厂、永昌布店、东升南货店、金昌钱庄,等等,这些店都于民国年间繁荣兴盛。溪东街现存备案的商铺老建筑有 17 处,老街的面貌基本保存完好,对于浙东村镇的经济史、商贸史和民俗生活史的研究也是十分难得的实物遗存。

　　宁波象山的儒雅洋村则是因位于象山至宁波的驿道而兴盛。宋朝时儒雅洋村成了宁波象山西向的交通要道,清中期鼎盛,成为象山至宁波的驿道,村东北道路沿溪至欧阳桥折东跨西沙经墙头镇通象山县城。民国时期较长一段时间内为乡公所驻地,信用社、邮电局、影剧院、初中、中心小学均设于此,除了商店,还有农贸市场,逢农历四、九集市,是象山西的政治、经济、文化中心,村街两侧店铺林立,商贸繁荣。

　　浙东古村落中的商业类建筑是比较活跃和有特色的一类,且门类繁多,如各种店铺、作坊、医馆、钱庄、客栈、当铺等,为我们勾勒出浙东村落生动鲜活的生活画卷。这些建筑有的成片聚集成街市,如走马塘村、韩岭村的老街,岩头的溪东街、溪西街,等等;有的则是在村口、桥头、庙前等村中交通要口或人群集散之地,如儒雅洋村村口王家桥头的老字号"赖源昌",经营南北货,坐落在弘儒路和支河交汇处,是全村人气最旺的地方。浙东

图2-10　象山儒雅洋村"赖源昌"老店

村落中的店铺大多为"下店上住"式建筑,底层为店面,第二、第三层为店家自己居住,空间紧凑,十分符合店铺经营生活方式的需要。如"赖源昌",平面为曲尺形,主体两层,局部三层。一层为店铺,二三层为住宅,是典型的"下店上住"式建筑。一层后退60厘米,形成檐廊,作为顾客停滞购物的空间(见图2-10)。

又如岩头村的东来杂货店,位于溪东街,紧邻永宁桥头南侧,为三开间三层单檐硬山四坡顶的木构建筑,内部靠桥头这边的墙角有一段靠背面外墙的直跑木楼梯,与开间方向平行地通向楼层,底下是店面,上面两层店家自住。

店铺等一类商业建筑还十分注重营造适于村人停留、小憩、闲聚的公共空间,以提高店铺的人气,人气旺则财气旺,在兴旺自家生意的同时,也为村落公共生活贡献了一份公益,实则是一举两得,无形中在创造村落公共生活"中心"的过程中,店铺也积累了口碑和品牌。如儒雅洋村"赖源昌"的底层后退60厘米,形成檐廊,下为石条铺砌的"下街沿",作为顾客停滞购物的空间,现在又在檐口与街对面檐口之间搭上黑色纱网遮篷,将这一空间进一步放大,成为村口、桥头、两街交汇处的标志性空间。又如岩头村的东来杂货店,店面直接面向岩溪,隔东街即是大块鹅卵石堆砌的岩溪溪坎,有遮篷越过街面从店铺的二楼伸至溪边,溪边立有遮篷的细小支柱,架上竹座椅可供往来行人在溪边小憩闲谈,形成桥头店前一个亲切宜人的、可停留、可休闲、可购物的类公共空间,同时也十分利于杂货店的日常经营。

## 四、街巷网络的形态与尺度

### (一)街巷网络形态的构成机理

宁波村落的形成没有非常明确和先验的目标,多是通过村落有机体内的诸多要素不断协调、自然生长起来的,讲究因地制宜,总体布局在秩序中存在着一定的自由度和随机性。在村落中,理性的原型和非理性的偶发随机性相互交织组成富有意味的网络系统,同时又处于一个不断发展的历史过程中,时间的叠加增加了其单元重复同构的整体系统的复杂性。村落的尺度体系也不是很严格,而是呈现出一种宽松的性格。

古村落交通都是由街巷系统来组织的,起着村内与村际交通联系的作用。由居家单元组成的院落的高大山墙夹峙成街巷,而宅院本身消弭于延绵的高墙背后,街巷自身的方向感来自于村落所处当地特有的地形、地势和水系,住宅在外观上大都形态相近,沿着街巷、水道线性展开,建筑与其限定的街巷是在大体一致的尺度下建成的,村落以院落住宅为基本构成单元,建筑形式基本类似,院落的组织构造关系基本同构,街巷与院落相生相成,互相交织渗透。在街巷网和水渠网共同限定下的村落公共空间,密集且具有宜人的尺度,具有很强的可识别性和场所感。

宁波传统村落建筑大都以木构架为主,在平面上以"间"为单元组成单座建筑,再以单座建筑组成以庭院或天井为中心的合院建筑群,彼此的差异多反映在合院中庭四边建筑界面的实体构成、空间三维尺度及特有的使用方式上,但是其内部都遵循着相同的空间构型。在围合院落的核心建筑体量四周,日后会根据需要增加一些分散的住屋或其他诸如储存之类的附属房屋,四邻的院落与其毗邻建造,在此过程中存在着无限的变形,相互之间的连接关系在基本同构的基础之上呈现出复杂的形态,随着拓扑层次的增加,逐渐发展成为一种自由生长的有机形态。在住居单元生长、聚集的过程中,场所的地形、村落的文化和显性隐性制度等因素,都或直接或间接地起着制约作用,单元于是成为村落形态"关系"网络中的节点,其每一次的生长变化都受制于网络整体,同时又改变着网络整体形态的呈现。

由此,村落建筑群落布局的整体特点表现为由简单单元组成的复杂组合体,建筑单元彼此相对独立,村落的整体布局又使他们紧密相连。单元自身的特殊性只能通过加高高度或增加面积来获得。因为整个村落的所有组成部分都采用差不多相同的建筑构件、装饰样式和施工技术,这种使建筑建造手段单一化的手法,在仅有大量工匠而绝少专业设计人员的乡土社会是有其特殊的现实意义的。一方面,村落中街巷最主要的建筑特色是以其单体建筑的无个性来表现其整体的特征,整体形态中孕育了丰富而富于趣味的变化,但这种变化基本是在同一构型的基础上根据实际需要在不同的时间点适当增筑而实现的,是同构之下的变化。另一方面,从动态秩序分析,街巷包含着感知的连续性与诱惑力,街巷多半不是平直的,而是曲折逶迤的,因而视线穿透的距离也不远,曲折迂回的平面形态分散了线性空间的透视深度。同时,街巷两侧平实的墙面有节奏地被各家各户的入口空间分成"段落",于是连续的"线"变成"线段",避免了单一乏味的行走体验,呈现简单与复杂的转换。

### (二)街巷在组织村落生活中的作用

院落住宅中间的庭院或天井是家庭内部的公共生活空间,而街巷则构成多样的村落公共空间。街巷里的生活是丰富的,在巷子里行走,能时常能闻到瓦灶里烧菜煮饭的香气,能看到孩子的嬉戏打闹,以及三三两两的人群围桌话桑麻的情景,具有十分浓郁的村居生活情趣。

街巷的形式不一,可以是直线型,也可以是折线、曲线型;在某些村镇,街巷较宽,而某些村镇街巷却很窄。实际上,街巷分为街道和巷道两个层次,分别承担不同的交通和村落生活组织地位,具有不同的尺度。街都比与它相连的巷弄要宽,这是因为街承载着整个村级的交通,人和货物都是由街进入村子,再通过巷道进入人家的。而在水网村镇,河道往往起着与街巷同样的功能。宁波鄞州区走马塘村中通往陈氏宗祠(遗忠堂)的街道是村中很重要的一条主街,它是由两边的建筑物围合而成的狭长空间,其大部分路段仅比普通的巷道宽一点,线型曲折,两侧的民居建筑物时凹时凸,致使街道空间忽宽忽窄,空间富于变化。它居于两片民居群落之间,在靠近陈氏宗祠的后半段,两侧有商铺面向街道而开,街的两侧界面不再是高大封闭的院墙,而是店铺的铺面、深深浅浅高高低低的檐口,以及石条铺砌的"上街沿"(位于街边建筑檐口外沿与建筑外墙之间的台阶,显示室内与道路地面的高差,通常为石块或砖块等耐水材料铺砌),亲和、近人、开放的界面使得这条街呈现出强烈的公共性质,将其与相垂直的幽静封闭的巷弄区别开来,虽然仅仅从空间尺度上很难将其与巷道加以区分。

街道是村落的人文轴心。街道既是集市的载体,也是村落空间格局的凝结中心。宁波老村落中的街市与西方村镇的公共广场有明显的区别。在旧时,祠堂是家族聚居地的空间标志和家族的文化标志,同时它又是以祭祀制度为中心的家族议事制度的核心构件。在家族制度瓦解后,宗祠的议事功能被"大队间"所代替，而大队间往往就在旧时的祠堂里。于是"祠堂门口"的空地就成为村民广场，成为发布公共舆论的地方。在一些联姓共居的村落里，大族在村里起到基础构架的作用，种种社会功能常常由大族的意志来表达，也由大族的血缘系统来承担和实践义务。因而大族在村内的公共空间，往往代表了这个联姓村的主导空间，小族只能望其项背。大族所表现出来的人多势众的特点，使它在方圆数十里内具有一种家族的威望和势力。

巷道，又称"弄"，在形态上，有长有短，有宽有狭，有直也有弯，巷一般垂直于街道，起组织巷内交通的作用，连接住宅与主街之间的交通，巷内的住户通过巷道通往街道，与街道和开敞空间（如祠堂前的空地、起疏散作用的街巷交汇处）共同组织村内的交通。巷道仅服务于一定数量的住户，一般来说，较深的巷子里的住户多，较短的巷子里住户少，相对于街来说具有更多的私密性。还有一些巷道窄到仅能容一人通过，这是因为两家的宅院不共用一道墙体，而是尽可能地围合属于自己的土地。宁波鄞州区走马塘村就有这样的巷子，很窄，宽不足两尺，巷子地面由铺地铺成，仅容一个人通过。

巷道空间对于村镇社会生活环境具有特殊的功能和审美意义，人们从村外经村口而进至街道空间，再由街道空间转入巷道空间，最终走到自己的宅院，可以说是经历了一个完整的序列，这个序列从空间形态方面看可以说是由漫无边的自然空间进到由人工限定的街、巷空间，从容量方面看则是由宽敞的空间渐次转入越来越小的空间，而伴随着空间量的变化，其公共性逐渐减小，私密性逐渐增强，直至自己的宅院、居室、幕帐，可以说是达到了私密的顶点。

在街巷网络中，还有一个重要的节点，或称"起点"，即"村口"。每一个老村落都有一个概念明确的"村口"。在浙东水乡平原村落或山村，村口并不如北方的村落有一道明确的村门，而是以一座入村的桥梁、一条主要的道路，或者是一棵老树作为标志。虽然有些村落有许多条道路可以沟通内外，但总是约定俗成地有一个主入口，因此它的意义主要并不是交通的，而是礼仪的。红白喜事、婚姻嫁娶，一些重大的事情都必须从这个主入口进入，从而使这一行为成为正式。主入口的确定，带来的是村落内一整套空间原则的确定，由此明确了村落的中轴线和主干道，也由此明确了村落中的功能区划。

(三)街巷网络的空间组合模式

古村落空间包括许多物质要素,如民居群落(街区)、宅院、街巷、河街、空地(广场)、桥、埠头等,街坊等块面空间与街巷、沿河地带等线性空间以及各种点状的结点空间共同组成了村落的整体空间。从空间形态上看,反映了"面"、"线"、"点"三种形态空间的组合;从共时性上看,村落的种种空间(现状)形态是由这些物质要素按特定的构成关系在空间上排列组合而成的,其整体结构原型之一就是一个体现构成关系的"群"。村落空间系统存在着异层次要素之间的(直接或间接的)逐级构成关系,同层次要素之间的(直接的)并置构成关系,以及同层次和异层次之间的(间接的)链接依附构成关系。这些构成关系可抽象为三种结构模式——子群,我们不妨称之为等级子群、并列子群和链接子群。[①]

等级子群模式是指村落空间各层次要素存在由简到繁、由小到大逐级向上的构成关系,体现了空间要素在静态构成关系上的层次性。浙东古村落空间逐级构成关系十分明显,每一个村落从整体上来看,都存在着这种等级构成关系。村落风貌虽然千变万化,都是经由居住"间"的转化组合形成合院空间,合院空间组合形成院落组空间,院落组空间形成地块空间,地块空间再形成街巷空间。其中又可以分为两种:单向等级子群模式和双向等级子群模式。单向等级子群模式是指村落各层次空间要素较严格地按逐级纵向构成的关系组合成整体,其特点是结构清晰、等级分明、型制规整、街巷网络经纬分明、交通便利,但空间雷同、景观较单调;双向等级子群模式则不但有纵向的逐级构成还有横向的并置组合方式,其特点是结构复杂、等级模糊,空间景观丰富多变,但街巷网络由于复杂多变而交通识别性较差。

在水网、河道成为生长轴线的村落,街随河走,屋顺河建,产生一种顺应河道的线型动势,这种动势强于村落中另一大类线型空间——街巷,使得村落呈现出不同于等级子群逐级构成模式的空间组合——河、街、屋三种空间要素沿同一轴线并行重复,形成三者平行并置的并列子群模式。并列子群模式最初皆因交通便利,而成为相地而居之所、行人往来之路和运输装卸之处,后伴随柴、米、鱼、盐等市沿水而兴,于是餐、茶、酒、宿各馆依

---

① 段进:《城镇空间解析:太湖流域古镇空间结构与形态》,中国建筑工业出版社 2002 年版,第 19 页。

河而建,逐渐吸引各种店铺汇聚于此,沿河地带由此演变为独特的沿河街市商业空间,整个村落也呈现出沿河发展的纵向形态。宁波东钱湖韩岭村、奉化岩头村都是这样的类型。不过,沿河村落绝少表现为完全的并列子群构成模式,而是并列子群与等级子群相结合,两种模式以沿河街道一侧的宅店为二者的划分面,沿河两侧是并列子群模式,垂直河街向纵深发展的街坊则为等级子群模式。当并列子群模式的影响占优时,线型并列沿河延伸的形态得到强化,沿街建筑更多地表现为商业性的一面,建筑形式常由普通住宅变为上店下宅式或前店后宅式;当等级子群占优时,沿河街道空间更多地表现为生活性的一面,沿街建筑变化较小,与街坊内部的建筑较统一。一般来讲,主河道或宽度适宜的河道两侧,商业更易集中,街道经常演化成以商业为主的沿河街市,并列子群影响力较大;次河道或狭窄的河道,因交通不便、空间局促,两侧街道一般为生活性的沿河街道,并列子群模式影响力较弱,而等级子群空间保持一定的完整性。宁波东钱湖韩岭村在一村之中同时包含有上述两种状态的沿河街道空间,鲜明生动地为我们呈现出沿河道发展的村落的丰富形态。

　　村落空间在形态上除了以街坊为代表的"块面"空间和以沿河地带空间为代表的"线"型空间外,还大量存在着一些相对独立的"点"状空间,例如桥头、空地(广场)、水埠、街巷节点等,这些空间数量多、形式各异,是古村落空间中最灵活多变、不拘一格的要素。但它们也存在一个共同的特点,即都依附于宅屋、街巷和河道等空间要素而存在,因为无河则无桥头和埠头,无街巷则无街巷节点、广场,这是一种依附与被依附的关系,从空间的几何位置关系上看,点状空间将宅屋、街巷和河道等空间要素结合在一起:埠头是河与沿河街市的连接处,桥是河道两侧道路的沟通处,街巷结点则是两段或多段街巷的交接处。两种或多种空间要素之间通过某种元素链接在一起发生相互作用构成整体,同时前者与后者之间还存在依附与被依附的关系,这种空间组合模式就是链接子群模式。村落的街巷网络正是典型的链接子群模式。作为链接在街巷这一线型空间上的"点"状空间,街巷结点是街巷空间发生交汇、转折、分叉等转化的中介,使各段街巷联结在一起,将街巷的各种形态——树形、回路、盲端等统一成整体,构成完整的街巷网。从某种意义上说,街巷结点就是街巷空间发生转折、收合、导引、过渡等变化较剧烈的地方。各种结点空间通过转折、搭接、交叉、扩张、收缩、尽端等方式依附于街巷、水网,成为其组成部分,同时也是其空间转换的链接关节,结点空间的加入,使得相对静态的街巷河道空间变成了动态空间,每一处结点空间意味着一段街巷空间的结束,也预示着另一段或多段街巷空间的开始,它们是空间之间相互转化和连续的中介。因此,街巷网这一典型的链接子群空间的构成模式为"树形＋回路＋盲端＋结点＝动态空间网络"。

### (四)街巷网络的尺度层次

村落的土地分配中有一种道德因素在起作用,因此,街巷的尺度除了自然尺度衡量标准之外,还有一种伦理尺度。许多时候,村落的公共空间都是礼让出来的,即每一幢建筑物都为"众家"让出一部分公共土地作为街路巷弄。私家建筑与公共空间之间常常有一条"滴水下"构成的过渡带作为缓冲,这一点,我们只要看看实际的村落街道就会有深刻的感受。街屋是滴水的披檐(滴水下正好是雨水沟),而巷子屋面却是包檐的,这就保证有"最小"的够用尺度,以及最经济的公共用地量。街段常常以某一跌落或者视线堵断为自然分界,形成上、中、下不同功能和贸易的功能区别。沿街的台阶是公与私的空间交界,是自己搭建的一个高台,谦逊地告诉别人:请尊重我。

我们常常感到街路的尺度十分合适,但是在不同村落中,它们的自然尺度并不尽一致。实际上,街路并不以自然尺度而是以伦理尺度来决定的,它一般应当可以让四个人自由地并行。四个人,这即是同时发生的两对相互行为单位的基本人数,它同时也可以变形为 3∶1 或者 4∶0。当两个邂逅的人需要站在那里稍作寒暄时,它并不影响另一对人在他们的边上相对擦肩而过。为了保证这一实践的可行,私宅前的台阶石同时充当了临时的缓冲地,以达到六个人的同时行为。台阶石同时也允许集市时候设摊,这是沿街屋的义务。同时,街巷的这种尺度又便于形成"穿堂风",使公共空间的空气质量得以改善,同时也可保存某一街段的"气味商标"。这种伦理尺度同样决定了一般村落小巷的宽度,因为它们是根据让挑担人"可以换肩"的伦理要求决定的,谁家建筑违反这一原则,就会遭到众口的责难。

在平原水乡,与此相对应的是对"后门河道"秩序的遵守,建筑以它们的基础成为巩固河堤的护坎,建筑的"滴水为界"的概念变成了以河水为界。水边建筑的节奏是因为让出供人们通往公共水边的小巷来达到的,这些小巷往往就是桥的延伸,它的两岸因此常常对称,以便必要时可以架桥。由此也自然地构成了建筑的"做法单元",形成形象上的"齐物"呼应。河堤的墙基会有一些凹进,宽度可以停一艘田庄船,这样就不至于堵塞水面的交通。

### 五、水网水系及其功用

宁波的很多古村落都选址于河网密集的平原地区,例如宁波市鄞州区的走马塘村、江北区的半浦村、镇海区的郑氏十七房村,等等。这些村子的共同特点是,水网交织、桥梁众多。在村落形态上,河道与街巷网络构成村落的基本框架,河道网络景观在村落景观构建中与街巷有类似的作用。

在这些平原水网村镇中,村庄常常沿河流建设,商贸、手工业、运输设施(主要指码头)等常沿主干水系走向布置,而形成带状空间布局形式。当然,河道常是比较自由曲折的,这种带状形式的集镇也随着河道的曲折分布在河的一侧或者两侧。还有呈"鱼骨"型的河流网络,一条主干河道穿越村镇,多条支流河道与主干河道垂直,河道与街巷系统交错,构成村庄的主要脉络,这种脉络非常清晰。在主河道两旁设有许多船埠头,在船埠头处还设置多级石阶来适应水位的涨落,方便船辆在此处停靠,装载货物。主河道上一定会有多座桥来联连河道两岸两街道之间的交通。

经济繁荣的村镇,沿河两岸均可形成商业街,有一河一街、一河两街两种形式。这种河岸街市在宁波地区是十分常见的,例如镇海庄市的菜市场,很窄的一条街,一侧是店铺,一侧是窄的河道,河道与街道的交通由码头和台阶组织,热闹非凡。这条街以前可能是繁华的商业街,后由于它的商业功能被其他商业街代替,现在充当着菜市场的角色,环境比较脏乱,但街边有许多木结构老建筑依然保存着,大约为民国早期,或者更早。

位于河道交叉处的村镇不仅与水的关系密切,而且其格局也更为复杂,这些村镇一般规模较大,在多数情况下均被交织的河道分割成若干小块,这些小块有的以商业为主,有的以居住为主,或相互掺杂。即使以商业为主的地段也未必都把街道安排在临河的一侧,而有时却沿河岸向纵深延伸,或与河道相互垂直、交叉。由于河道纵横交织、曲屈回环,也往往使建筑物的群体组合变得十分复杂。此外,为沟通各小块之间的联系还必须设置若干桥梁,于是就构成了陆上交通与水路交通两套网络,加之水位涨落无常,停靠船泊的码头必须用多级石阶来调节,从而使沿河地段变得高低错落,总之这样的村镇景观内容很丰富,既有一般村镇所具有的街和巷,又有临水的街道和水巷,还有各种形式的桥梁和码头,这些组合要素不仅各自有独特的景观效果,而且当把它们组合在一起的时候,其景观变化就更为丰富了。

水系水体在灌溉、饮用、交通运输、排雨排污、修景等方面起了很重要的作用,具体表现在以下几个方面:

第一,有利于农业灌溉和防洪排涝。浙东农作物以水稻为主,而水稻种植又需要充足的水源,密集的水网为农产品的丰产提供可能。浙东村落的农田区一般位于居民点外围(农田区可以零星地分布着一些单体建筑,如公共的晒谷场、庙、桥梁之类的)。大片的农田区常常为河道所切割,形成若干块,因为农田毗邻水系,这有利于沟渠的挖掘和布置,方便从河道里引水和农田的排水。村民除了耕种外,一般不从事其他生产活动,休闲活动项目不多,而垂钓就是其中的一种。另外,浙东属四季分明,初夏时就进入梅雨季节,常常会出现暴雨、大暴雨,发达的水系可以说是村庄的排雨防涝系统,河道在排雨排污方面起了很重要的作用。

第二,提供洗衣服、洗菜等生活用水。在生产生活方面,村落村民的饮用水主要来自于井水,而生活用水一般来自于河水,在解放后没通自来水以前,许多家庭的饮用水也来自河水,河水加明矾经过沉淀后,就可以用来煮饭、烧菜使用。在古村落里,生产生活产生的污水都是直接排入河道的,在近代及以前,村中几乎没有工业企业,污水以生活污水为主,这种污染一般不会超过河道的自净能力,所以河道是很清洁的。在夏季,人们还可以尽情在河道里游泳。

第三,承担运输功能。同时,河流水系除了作为生活和农业灌溉水源外,最为主要的是承担着人口、物资与外界的交换流通。宁波地区有许多在水路交通枢纽形成的村庄,例如,宁波鄞州区韩岭村、江北区的半浦村(渡口村庄)。因为受自然条件和经济水平的限制,河道运输是当时最主要的交通运输方式,这是因为在现代交通工具没有普及以前,水路运输不仅价格低廉,而且运输量远比陆路运输量大(譬如村落的建材等大多由水路运进来),后来因为铁路与公路等交通设施的修建,河道运输的功能渐渐被取代,所以现在已经很难看到船来船往运输物品的繁忙景象了。

## 第三节　宁波古村落民居建筑类型和形制

### 一、宁波民居的基本特征

在中国传统社会中,村落构成了以农业为生的人群聚居生存的最主要的空间形态,是生活和生命的容器。而构成村落最基本的单元是住宅即民居,建造住宅,不仅仅是满足人们生活、生产舒适方便,而且体现了人们精神生活的追求。

现在遗存的宁波古村落同样是以传统农业为主的聚落,其间排布的大部分民居规模较小,多见独户独院的三合院;同时还遗存有不少出仕做官或经商致富者的深院住宅,如鄞州走马塘村的后新屋(见图 2-11)、中新屋,慈城半浦村的中书第,宁海儒雅洋村的新大份,等等,这些中、大型建筑群显示了居住其中的家族拥有的社会地位、经济能力。

图 2-11　鄞州走马塘村后新屋内院

### (一)"天井院"式住宅平面形式

"天井院"式住宅平面形式产生的原因与江南地理环境和气候特点有很大关系。江南地区多丘陵河网而耕地少,同时夏季炎热潮湿。建房屋宅院时要尽可能节约用地,且潮湿的气候使得底层房屋的居住性较差,因此三面或四面的房屋都建为两层。内部的天井院有助于通风和拔风,从而降低室内温度。

天井院有两种基本形式:一种是由三面房屋一面墙组成,正屋通常三开间居中,两边厢房与前面的高墙形成天井院落,俗称"三间两搭厢",入户门多开在围墙的中央或者边侧与厢房位置对应的中央开间。另一种是四面房屋围合中间的小天井,俗称"对合","对合"的正房称上房,隔天井靠街的称下房,大门多开在下房的中央开间。

两种天井院都以堂屋(正房一层的中央开间)为住宅中心,它的开间进深大,设置可灵活拆卸的格扇门,平时一般不开启,也不住人,在家庭祭祀或重要节庆时打开。

除以上单一的院落外,大户宅院一般是由几个天井院院落组成的建筑群,把若干个"三间两搭厢"和"对合"组合连通。

(二)封火山墙

宁波村落民居建筑主体结构是传统木结构,易遭火灾。天井院之间为防止火灾蔓延,都把山墙建得高出屋顶,山墙有的呈错落的阶梯形,即马头墙;有的顺着屋面坡度成人字形并变化为曲线轮廓,即为观音兜。这些都统称为封火山墙,构成屋顶形式的重要标志和村落优美的天际线。与清代高大的马头墙相比,观音兜的缺点就显而易见:一是不高大,少气势;二是因为低矮而削弱了它的隔火防盗功能。木结构建筑最忌风火,也因此,宁波人又把马头墙称为风火墙。"风火"一词在宁波方言中不仅仅表示风灾与火灾,而且还进一步引申为一切危险和潜在的危机。比如说"这样做是要背风火的",也就指出某种做法所具有的危险性,以及需要承担某种责任的可能,后引申为"封火山墙"。

(三)高墙窄巷

村落里的住宅对内以天井院的形式开敞,对外以高低错落的山墙呈现封闭姿态,并限定了巷道空间。村落的主干道较窄,3~4米左右,可以容两辆人力货车通行。民居之间巷弄间距更小,一般两人对面穿行。一个个天井院民居紧挨相靠,有条条街巷相连,高墙窄巷成了宁波古村落里民居的典型形态和基本印象。

（四）选择乡土建筑材料

宁波民居主体建筑为木构架，如梁架、柱子（有少数檐柱用石料）、楼梯、楼板等都是木构，大多选用当地常见的杉木。围护山墙用青砖砌筑，山墙下部用当地的红石板或青石板做墙基。室内中堂地面有用条石、砖铺墁，或三合土夯筑，并划斜方格，仿砖地面形式。天井地面用石板、卵石铺砌，并做出排水沟。卵石常排列成钱纹、海棠纹或动物形象等吉祥图案。

## 二、宁波民居的分类

### （一）按地理环境特征分

宁波传统民居总能巧妙利用各类地形，既能在河网平原滨水而建，也能在山坡谷底因地制宜；既适应了复杂的自然地形，节约了耕地，又创造了良好的居住环境。

#### 1. 平原民居

宁绍地区以平原为主，水系发达。过去的交通和贸易主要靠水运，因此村落多依水而建。有的村落自然地形成了沿河带状布局，呈现一河一街或一河两街的格局。民居在河和街的一侧和两侧毗邻而建，朝向多依河而定。由于用地紧张，民居通常采用平面开间少而进深多层次的狭长格局。河边设有不少公用或私用码头、河埠。

也有的古村落则是片状布局，将周围自然河道进行人工改造，变成环绕村外的护村河和村内的水系统，方便村民生活。如鄞州走马塘和镇海十七房。这样形态较为方整的村落，其民居的平面形态也比较规整，规模有大有小，相对来讲受到地形的限制较少。

#### 2. 山地民居

宁波西部和南部的宁海、象山一带地形以山地丘陵居多。这些山地民居首先在选址上因地制宜，一般选在两座山之间的山涧溪水边的台地上。民居顺着地势，或平行或垂直于山体的等高线从高到低，由远及近布置在村落中。

宁波山地民居的最大特点是充分利用当地的自然资源，就地取材地采用山上的木材、石材为主要的建筑材料。单体民居通常为两层，穿斗式木结构承重。两侧山墙用当地山石或者鹅卵石一砌到顶形成硬山双坡顶，也有的中下部为石砌墙,上部露出木结构承托山面出挑的歇山屋顶。前者显得结实厚重,后者显得自然轻盈。民居进深浅,沿横向发展,有的联排相连,形成"一"条状格局。有的组合成"U"字型平面,形成半开敞内向的生活庭院。庭院铺地为拼成各种规则图案的鹅卵石或大小不一的石板。

主体建筑往往对外开敞,规模比平原民居小得多,通常是独户居住,并设山石砌筑的矮围墙进行领域分隔,不像平原那样设置封闭高院墙。村落内巷道随地势高低变化,蜿蜒曲折,亦为鹅卵石铺面或石板铺面。整体形象自然不拘,强调与自然和谐、卓然朴实,而不强求对称。

3. 渔港民居

宁波的渔民最早住在自家的渔船里,后来因为贸易繁荣、生活改善的需要而形成了固定的房子和街区,以象山石浦镇老街为代表。石浦镇位于港岸坡上,城区老街筑于高低不平的小山上,依山筑室,随势高下,连檐接栋,鳞次栉比,层楼叠宇,几无隙地。道路起伏有致,房舍高低错落,向有"高低曲折一城圆,人家住在涛声里"之喻。以木板筑墙为特色的街道铺面房,与小巷里砖瓦石库民居相映成趣,独具江南渔港小镇风韵,基本完好地保留了明清建筑风貌。老街每隔50米左右建有一座座跨街而筑的"封火门"。"封火门"也叫"避火门",青砖或条石砌成的圆拱形门,一般建于街巷交叉处,高出居民屋脊,起切断火势的作用。

(二)按古村落聚居而成的具体原因分

1. 血缘民居

血缘民居有的坐落在平原河网地区,如鄞州走马塘村、镇海郑氏十七房村、宁海前童等。名门氏族聚族而居,世代经营。整个村落主要是一个大姓。村落中那些经商和做官的大家族居住的多进多路的老宅就是这类民居的代表。其特点是规模大,占地上千平方米、甚至两三千平方米,基本呈对称布局,强调中轴对称和仪式感,突出民居的伦理作用。所用的建筑材料和装饰材料往往十分高级和奢华,单个房间开间进深大,空间高敞。

也有的血缘民居坐落在山地丘陵中,受地形限制,民居规模不大,但主体建筑讲究对称和秩序,如奉化岩头村的毛福梅旧居。岩头村里居住的主要是毛氏家族,即是蒋介石的外婆家所在地。

2. 地缘民居

一般在以水路交通贸易而形成的村镇中,或在交通要冲上,形成各姓杂处、以地缘而聚居形成的民居群落。这类村镇交易繁忙,人多地少,村落建筑主要以商业、商业与居住混合以及纯居住为使用内容。平面狭长,临街为商业,后面和二楼为居住和作坊,形成小开间多进深的竹节式平面。如鄞州横街镇的凤岙村,自古就是鄞南进入四明山的重要通道,自宋代即开始有人沿溪而居,到了清乾隆年间,那里更是形成了著名的"凤岙市",众多商铺沿着溪流走向呈丁字型铺陈开去,长达数百米,在民国时期更是成为当时鄞县西乡片最盛的集市之一。

3. 血缘、地缘混合民居

宁波东钱湖韩岭村则是典型的地缘血缘混合而成的古村落,因为最早是作为象山通往宁波的交通要道而形成的古街集市,但村中居住的主要是以金姓为主的大家族。又如宁海儒雅洋村,虽然是由驿道上的驿站发展而来的村落,但是村落以何姓氏族为主体。同样的慈城半浦村,是由姚江边的渡口形成的村落,但由周、孙两大族占据。

由此可以看出如果对宁波民居进行分类的话,会发现由于形成过程中这两种或多种原因的综合,古村落中的传统民居往往属于地血混合的产物。例如鄞州走马塘、镇海郑氏十七房、宁海前童的民居既可归类为平原民居又是血缘而成的;属于血缘民居的慈城半浦和宁海儒雅洋一个因水而成在平原上,一个因路而成在山地间,可以属于地缘民居的范畴。

虽然宁波民居其表现形态可以分属不同类型而不尽相同,但无论是临河而筑的水街民居、理性而有秩序感的院落式大宅,以及依地势布局的山乡民居,其内在取向是基本一致的。

### 三、宁波民居建筑空间的基本组成元素

根据宁波的气候特点和生产、生活的需要,宁波民居普遍采用合院、敞厅、天井、通廊等形式,使内外空间既有联系又有分隔,构成开敞通透的布局。

#### (一)开间

"间"是中国传统建筑的基本单位,也是村民生活起居的基本单元。无论正房还是厢房都是由若干开间排列组成。宁波民居中一般三间并列组成正房,采取一明两暗的格局,即中间是开敞的厅,开间最宽,平时不住人,是主要的祭祀空间及起居空间;两暗是长辈居住的房间。正房基本朝南,

厢房左右对称于正房,形成明显的对称轴线关系,由若干间并列组成,一般是晚辈的房间或是一些附属用房。宁波平原民居建筑的开间面宽一般为3～4米,进深较大者为5～11米,较大进深者通常用木板墙隔成两间。

### (二)廊

廊是房屋前后沿进深方向延伸的一步半室外空间。廊有三个优点:一是遮阳,廊进深较大,单独一步进深达2米,减轻南方夏天太阳直晒的热辐射;二是避雨,防止雨水打湿墙面和木柱身;三是丰富空间,廊是重要的交通联系和活跃的半室外活动空间。

### (三)厅

厅一般布置在民居轴线上即在正房明间位置,厅的位置最重要,装修等级最高,通常临院设置可灵活拆卸的雕花格扇门。比较讲究的多院落规制的宁波平原大宅民居中,正房厅堂一般关闭,平时不住人,只在家族有重大活动时才打开。厢房对应院落的中央开间有的也布置为厅堂,这才是家庭或家族平时的起居活动区域。在一些山地地区,因可供建宅的用地紧缺,民居院落开间较小,空间紧凑,常常正房明间敞厅兼具起居祭祀之用。

### (四)弄

作为交通联系的廊空间延伸到室内、或者连接前后院落的室内狭窄过道称为弄,可解决民居内部水平交通问题,常常作为纵深中前后院落之间的联系通道。宁波平原民居的弄道较宽,弄内通常设置直跑木楼梯,可同时解决上下交通问题。楼梯较陡,有的坡度达45度,这是因为其楼层高而房屋进深相对较短。

### (五)过路

过路是正房檐廊和厢房檐廊延长十字相交所得到的相对独立的亭空间,是宁波平原民居所特有的元素。在较早的"前厅后堂,四明两廊"式民居中,由于正房与厢房的屋顶相互脱开,正是通过过路而使其连接成一体,人在院落内部廊中的穿行能够一直处于屋檐的庇护之下。同时其位置与室内的弄道相对应,可以是一层或者二层,所以它起着完整立体交通系统、统一立面关系、丰富院落层次的多重作用。

## （六）披

披是依附于主体建筑的单坡房屋，一般较低矮，常做辅助空间使用。任何复杂的坡顶都可看成是由一系列的单坡组成。

## （七）楼层

楼层可节约土地和同时增加内部使用空间，以及优化小气候。在宁波多雨潮湿的气候下，楼层也更适宜居住。宁波古村落民居一般至少建两层，二楼楼层房间一般采用通柱，与一楼柱网对齐布置。一些沿街的商业店铺也有局部木梁出挑，增加二楼的使用空间。

## （八）门道

大型住宅民居的主入口规制较高，采用三开间的门屋形制，明间在中柱或金柱处设门版和门扇，前后则为过厅式的敞间，统称门道，这是民居内外空间的过渡和缓冲。

## （九）院落与天井

院落与天井是民居内部的院落式外部空间，有着生活起居、通风采光、美化环境等作用。院落与天井的大小和位置不同，所起的作用也不一样。天井一般是指面积小且周围是楼房，空间感受狭高犹如在井底的院落。这样的天井院首先是周边房间采光的需要，其次夏天易形成拔风通气的效果，利于民居内部小气候的调节。院落一般则指位于大门迈入后正厅前的室外空间，作为家族的门面，其平面规整，面积较大，装修考究，强调仪式感。其他位置的院落一般为生活院落，面积较小，形状根据地形灵活变化，内可布置水井、花坛等，生活气息浓厚。

## （十）塞口墙（花墙和二门墙）

在多进院落的大宅民居里，主要院落之间通常用塞口墙来进行分隔。在宁波地区通常称为二门墙，顾名思义就是第二道门所在的墙。二门墙分隔了内外两个院落，墙以南是入口大门进来的前院，略小；墙以北是正房加两侧厢房而形成的三合院，是正院。在轴线位置上，二门墙设置了随墙门即二门，既沟通又分隔了前后院，穿过二墙门即表示由外到内，从公共走入私密,加深了空间院落的礼仪含义,所以它也是多层次空间序列当中不可缺少的元素,起了相当于北京四合院的垂花门的作用。所以二门墙规格较高,装修较好,左右墙壁常采用对缝磨砖影壁的形式。二门一般采用条石门框形式,门框内往往加以石雕雀替作装饰,简洁而有细部。典型的二门墙我们可以在江北半浦村的中书第内看到。二门墙向东西延伸且加高,变成了厢房的山墙,又起到了围护和防火的作用。

图 2-12 象山儒雅洋村友二房花窗墙

还有一种塞口墙用来对同一院落进行空间主次划分,因为这种墙上开有琉璃砖或青砖组砌的花窗,俗称花窗墙。这种墙高度比周围的院墙要矮,通常只有一层高。有的对称位于正院的厢房前面,将正院划分成中间大、东西小的三个空间。东西小院落给居住在厢房内的小辈家庭使用,中间大空间仍然保留着秩序感。墙上的花窗和洞门让左右小院既和大院保持联系,同时又有一定的私密感(见图2-12)。

在一些狭长的院落内,也用花窗墙将其划分成多个小院落,增加空间层次和使用效率。

### 四、宁波民居的基本形制

（一）最经典的 H 型平面——宁波平原地区民居的原型

宁波平原地区民居型制是以“一横两纵,前后明堂”的 H 型平面单元为基本原型。通过串连、对接、放大、变形,形成各种变体,适应各种不同地形和用地,同时满足不同家庭的需要。

“一横”是指民居内的正房,“两纵”是指对称布局、夹着正房的通长的厢房排屋。“横”一般位于“纵”的后半部,H 型的主体建筑平面与四周院墙形成两个主次不同的院落天井,宁波当地人称天井为“明堂”,意即明亮的

"堂"，而不是简单的空地。入口常采用三开间门屋或随墙门形式（见图 2-13）。

南明堂最开阔，一般接近于方形，石板地面，为主要的室外公共活动场所。北明堂成东西狭长的天井院，种植盆景花草等；有时厢房排屋两侧再设占地不多的狭长天井，即与东西院墙间留有缝隙形成进深浅、南北狭长的东西明堂，进一步改善厢房的通风和采光。

较富裕的平民小户为创造一个封闭、独立而安适的生活环境，投资又不大，常采用规模较小的 H 型平面。

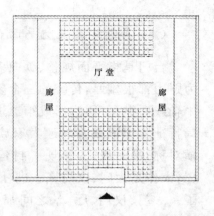

图 2-13　H 型平面示意图

（二）日字型平面、卅字型平面——宁波平原地区多院落大宅民居（俗称老墙门）

H 型单进平面的基本模式通过三种方式的变化满足人口众多、结构复杂的大户望族的居住需求，营造出不同性格的空间氛围。

第一，院落纵向对合延伸，扩展成"日"字型平面，形成纵深串联的二进院、三进院。共用的外院墙变成了划分内外院落的塞口墙，也就是"日"字当中的一横。强调纵向轴线，墙上轴线正中位置设石框二墙门（仪门），两侧为磨砖影壁，如鄞州走马塘和慈城半浦村民居。也有的这一横变成了夹在左右厢房之间的前厅。以镇海十七房村的新房为例，前厅三开间，一明两暗。明间是祭祀空间，平常不开门，用于红白喜事，特别是明间地面铺地正中留用一块未铺青石的泥地，据当地人说，在白喜事时专门在上面停放尸体的。在宁海儒雅洋民居中在前厅后面多加一道二墙门，前厅明间则作为过厅，利用两个横形成的弄道关系来进一步增加纵向院落的层次。

第二，院落横向扩展，主院和跨院并联，变成一横多纵卅字型平面的形式，如镇海十七房村和鄞州走马塘村民居。纵向平行的厢房间距较窄，跨院纵深狭窄。通过过路廊亭和花墙将跨院隔成两三个小院，方便了单元小家庭的生活居住，弱化空间逼仄感，丰富了庭院空间。

当然还有综合运用串联和并联的方式，构成了多路多进、纵横交错、院中有院的空间形态，增加了建筑规模，丰富了庭院层次。

### （三）多进式天井院平面台门民居

台门是指平面规整、纵向多层次展开的院落组合式住宅。大户望族人力财力都很雄厚，传统的三合院、四合院不能满足其功能需求，所以往往沿中轴线向纵深延伸，形成第二进院落、第三进院落，等等，轴线非常明显，布局特征牢牢记载着封建大家族的生活烙印。这类深宅大院，聚族而居，纵横对称，平面规正，体现了封建伦理制度的本质。里面一般有三到五进房屋，大体是大门、仪门算一进，厅、堂各一进，加上正屋、后堂杂屋，便有五进了。大门、仪门、厅、堂之间都有天井相隔用以通风采光，两侧辅以厢房或连廊，组成一个多进院落组成的宅屋。

台门的面宽和进深则依据住户的身份高低、财力强弱、人口多寡而定，宽有三开间、五开间、七开间不等，深有二进、三进、五进、七进之别。通常大的府邸以门面的"间"与深院的"进"数多为气派的标志。台门屋宇乌瓦粉墙，大多数砌有石板、石阶、石门槛和石门框，立面一般对称处理，显得古朴、肃穆、庄严。

宁波台门中以产自宁波本地的青石为门枋的石库台门为最多，门内安两扇黑漆的杉木实榀门。如果是官宦人家或者书香门第，常设有6～8扇黑漆的竹丝台门。由于宁波位于浙东宁绍平原的主要河网区域，许多台门前后皆通路成河，俗话说，"前门进，后门出"，水陆两便，交通极为便利。

宁波台门建筑的典型实例有江北半浦村的中书第（见图2-14）。中书第的四周围有铺装道路，整个宅院范围很大，占地接近4000平方米。整个中书第由两进相同布置的三合院与院前两侧花园、门屋左侧的辅助用房组成，两进房子布置相同，独自形成院落。单体的三合院前后都有天井，前天井很宽

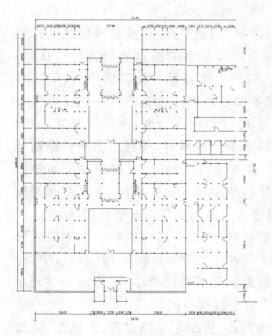

图2-14　江北半浦村中书第平面图

阔,呈方形,后天井较窄,由两堵院墙划分为三部分,中间部分(通道)宽,两侧较窄。门屋到第一进墙门通道的两侧为菜园,菜园连同门屋组成了独立的前院;辅助用房置于东侧与主体建筑隔有山墙,独立成区。由此可见,建筑功能分区十分明确。

正对天井院(明堂)的正屋常为三间两弄,在两弄设楼梯,同时也作为前后进的交通连廊。正屋明间开间进深都较大,开间约为 5 米,进深约为 9.5 米,第二进正屋与第一进尺度保持一致。由中轴线串联在一起的天井院尺度较大,空间舒朗,往往由第一进向后面阔保持一致而进深逐渐减小。第一进面阔约为 12 米,进深约为 11 米,第二进进深约为 9 米,第三进进深约为 6 米。由这种空间尺度上的变化也可以看出由前往后,空间的开放性变小,空间由开放变得较为私密。两进的辅助用房没有直接交通联系,可见其生活服务分工很细致。

两侧厢房前后贯通,由檐廊过渡对应正院,往往有三开间,开间较大,采光较好。与正屋相对的部分,开间较小,由于与正屋之间只隔一条穿廊,采光通风较差,这部分空间常在外侧与围墙之间留有狭长天井,弥补这一缺陷。天井往往被塞口隔墙分为几个,隔墙常有砖雕漏花窗或陶瓷花窗,较为精细,尺度更加宜人。

在东西厢房外侧建有附厢,附厢开间进深较小,多设佣人房、柴房、厨房等辅助用房,与厢房及外侧围墙之间常设有狭长小天井,改善采光通风。附厢纵深不一定全部贯通,但与厢房及正屋在正屋檐廊及厢房弄堂部位横向相通,联系便捷。有了附厢的存在,使大宅院的功能更加完善。

多进式的另一种型制是天井院及正屋不在中轴线上,天井院的大小及形状、位置也比较自由。有在中间形成穿堂的,成为主要的交通联系空间。厢房也根据需要而设,没有定制。中间的天井院有院门直接对外联系,空间比较灵活,如位于半浦村中部的孙家。

(四)高密度竹筒式平面——平原沿街沿河民居

沿河沿街民居几乎不受法式则律的束缚和制约,为大多数中下民众所居住。由于沿河形成的繁荣贸易,民居选择沿河建造,用地自然不会富裕,尤其是开间狭窄,只能向进深方向发展以求面积,于是形成高密度竹筒式平面。

四通八达的水上交通、兴旺的商业贸易对临水临街民居建筑的整体布局产生了深刻的影响。在河道两侧或临水筑屋,或临河设街、沿街建屋,逐渐形成了一河一街、二街夹一河等布局形式,或者是有河无街。临水临街民居平面布局主要是纵深布置,与河道街道垂直,侧面不开窗,与邻户共用山墙或者与邻户靠近,内部通风采光依靠穿插在内部的小天井来解决。同时民居沿街一面设有木排门或者高窗以排除视线干扰、保证室内安静。而临水处通常比较开敞,墙壁推进一步或形成方形的面水小敞厅、小平台,或临水挑出一端靠背栏杆并有私家码头过渡到水面,是冬季晒太阳,夏季乘风凉的好地方,一般家务操作也在此进行。

　　住宅一般一层临街为店面或起居,临河做厨房、厕所等,中间为作坊或卧室,二楼一般作为卧室。这类民居内部空间利用率较高,经济而又实用。

　　(五)一字型直排平面——山地乡土民居(宁海等山区)

　　山地乡土民居的基本特征是因地制宜,充分利用当地山地地形,体现拙朴自然的整体风格,不像平原民居那样强调中轴对称和礼制关系,相对也是中下平民居住其中较多。主体建筑往往若干开间一字排开,并排而列,平面开间数可有奇有偶,也有的在端头伸出,平面呈长 L 型等。多数采用穿斗式木结构,其材料直接采自周边的山林,对外直接开敞,无高墙封闭。局部有披屋或披檐。一般山地民居山面采用悬山顶较多,在石材丰富的地区有的采用硬山到顶,前者显得飘逸轻盈,后者显得稳重粗犷。

## 第四节　宁波古村落民居建筑特征分析

### 一、宁波古村落民居的溯源——河姆渡干栏式建筑

　　早在 7000 年前,浙东的先民河姆渡人就有了木结构干栏式建筑。河姆渡遗址位于距宁波市区约 20 公里的余姚市河姆渡镇,发现于 1973 年,是我国目前已发现的最早的新石器时期文化遗址之一。其中发现大量干栏式建筑遗迹,特别是在第四文化层底部,分布面积最大,数量最多,远远望去,密密麻麻,蔚为壮观。建筑专家根据桩木排列、走向推算,第四文化层时至少有 6 幢建筑,其中有幢建筑长 23 米以上,进深 6.4 米,檐下还有 1.3 米宽的走廊。这种长屋里面可能分隔成若干小房间,供一个大家庭住宿。清理

出来的构件主要有木桩、地板、柱、梁、枋等,有些构件上带有榫头和卯口,约有几百件,说明当时建房时垂直相交的接点较多地采用了榫卯技术。河姆渡遗址的建筑是以大小木桩为基础,其上架设大小梁,铺上地板,做成高于地面的基座,然后立柱架梁、构建人字坡屋顶,完成屋架部分的建筑,最后用苇席或树皮做成围护设施。其中立柱的方法也可能从地面开始,通过与桩木绑扎的办法树立的。这种底下架空,带长廊的长屋建筑适应南方地区潮湿多雨的地理环境,因此被后世所继承。根据河姆渡遗址孢粉资料和考古发掘材料分析,7000 年前河姆渡的气候比现在温暖湿热,平均气温比现在高 3~4℃,年降雨量比现在多 500 毫米左右,与现在的广东、广西南部和海南岛相似。所以今天在中国西南地区和东南亚国家的农村还可以见到此类建筑。

建造庞大的干栏式建筑远比同时期黄河流域居民的半地穴式建筑要复杂,数量巨大的木材需要有专人策划,计算后进行分类加工,建筑时需要有人现场指挥,否则七高八低、弯弯曲曲的房子是不牢固的。从建筑技术分析,说明河姆渡人已具有较高的智商。

## 二、宁波古村落民居大木作的总体特征

宁波地区民居平面中一榀梁架的落柱数量多且密,单间进深大,最多者达十几个柱底径,柱间距在 2~3 米左右,通进深可达十几米,似乎有干栏建筑的遗风。柱子与柱子之间用当地比较有特色的猫拱背梁进行联系。而在后期的规模较大的台门式民居中,厅堂则落柱较少,因为明间一般采用抬梁式,能够获得较大的宽敞的室内空间,更有利于仪式感和家族气派的表达。边贴木构架则采用穿斗式较多。

相对来说落柱数量多的民居其用材相对较小,直径在 20~40 厘米左右,主要以杉木为主。在明堂或天井周围的廊柱以及在明间两侧的内柱因为起到门面的作用,通常用材较大较好,可达 40~50 厘米的直径。

但也有特例,如宁波奉化岩头村的民居中,明间两侧梁架落柱最多,每根檩条下对应一根木柱,木柱较细,而依次向左右的次间等梁架落柱数量反而较少,柱径较粗。

木柱下都设有石柱础,起到防潮和减小压强的作用,更有装饰的含义。廊柱柱础等级最高,一般为外凸圆胖鼓凳型,体积大,用料好,雕刻细致,形式优美,反映主人的情趣爱好和身份。一般直径在 50~60 厘米,高

30厘米左右。而在墙内的一般人不容易注意的地方其木柱柱础则形式简化,最常用的是内凹圆台上下对接型,做工简单,有的时候和门槛一起做成整体。

建筑群体的整个房屋开间和进深的柱网尽可能对齐,柱网与屋顶的交接关系尽可能地简化,单体建筑一般两侧为空斗山墙以加强整体性,前后为木板墙或者是格扇墙,用于通风和采光。

### 三、宁波古村落民居大木作的梁架结构

中国古建筑的结构体系可分解为承重结构、屋面结构、围护结构以及基础等几部分。其中以木结构为主的承重结构在中国古代主要有两个体系,即北方流行的抬梁式构架(见图 2-15)与南方流行的穿斗式构架(见图 2-16)。北方抬梁式构架的基本特点是梁上架短柱,短柱上再架梁,层叠而上,梁头承托檩条,从而承托屋顶;梁柱粗大,室内空间相对开阔,灵活性较好。南方穿斗式特点是柱头直接承接檩条,柱间设穿枋联系;柱径小而密排,室内空间灵活性较小,不便于分隔。但中国地域辽阔,各地地理文化各有不同,技术的传承和融合非常复杂,木结构形制变化各异。上述两种结构形式只是木结构的两种原型,不同地域的木结构必然结合当地文化特点有着变形和发展。

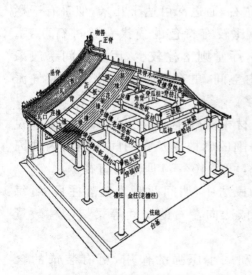 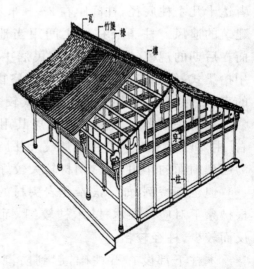

图 2-15　抬梁式木构架示意图　　　　图 2-16　穿斗式木构架示意图

宁波传统民居中常使用的一种木构架形式就是介于抬梁式与穿头式之间,有学者称之为"插梁式构架"。插梁式构架的特点是承重梁一端或两端插入柱身。与抬梁式的承重梁压在柱头上不同,也与穿斗式的以柱承接檩条,柱间无承重梁,仅有拉结用的穿枋不同。插梁式构架是梁头插入柱头中,梁上皮与柱上顶端保持齐平,也有少数构架中,梁上皮略高于柱顶,同时柱头上承接檩条。也就是说柱头和梁头同时承接檩条。

从构架的稳定性来看,插梁式构架由于梁头插入柱身,有多层次的梁柱间榫卯关系,有的还在梁下加一道随梁枋增加稳定性,相对稳定性要优于抬梁式构架。同时插梁式构架山面往往加设通高的中柱来增加刚度。与穿斗式相比,它的跨度明显增大,室内空间开敞,相对抬梁式其步架距离又小一些。

插梁式构架其历史源头可追溯到北宋《营造法式》大木制中的厅堂构架。厅堂构架乳栿与劄牵的尾端插入柱身,这是插梁的前身。

宁波民居靠山临海,海风和山风较大,故屋面坡度较为平缓,总坡度在三五举左右,明显小于北方官式建筑,用单纯的抬梁式构架根本无法做出来,只能降低大梁的高度,两端插入柱身,形成插梁式构架关系。同时为进一步降低高度,抬梁式的瓜柱有的以座斗、垫木等形式代替。

（一）梁

1. 猫拱背梁

猫拱背梁是宁波民居中常见的一个构件,用在前檐廊下、明间梁架中（见图 2-17）。猫拱背梁在两个柱子之间,是主要起拉结作用的斜向构件,而不是承重作用,只不过其形态和大小比一般的穿斗式结构中的椽枋要厚和大,这也反映出宁波民居的木结构从某种程度上更偏重于穿斗式。因为其形态经过加工成优美的曲线,如拱起的猫背,俗称猫拱背梁。有的猫拱背梁面上素平,有的则雕刻有波浪水草纹等。

2. 月梁

除了猫拱背梁以外,在露明处最常见的就是月梁。除月梁的底面和上面做成单曲面外,两侧面均做成柔和的轻快流畅的双曲面,整个梁身微微向上拱起。到了两端,梁端头砍杀成方形,穿插入柱中或者斗栱中。梁两端头表面有时会浅刻反卷的一条曲线,使整个的曲线更加完整优美。

宁波民居中的梁普遍有直接插入柱身和梁与斗栱直接交接的特点。

图 2-17　猫拱背梁示意图

梁的断面相对瘦高,位置和作用灵活多样,与清代北方官式建筑中梁较粗大、压在斗栱上的做法迥然不同,而且梁的两端头下部会有从柱身伸出的丁字栱承托。这些都说明宁波传统民居中可能保留了一些宋代建筑的风格。

（二）斗栱

在官式建筑中斗栱是有等级含义的,在民间建筑中则没有很严格的划分。在宁波民居中的檐廊下,廊柱通常采用十字斗栱的方式来承托廊下的檩枋及檐廊猫拱背梁。仅有柱头科没有平身科。值得注意的是斗栱中最下部分的大斗形式与一般方形不一样,是采用圆柱形。这个大斗本身就与廊柱头连在一起,或者准确地说,圆大斗是在柱头上雕刻而成的。

大斗上十字开口,伸出横栱和翘,一个承托廊下檩条和枋,另一个承托廊下梁及梁出头悬挑部分。栱身卷杀采用凹向内的曲线段,通常 4～6 瓣。

宁波民居中廊步形成有两种状况:一种是由主体建筑向外加建一进,廊檐由廊柱和檐柱承托而成;另一种是主体建筑的前外墙向内退一步而成,需要遮雨的披檐由檐柱单独支撑。前一种廊柱上采用十字栱即可,后一种采用一种较独特的类斗栱的构件,当地称牛腿的一种变体,从柱身伸出一块板,结合上部的小猫拱背梁,承接挑檐檩条,尽可能让屋顶出挑更远,从而为廊下空间遮风避雨。

（三）其他构件

1. 檩条

宁波民居中的檩条一般截面为圆形,直径较大,上下皮局部刨平,分别用于放置椽碗和方形的随檩枋。廊柱上的檩条常与廊柱相差无几。檩条通过方形的随檩枋与廊柱十字斗栱交接,在交接处比较讲究的民居中有顺着檩条方向从斗栱处伸出的一对雕花雀替进行装饰和过渡。

2. 椽子

檩条上搁置横向排列的椽子。椽子截面一般为圆形,直径较粗。椽子排布均匀密实,没有像北方官式建筑一样讲究对准柱缝或者要求椽当对准柱缝等,而是要求椽子在明间中间或者椽当在明间中间,从而依次铺开。椽子不是钉在檩条上的,而是插在檩条上皮椽碗洞中,相邻步的椽子错开插布。

民居中一般不设飞椽,椽头也没有椽钉做保护,通常是用悬出的 3～4 厘米的瓦当和滴水来保护,防止雨水淋到椽头。

**四、宁波传统民居中的装修与装饰**

（一）格扇门

宁波民居中最常见的是格扇门,可统一制作,可装可卸,并能适应不同开间的变化,可随开间大小做成 4 扇、6 扇、8 扇等。

在宁波地区成片的格扇门一般只出现正屋的明间及厢房临院的客厅里。正屋明间平时不开启,只在祭祀或红白喜事时卸下,与室外南明堂共同形成较大的空间,这与绍兴、苏州地区的厅堂里每个开间均设格扇门的做法有较为明显的不同。

根据房间高矮和开间大小,格扇通过增减抹头数量来达到格扇的比例变化,从 4 抹到 8 抹。格扇的装饰重点和风格一般体现在不同的花心图案以及裙板和绦环板的浅雕上。

### （二）槛框、槛窗

在宁波地区除了正屋的明间及厢房临院的客厅常见的格扇之外，更普遍使用的是其他房间所使用的相对更为朴素和封闭的槛框和槛墙。正房

图2-18　槛窗示意图

明间两侧的房间为主人的居住空间，其临院立面常为一个柱网开间形成一个立面单元的模式。先用上槛、中槛、下槛及抱柱组成的槛框划分成立面关系，上槛与中槛间设置槛窗，空余之处用木版墙填满。中槛与下槛之间用厚约8～10厘米的光滑石板墙完全填充。槛窗的扇面数及高宽根据开间的大小及等级的高低而进行变化。槛窗通常为两层，外层为缩小的4抹格扇样，朝外开；内层窗扇则为通透的满窗花格或玻璃窗，对内开启或者做成推拉窗。外层增强防护和隐私，内层方便换气和采光（见图2-18）。

靠近柱子一侧用间柱划分出入室门。房间的入室门一般为板门，有的在板门外还加有防止家禽和幼童随便出入的栅栏半门。

### （三）翻楼和神龛

前面提到宁波传统民居中正厅一般作为祭祀空间。除了用设格扇门的做法来突出其地位，还采用了特别的"翻楼"做法来体现建筑的规格。所谓"翻楼"是室内吊顶的一种特别形态，就是正房明间采用双层屋顶，内屋顶形态与外层屋顶无二样，将外层屋顶向下平行位移1米左右复制而成。翻楼一般设在两层通高的正厅内。内层除了不铺瓦之外，有椽有檩有望板。因为正房明间通高两层显得空旷，加上吊顶即可降低室内高度，又可解决长期不用瓦面容易落灰到室内的问题。由于内层屋顶对外露明，其下

的猫拱背其的状更圆滑更厚实。为了进一步体现祭祀的作用,有的祭祀明间后金柱处设置通高隔板墙,上部悬挂或出挑半米左右,并设置一排雕刻精美的栏杆,内供奉祖先牌位的神龛。受制于民居本身的规模和型制,这种翻楼的做法并不多见,象山儒雅洋村的友六房的正厅即是一个典型实例。

### (四)隔墙

宁波传统民居内部的隔墙大致分两种:一种是分割房间用的隔板墙,厚度约在 3 厘米左右;另一种是临院的二楼外墙采用的龙骨砖隔墙。龙骨砖为青砖,长 15～20 厘米左右,截面形状为边长 7～8 厘米方形,沿长方向向下挖去一大块长半圆,如此空心的做法可加强防潮、隔音性能,降低自重。顺砌龙骨砖,首尾连接,内部用竹竿连通,可以加强砖墙的整体性。对外的整墙面通刷白色的石灰粉。

### (五)红石和青石

宁波传统民居里大量采用一种本地的深红石材,用在重要的承重部位或活动场所,院落地面采用红石板铺地,院墙基及石台阶也是用红石板。出于装饰和显示财力的目的局部用外地的青石料,但数量不多,如在柱下鼓磴及门窗槛墙、石雀替位置等。有的民居台基处用青红两种石板。厚实的红石板做外包阶沿和柱基石,薄片的青石板作为填充块,阶面上形成红灰相间的效果。

### (六)石花窗、琉璃砖漏窗

宁波传统民居里外院墙一般开固定石窗,即在一块完整的石材里透雕各种花纹的窗心,即防盗又可通风采光,亦称石花窗,是宁波地区古民居的一种特色花窗式样。花心内容丰富多彩,装饰花纹和内容有钱纹、卍字纹、吉祥如意字样等,直接表达出祈福和求财的愿望,雕刻手法粗犷大方,独具一格。数量最多的石花窗主要分布在宁海地区民居中,如黄坛古镇、前童村等,其中最经典的代表则是鄞州走马塘村泉公祠东侧墙上一对可开启的仿木石窗,堪称"浙东第一窗"(见图 2-19)。

民居内分隔院落的塞口隔墙上一般开琉璃砖漏窗。先在墙上挖出长方形窗槽,用预制好的琉璃花砖拼接成各种形式的窗花填充其中。窗花以重复几何纹为主,颜色以绿、蓝为主。琉璃砖漏窗相对石花窗面积要大很多,

图 2-19　鄞州走马塘村
"浙东第一窗"

用在墙门院落内部,景观性更强,更加通透,体现院落之间隔而不断的效果。这种做法在镇海十七房村等都可以见到。

（七）双石框二门

在多进院落的大宅里,常设置区分内外的二门即仪门。二门位置很重要,装饰和形态也各不相同。有的采用简单的石条框门,但在石梁下通常安放雕刻精美的青石材料的石雀替,体现主人身份。有的采用牌楼的形式,在门框周围砌筑突出的门脸,或者在门头上部堆砌字牌和线脚,砖斗栱小瓦檐等。以慈城半浦村周家大宅为例,其二门采用层次丰富的双石框门,石门框采用红色的整块石料,垂直边框有内外两道,横向门框则只有一道,内外门框之间砌砖墙,面向明堂的一侧门框常有石刻对联,反映主人的寄托和期许（见图 2-20）。

图 2-20　江北半浦村周家大宅双石框二门

（八）灵活的屋顶——南花戗

在宁波传统民居中，因为防火防盗的需求，厢房或者正房的山面与院墙联成一整体，山墙高出屋面和屋脊，并随着屋顶坡度做成折线型阶梯的形式，称为马头山墙。这种封闭的格局是中国传统民居的常态。

而在宁波地区的平原民居中则有所突破。如鄞州走马塘村，为了临街看人、面池观景，获得更好的景观和朝向，南山墙面采用硬山歇山的独特处理手法，当地人称"南划（花）戗"，使厢房山面成为了建筑形象的主角（见图2-21）。山墙原本可依势做成阶梯状，上部留出人字硬山墙头，此为传统的对外封闭格局。"南划（花）戗"形式则不同，对应厢房二楼窗台高的位置，在山墙面挖出长度约为厢房正身通进深的方形拗口，露出一排雕花窗扇。人字硬山墙头则向内缩进，山面顺势架起单披檐，拗口两侧的马头墙垛撑起出挑深远而又高高翘起的"戗角"——飞檐，突出于平板的山墙面外。整个形态立体灵动，在封闭严整的山墙背景中尤为抢眼，如同盛开的剑兰点缀在灰墙黑瓦的世界里。

图 2-21 鄞州走马塘村中新屋南花戗

（九）地面

民居中院落地面一般要比檐廊石板地坪低 20 厘米左右,在平原地区的民居室外明堂绝大部分满铺平整的石板,且一般不种花草,用于公共活动,

图 2-22 奉化岩头村毛福梅旧居庭院地面

显得明堂平面规整,清洁开阔。山区的民居院落中则常用山溪中的卵石作为铺地材料。卵石拼贴地面能保持原生态土地的透水功能,而卵石间隙里长出来的青草既让院落透出自然的绿意,又能灵活组成各种襄瑞祈福的图案(见图 2-22)。宁海的黄坛村更是将村里的主要街巷都铺上了这种卵石地面,与各家院落(当地人称"道地")的地面相延续,村落的地面景观呵成一气,整体感很强。

# 第三章　宗族演化——宁波古村落的血缘结构分析

宗族作为中国传统社会最基本的、最亲近的社会关系，自古至今从不间断，但是，这种血缘结构也不是一成不变的，它大概经历了四个不同时期的不同形式：原始社会末期的家长氏族制、殷周时期的宗法宗族制、魏晋至唐代的世家大家族制以及宋以后的封建家族制。[①] 氏族—宗族—世家大家族—封建家族，标志着中国血亲群体的四个不同发展阶段，也是传统村落社区结构的四个不同发展时期。从宋代至明清，随着科举制度进一步推行，选拔官吏基本通过科举，人们做官不再受门第的制约。与之相应的是庶民家族开始形成，出现普通百姓修谱，创办族田、义庄的现象。特别是至明清，国家逐步废除了关于建祠堂及追祭祖宗的限制，使庶民宗族在社会上得到迅速发展，成为平民社会的基本组织，成为一种平民化和大众化的宗族制度。

宗族制度是在礼法的催生下产生的，因而中国传统社会与家族之间存在着广泛的同一性，宗法伦理也成为社区群体组织的规范和准绳。在宗法伦理中，"孝"常与"悌"并称，从"入则孝，出则悌"到"谨而信，泛爱众而亲仁"，经历了一个从家庭自然血亲伦理关系到超越自然血亲的普通社会伦理关系的同构转型，共同在村落社区结构中构造了一个纵向和横向的社会网络的认同体系。

中国古代的社会制度是以宗法制度为特征的。从"宗"字本身的构成

---

①　徐扬杰：《中国家族制度史》，人民出版社 1992 年版，第 5 页。

来看,它从"宀",就是建筑,"宀"字里是"示",即被神化了的祖先。所以"宗"就意味着居坐在房屋中的变成神的祖先。宗法观念所赖以表现的一个重要因素就是建筑与聚落。[①] 同一地点的家族生活在特定范围的地域之内并形成特定的地缘关系,这一地缘关系在乡村的表现形式即为村落,村落成为一个家族共同体生存发展的胎盘。地缘本身不是家族共同体存在的根本原因,但经过漫长的历史演变,它成为家族共同体不可分割的一部分。中国传统村落的整体形态、住宅院落及其他重要设施(如祠堂)的相互关系,以及住宅的建筑布局和形制,都深深打下了宗族制度的烙印。

宁波的古村落也表现出了十分强烈的聚族而居的特征,几十户、数百户乃至上千户同宗同族的农民,比屋而居,烟火相连,组成一个村落。村址的选择,在平原地区,人们往往依高阜而居,以便于防潮避涝,上百家乃至数百家组成一个村落。在山区和丘陵地区,村落一般依山傍水,方便生活,每个村庄的规模,一般要比平原地区小一些。村落与村落之间的间隔地带,是分属于相邻各个村落的土地、山林、河流和湖泊。由于村落内部经济上自给自足,村民们足不出村就可足衣食,足不出乡就可足器用,而朝廷又实行严格的户籍管理制度,乡民出远门时都要从官府领取"文引",随时接受设置于要道上的巡检司的检查,因此,许多村民往往一辈子没有出过远门。如浙东慈溪一带,"乡村之人,至老不识城市"[②];象山县"民刚劲而直朴,利渔盐,务耕稼,乐于家居而惮于行远,去家百里率有难色"[③]。

家族与宗族是一对既紧密关联又有所区别的概念。家族是以血缘关系为基础,由若干家庭构成的基本社会群体,一般是具有同一血统的五代人生活在一起,这是和古代的五服制和"五世则迁"相关联的。家庭是最基本的、最单一的亲子结构;宗族则是指同一男性祖先的子孙后代,绵延万世,按照一定的行为规范、组织原则结合而成的社会组织形式。一般来说,"宗是一个排除了女系的亲属的概念,即总括了由共同祖先分出来的男系血统的全部分支就是宗"[④]。宗族的内部组织和结构形态都大于家族,构成宗族的层级依次为:家庭—家族—房族—宗族。在明清以后,家族与宗族这对概念在日常交流及学术研究中往往交错出现。

---

① 林志森:《基于社区结构的传统聚落形态研究》,天津大学博士学位论文,2009年。
② 雍正《浙江通志》卷九十九引《慈溪县志》,四库全书第 521 册,第 531 页。
③ 《象山县志》卷四:《风俗》,上海书店影印本,第 92 页。
④ [日]滋贺秀三:《中国家族法原理》,张建国、李力译,法律出版社 2003 年版,第 15 页。

## 第一节　宗族制度与村落血缘结构

　　传统村落的发展,无法脱离当时当地的社会背景,而论及中国传统社会的性质,社会学家通常用"乡土中国"来加以概括。以地缘关系为基础、以血缘关系为纽带的宗族结构,是"乡土中国"最基本特征之一。宗族是父系血缘关系的各个房份、各个家庭在宗法、伦理观念的规范下组成的最基本的中国传统社区组织,是传统社会关系中最核心的亲缘结构。宗族制度是在礼法的催生下形成的,它使宗族与社会之间存在着广泛的同构性,宗族结构也就成为社会结构体系在传统村落中的缩影。

### 一、宗族的核心要素组成

　　总的来说,明清以后,随着宗族制度的完善,宗族大都围绕宗祠、族产、族谱和共同的活动这四个核心运转,构成了宗族的核心要素。明清民间宗祠的规范化可以上溯到朱熹所著的《家礼》;范仲淹所设的义庄开创了族产的先河;苏洵的苏氏谱和欧阳修的欧阳氏谱则被视为后世族谱的范本。[①]三者的关系古人有清晰论述:"祠堂者,敬宗者也。义田者,收族者也。祖宗之神依于主,主则依与祠堂,无祠则无以妥亡者。子孙之生依于食,食则给于田,无义田则无以为保生者。故祠堂与义田,原并重而不可偏废者也。"[②]正是这三者的结合,产生了宋代以来的中国民间宗族制度。

### (一)祠堂

　　民间祠堂于宋代确立了基本的形制。宋代理学盛行,儒家的"三纲五常"伦理道德观念得到加强。朱熹在《家礼》中规定:"君子将营宫室,先立祠堂于正寝之东。"南宋而后,由于借血缘关系以约束族众成为迫切需要,官僚士大夫纷纷依朱熹《家礼》之规定,建立奉祀宗族神主的祠堂于正寝之左。随着宗法制度的完善和强化,祠堂作为宗法制度的物质象征,其重要

---

　　① 参阅王思治:《宗族制度浅论》,中国社会科学院历史研究所编:《清史论丛》(第四辑),中华书局1982年版。

　　② 张永锉:《先祠记》,见《皇朝经世文编》卷六六,《礼政十三》,《祭礼上》,引自郑德华:《清代广东宗族问题研究》,《中国社会经济史研究》1991年第4期,第7页。

性得到强化,祠堂从附于居室之左而搬迁至居室之外,成为独立的"家庙",这种现象在明中期之后逐渐普遍而成为村落宗族建设之定规。宗祠是祭祀祖先和修族谱、对族内一些犯错的子孙惩罚、公共事物的商订等公共事务管理的场所,起着团结宗族、维护封建性的人伦秩序的作用。

宗族村落的演化过程蕴含着必不可少的轴心,这个轴心就是以聚族而居为主体的社会群体所认同的祭礼传统,"祭祀行为在中国社会里形成'礼''俗'两大脉络,传承于数千年的历史巨流里"①。祭祀活动慰藉了民众的心灵,也维系了中国族群的稳定;是中国传统村落社会权力的象征与源泉,也是中国传统村落社区的主要纽带之一。这个传统的物化表现就是宗族祠堂和家庙体系。祠庙不仅是一个家族汇聚的精神核心,也是聚落文化景观的明显标志。

明代后期至清代,祠堂的建置普及于聚族而居的南方,名商巨贾、强姓望族,均大兴土木修建祠堂,以显其本、以祭其祖,因此,如徽商、晋商、浙商、闽商、粤商等商人集团之乡,均为祠堂建筑兴盛之地,这其中自然也包括甬商活跃的宁波地区。明清时期宁波农村地区宗族修建祠庙兴盛,并逐步形成了与此相关的一套完整的伦理体系。宁波地区的古村落几乎毫无例外地均建有立于村中显赫位置的祠堂。单姓宗族村落由于一个宗族通常分为几个房派,房派之下又有支派,因此,宗祠也分为几个层次:全宗族的最高宗祠称总祠(村里俗称老祠堂),只有一个;另外建有分祠和支祠,但分祠祭祀的对象与总祠(老祠)是相同的,正如在不同的剧场上演同一个剧目,而支祠除了祭祀始祖外,只祭祀本支的直系血亲祖宗;有一些"功宗德族"对宗族有特别大的贡献的,可建专祠;还有家族房派内部祭祀祖先的场所,当地称为小堂前。而多姓宗族村落典型的实例是宁波市东钱湖韩岭村,数姓氏共居,百户以上的主姓氏,各建祠堂和堂前,其他各姓氏在10户以上者,可以各建堂前;其余未定居的杂姓氏,加入"聚姓会"后也可建堂前。现村中依然留有金氏大宗祠、孙氏思本堂、郑氏崇德堂、孔家堂前、凌家堂前、周家堂前等,显示出浓郁的宗法文化的痕迹。

宁波鄞州区走马塘村就保留了完整的宗祠建筑体系,祠堂众多,且根据祭祀对象以及建造其的家族房派的等级不等,也分成不等的等级和层

---

① 蓝吉富、刘增贵主编:《敬天与亲人》,生活·读书·新知三联书店1992年版,第365—366页。

次。走马塘是典型的血缘村落,全村同属陈姓同一个宗族。走马塘陈氏到八世时为鼎盛时期,在走马塘家乡陈氏起行第,就分东众和西众二系。祖堂以下,有东西众祠堂。新祠堂(遗忠堂)是陈氏东众家族的宗祠,俗称东众祠堂;老祠堂是陈氏西众家族的宗祠,俗称西众祠堂。(临河西有五脚祠堂(孟公堂),隔河东北有厚谦祠堂,惜已毁。)祠堂反映了家族内部错综复杂的分支关系,如果不理清众多祠堂所属房派之间的内部关系结构,很容易使人迷惑。

祖堂,前身为家庙,是走马塘陈氏家族最早的祭祖场所,为等级最高的总祠。

分祠有老祠堂和陈氏祠堂。

老祠堂:是八世祖陈大有之宗祠,陈氏到八世时为鼎盛时期,八世祖陈大有与其兄陈大寅就分二系(西众和东众),起行第,西众建造宗祠,即为老祠堂。

陈氏祠堂(遗忠堂):俗称新祠堂或东众祠堂,是陈氏东众家族的宗祠,历遭兵灾火焚,后人在原址重建,故称新祠堂。

支祠有瞻衮堂、泉公祠、慕川公堂。

瞻衮堂:又名"大厅","瞻衮"二字是纪念先祖四世文介公陈禾,是陈氏支派行五房的公堂,由十三世祖陈观孙公创建。现存建筑为清嘉庆二十二年(1817)重建。

泉公祠:又名光裕堂,系十世祖陈琦公所立的公祠,供奉八世祖陈大寅为始祖。最早建于南宋淳祐七年(1247),现为清代建筑,

慕川公堂:俗称小房堂沿,最早建造时间和建造人不详,现存建筑建于明末清初时期,距今已有400余年的历史。

小堂前:为陈氏二十七世祖星房家族内部祭祀祖先的场所。初建造于清代,和中新屋建造于同一时期,原为砖木结构,倒塌后于1991年重建为单开间砖混双坡顶建筑形式,现在供红白喜事用和死者守灵之用。按照这样的规律,村里过去应该还有其他房派的小堂前,可能被毁而不被今人所见。

各级祠堂以及祠堂所辖的各房"墙门"("墙门"指四周被院墙围合的居住大院,是宁波地区对居家院落住宅的统称)的分布形态,反映了浙东类似走马塘这样的血缘村落其居住院落群体布局的特点。走马塘村南部以一条东西横街为中轴线,在中轴的中心位置即为祖堂,也是村中的礼制中心,是整个陈氏家族祭祖的地方。沿祖堂东西两旁各建造分支各房的墙门,东

面有六房墙门、月房墙门、七房墙门；西面前有四房墙门，稍后三房墙门，向西布置慕川公墙门、象公众堂、克辅公堂、新祠堂（遗忠堂）、泉公祠堂、西房堂。村北部也有一条中轴横线，以蟹肚池为中心，后面瞻衮堂，其后是新堂，东面有宽房堂、市舶公堂、信房堂、贵房堂、是亦厅、老祠堂、星房堂、成思公堂、日房堂。如此，以总祠为中心，沿作为主要交通要道的街形成的轴线布置次一级的分祠或支祠，隶属于各级祠堂的各房堂沿则沿主街或与主街相通的各条巷弄，围绕各级祠堂四周林立延展，形成各房派的住宅团块。

血缘聚落中，祠堂的社会功能可归纳为以下三种：

一是祭祀中心：祠堂最主要的功能是供奉祖先神位，在清明、祖先生辰忌日等重要日子举行祭拜活动；二是礼仪中心：村民婚丧嫁娶之事，均在本支祠堂内举行，并形成一整套与之相适应的规定和仪式；三是娱乐中心：浙东村落中稍有规模的祠堂都搭建有戏台，每逢年节邀请戏班前来唱戏，是每个村落社会生活当中最重要的娱乐活动，除了"敬祖"，也有团结族众的作用。

正是因为祠堂所具有的这三种重要功能，才使得祠堂无论是在村落的群体布局当中，还是在村落的社会生活组织当中，乃至在村民的心目当中，都具有不可替代的至尚地位。这种地位的彰显，除了选址位置的显赫、建筑的宏伟、内部空间的轩敞和雕饰的华丽，还表现在其外部空间营造的气势和排场上。

祠堂大门前往往留有较大的空地（院子）作为前导空间，既为祠堂尺度宏大、规制隆重的台门留出必要的观赏距离和气场空间，又在重大日子里为大量村民进出祠堂时提供回旋和缓冲的空间。由于祠堂多位于村中要道旁或端头，祠堂门前空地在平日里则自然成为过往村民歇脚、闲谈小聚的好去处，甚至发展成为小型集市，比如走马塘村陈氏祠堂（遗忠堂）南面的空地，西面临环村的君子河的船埠头，东面临商肆密集的老街，在村落繁盛时期形成了人气鼎盛的集市，与老街相辅相成，蔚为村中的商业中心，使得祠堂的巍峨之气与堂外的热闹喧腾之声交相映衬，进一步强化了祠堂作为村落中心的地位。祠堂大门正前通常还有旗杆、抱鼓石、上马石，等等，仪式感很强。

除了空地之外，祠堂的门前往往设有水池（水塘）。祠堂前设水池，既是为防火灾"以水尅火"，又象征着聚宝盆，同时，一方掩映着云影天光的池水，在丰富着祠堂门前景观风物的同时，进一步强调了祠堂整体的威仪。

宁波象山儒雅洋村的何恭房家祠——承志堂,其台门前就布置了一个 170 平方米的长方形鱼池,鱼池周围遍植松柏,挺拔苍劲的松林为祠堂平添了几分凝重肃穆的气氛。

## (二)族产

族产又叫祖尝、尝产、蒸尝,是维系宗族的经济基础。与古代中国社会相适应,多数宗族的族产以族田为主,常称"义田"或"祭田",其他类型还有铺肆、码头等,在南方一些由地方绅衿开设的墟市往往也是某些宗族的族产。

任何建筑及家族活动,都必须依赖一定的经济力量,朱熹在《家礼》中立祠堂之制的同时提出"置祭田",以作为维持祠堂及家族活动的经济基础。祠堂的经济支柱是祭田,祭田是全家族的公共财产。祭田在宋代以后有了不同的称谓,在江浙一带多称为"义田"。族产继续发展,其目的进一步扩大为"上供祀事,下育子孙"——祭祀和裕后,赡济族人,用经济的手段缓和宗族内部的矛盾,达到收族的目的。但是族产的作用不止于此,据考察,清代宁波地区族田的作用有:(1)完纳国课;(2)祭祀祖先;(3)赡养族人;(4)帮助族人受教育;(5)储粮备荒;(6)兴办族中公益事业等。明清之际,祭田的规则也日益明确:(1)不得典卖;(2)不允许本族人租种;(3)族人可以分享到部分祭田的田租。① 这种制度,不仅使祭田处于稳定的状态,也使家族关系相对融洽,从而巩固了村落内部的血缘关系。

祠堂的首要功能是祭祀祖先,通过祭祖来达到敬宗收族的目的。设义庄②,置义田、立家塾、修族谱这些都是宗族的任务,宗族拿出族产的部分租赋收入进行族中济贫和宗族保障,使小户族人不致因破产而离散、流徙异地,防止了本族人成为外地流民现象的出现。"清代中后期,贫民阶层不断扩大,而国家救济能力却每况愈下,国家的救济政策重心不得不由直接救济转化为劝民捐输。"③宁波地区乡村宗族响应清政府和本族乡绅的号召,

① 参见刘黎明:《祠堂、灵牌、家谱:中国传统血缘亲族习俗》,四川人民出版社 1993 年版,第 36—37 页。

② 义庄制度始于宋代,是宗族设立的民间慈善机构,收益范围仅限于本乡本族人。其财产关系和运作机制具有鲜明的财团法人、特别是基金会的特征。

③ 余新忠:《清中后期乡绅的社会救济——苏州丰豫义庄研究》,《南开大学学报》1997 年第 3 期,第 62、70 页。

积极捐输筹建义田和义庄,扩大宗族救济与保障的地域范围,实际上是对清政府以社仓、义仓为乡村赈济仓廪系统的重要补充。达到了维护乡村社会传统秩序和谋取自身长远利益的双重目的,体现了其在乡村社会控制中的地位。"义庄的设立,不仅是一种慈善行为,而是一种比暴力更具有道德内聚力的持久有效的社会控制手段。"①一族的私塾(义塾)一般设在祠堂里;一族的公共义田也通过祠堂进行管理;修宗谱时,一族之长在祠堂主持商议,选出合适人选,并在祠堂举行续修宗谱的仪式。宁波地区的义庄、义塾大多分布在乡间,如鄞县民国期间主要的义庄有 14 处,其中只有 4 处分布在城区,其余均散布乡间(见表 3-1)。由此可见,近代浙东乡村宗族势力在包括教育在内的乡村公共事务管理方面中发挥着重要作用,它在一定程度上弥补了近代城乡基础教育之间的差距。

表 3-1　鄞县宗族义庄一览表(民国期间)

| 名称 | 位置 | 创立时间 | 创立人 | 义田 | 市屋 |
|---|---|---|---|---|---|
| 屠氏乔荫堂义庄 | 城东北区竹林巷 | 清同治 | 里人屠继烈 | | 屠珙教学堂设义塾 |
| 孙氏义庄 | 江北岸浮石亭 | 民国 10 年 | 孙瑞浦 | 300 亩 | 市屋 3 间 |
| 西城杨氏义庄 | 鄞县西西成桥杨陈弄后河棠荫义塾内 | 清同治六年 | 里人杨葆镛 | 410.98 亩 | 杨氏棠荫义塾,楼屋 1 所,市屋 4 间 |
| 吴氏义庄 | 甬东张斌桥南 | 清道光 | 里人吴楠 | 260 余亩 | 大厅 3 间,后厅 3 间,楼屋 6 间,仓屋 3 间,小屋 3 间,设槐里义塾,后改初级小学 |
| 徐氏固本义庄 | 鄞县东大墩 | 清嘉庆二十四年 | 里人徐桂林 | | 蒙学童舍敦本义学 |
| 姜氏义庄 | 鄞县东姜陇乡姜家陇 | 民国 11 年 | 里人姜忠汾 | 1000 亩 | 凤育完全小学 |
| 严氏义庄 | 鄞县东南维勤乡严家汇头 | 民国 10 年 | 里人严英 | 1000 亩 | 庄房 50 余间内附设康茂完全小学 |

---

① 余新忠:《清中后期乡绅的社会救济——苏州丰豫义庄研究》,《南开大学学报》1997 年第 3 期,第 62、70 页。

续　表

| 名称 | 位置 | 创立时间 | 创立人 | 义田 | 市屋 |
|------|------|----------|--------|------|------|
| 蔡氏树德堂义庄 | 县东潘火桥 | 清咸丰 | 里人蔡筠 | 2102 亩 | 11 处庄屋 |
| 蔡氏存志义庄 | 鄞南芳田畈 | 民国 7 年 | 里人蔡和源 | 256 亩 | 高平屋 5 间,平屋 8 间 |
| 石氏余庆义庄 | 鄞南石家乡 | 清光绪三十三年 | 里人石諟湘 | 700 余亩 | 存义学校,庄房 12 处 |
| 郑氏思本堂义庄 | 鄞东南殷家湾 | 清同治七年 | 里人郑怀亨 | 80 亩 | |
| 李氏义庄 | 鄞南共和乡三里 | 清光绪四年 | 里人李正射 | 500 亩 | 三里初级小学 |
| 冯氏敦本义庄 | 鄞西后仓 | 清道光十七年 | 里人冯一桂 | 400 亩 | 敦本义塾 |
| 朱氏义庄 | 鄞西南它山庙东 | 清道光十三年 | 里人朱孝铨 | 300 余亩 | 真吾义塾,后改名养正小学 |

来源:根据《鄞县通志》政教卷整理。

### (三)族谱

族谱是一个宗族的世系表谱和血脉谱系,是维持宗族的制度文献,在记录世系表之外,同时也记录了家训和族规。随着生产力水平的提高、社会政治制度的完善,族谱又增加了其中的内容而逐渐形成了一整套完整的谱牒制度。这种敬宗收族的谱牒制度是与以儒家思想占统治地位的封建社会相适应的,是在国家的法令、规章以外,作为传统社会的基层管理工具。族谱与祠堂、族产共同构成宗族的有形资产,成为同宗族群在不同场合的认同标记。

族谱在宗族体系中发挥着多方面的社会功用:

第一,族谱是维持宗族组织的要件之一,没有族谱对于血脉的准确描述,宗族即使是聚族而居,也会世系稍远则视如路人,甚至还会出现世系紊乱、宗族关系完全被破坏的局面。有了族谱,宗族成员之间虽族属疏远,但长幼尊卑按谱查对,历历可见,一清二楚。有了族谱,宗族活动,如祭祀祖先、兴办宗族"公益事宜"、执行家法族规,等等,皆可按谱进行。

第二,族谱是进行伦理道德教育的教材,起着睦族治乡和维护社会秩序的作用,大家族在日常聚会时,观诵家谱成为一种进行伦理教育的方式。

第三,族谱是家长实施家长权的依据和保障。所谓家长权,也就是族长、房长以至家长控驭族众、卑幼的一种有系统的权力。家长权的实施范围,自然以血缘关系为标准而加以确认,而家族血缘关系范围的限定,则是靠族谱来实现的。

相比之下,南方宗族习俗更为浓厚,因而也更重视族谱的修订。清末学者钟琦在《皇朝琐屑录》中说:"蜀、陇、滇、黔诸省于谱牒茫然不解,殊属疏漏鄙俗,两浙、两江、两湖诸省,崇仁厚,联涣散,各村族皆有谱牒。"指出了长江中下游地区由于经济文化较为先进,在家族之史的修治方面取得较大成绩。① 宁波古村落民间还保存有许多记录完整、修治考究的族谱,对于我们追溯村落聚居、繁衍的血缘脉络史具有极其珍贵的文献价值。

### (四)共同活动

宗族的核心要素除了宗祠、族产及族谱等物质要素之外,很重要的一点是需要有共同的宗族活动以促进宗族成员之间的交往与互动,以保证宗族组织和功能的正常运转。林耀华先生通过对义序黄氏宗族的考察,将宗族社区的共同活动归纳为四项:宗祠祭祀、迎神赛会、族政设施和族外交涉②,具有一定的普遍意义。

宗祠祭祀包括族产的管理、祖先祠祭和始祖墓祭等方面,列居首位,是宗族活动中参与面最广的事务。迎神赛会等民俗活动与民间信仰有关,参与性更为广泛而不仅仅局限于宗族聚落,但是在宗族聚落中一般以宗族为单位,是宗族聚落中的另一项主要的共同活动。而族政设施和族外交涉则主要由宗族头人或乡绅主持。

各项宗族共同活动以谱系原则为纽带,将众多房份、支派凝聚成一个社会共同体,在遵守长者尊、幼者卑的这种道德准则基础上,怀着"一荣俱荣,一损俱损"的思想而建立起自己的家园,既结构明晰、亲疏有别,又能密切联系、相互关照,成为一个井然有序的宗族聚落。

### 二、宗族结构层次

宗族的基本单元是家庭和个人,而血缘则是牵系彼此关系的主要因素。家庭的组成、宗族的延续、族群的关系、人口组织的结构、聚落空间的

---

① 吴必虎、刘筱娟:《景观志》,上海人民出版社 1998 年版,第 321 页。
② 林耀华:《义序的宗族研究》,生活·读书·新知三联书店 2000 年版,第 49—61 页。

成形、聚落与自然环境的关系、种族意识的传承,这样一连串的连带关系及变化因素与古村落社区的发展息息相关。

英国著名人类学家莫里斯·弗里德曼(Maurice Freedman)认为宗族的发展实际上包括了分衍(fission)与融合(fusion)两个反方向的过程。[①] 当聚居于某一处的父系团体扩张到一定程度,或受自然环境的限制,或受利益的驱使等因素而无法继续聚居一起时,自然会在别处寻找新的住居地,而这里可能形成新的祭祀族群,因此形成一个新的高层次或分散的宗族聚落;反之,如果有一显赫的房份单位,为了光宗耀祖,则可能"倡首"捐资,以建立祭祀公产,对业已解体或松散的宗族组织重新进行整合,使其凝结于同一公产之下,形成一较完整的宗族组织。故分衍与融合过程并不相冲突。分衍与融合并行,是宗族发展中两个相互对立又相互转化的过程。

作为一种扩大化的血缘组织,宗族纵向结构可以分为三个层次:宗族—房份—家庭。由于子孙繁衍分支形成"辈分";在横向体系中,通过兄弟分支形成"房份",两者又归结于"五族"。宗族结构就如一棵大树,树干即开基祖,是一个地方宗族的主干;各个房份犹如枝杈,枝杈不断又分化出新的树枝;家庭是一种最紧密最基本的社会单元,是宗族结构的最小单位,即树叶。"房份"首先是兄弟之间互相区别的称谓。众房又涉及他们的根基,即"儿子为父亲的一房"。"房"的横向扩展和纵向延伸就是一个立体网络的展开,一个宗族就是在这张网络上发展起来的。可以看出,"房份"在宗族结构中至为关键,是宗族发展的前提,一个世代单传的支系很难形成宗族,在聚落发展中也很难形成规模。

辈分又称排行,是通过"排行表"来实现。排行表实际上是一首三言、四言或五言诗歌,每一辈依次用一个相关的字来代表,成为这个家族的"某字辈"。

例如,塔山童氏的排行表是"相阴阳,度原湿、开草昧、展经纶、艰苦备尝"十六字,基本是三言诗;悬慈刘氏排行"伊祁德懋,丰沛运昌,积善余庆,贻谋孔长",为四言排列;蛟川周氏则是"国永安廷志,端良逢泰亨,诗书彰道义,文学显功名,忠孝天资厚,贤能德性成,继嗣遵祖教,隆茂万斯荣"八句四十字的五言排行;武陵蒋氏的排行表是"祁斯肇周国,孝友得成章,秀明启贤达,弈世庆吉昌"。

---

① 　Maurice Freedman. *Chinese Lineage and Society*. London: Athlone Press, 1966.

排行中的每一字作为同一血缘中每一代名号中的特征字,成为一种特定的血亲代际符号。在家族成员的命名时,都会在名字中保持了一个行名字,而用另一个字以示同辈间的区别。这就叫"谱名"制度。比如奉化西邬邬氏目前行世的主要辈分为"慕、烈、显、扬"四辈,烈字辈中有烈年、烈民、烈君……扬字辈中有扬淼、扬德、扬雄……或文扬、国扬、川扬等。

### 三、村落宗族发展的综合因素分析

#### (一)父系社会

在中国漫长的发展历史上,父系社会萦绕始终。无论是贫苦农民还是达官显贵,每个家族都可以以家族内的男人作为节点建造一个属于自己家族的金字塔。在这个金字塔上贴附着宗族所拥有的土地、宗族所有的名誉,以及宗族所制订的制度。由于父子之间的世代相传,这些悬挂在金字塔上的东西,除非该家族无后,否则将会一直悬挂在那里。

男子在体力上的优势是产生父系社会最根本的原因,同时这也是家族能够产生的原因。例如象山儒雅洋何氏这样的宗族,它之所以能从家庭衍变为家族,或者换句话讲,儒雅洋何氏家族与儒雅洋何氏家庭之间的区别除了家族的人口规模以外,更重要的因素则体现在一些象征性和物质性的因素上。

象征性的因素,比如修祠堂,建庙宇,立牌坊,建立宗族家谱,购买家族墓地,兴办学校,广建粮仓库,等等。这一系列的行动使族众能够从心底里产生一种凝聚力和安全感,宗族就这样像滚雪球一样发展起来了。

任何事物的发展都要以物质作为基础,家族也不例外。由于男子先天的优势,使其能够为家族的繁衍提供可靠的保障,这一点可以说对于家族的形成至关重要。"斯土斯有财",试想在生产力不发达的社会里,离开了男人,家族的生存拿什么维持下去。同样的道理,若在母系氏族社会里,一个逾百人的大家族光靠母亲整日的缝缝补补、洗洗涮涮,恐怕也维持不了几日。

所以,村落家族是父系社会的必然产物。由此,村落家族中的许多问题都可以由父系社会这个原因来进行解释。比如说村落家族内的过继和兼祧。在这个父子相传的社会里,没有儿子就意味着自己家族的财产将无人继承,甚至落入别族他姓之手,这是对祖先的大不孝。可以看出,在父系社会子嗣的重要地位。

（二）统治集团

作为统治集团,都希望自己的治理能够长久,而作为社会基本单元的家庭(或者家族)的安定和睦对这个社会的长治久安影响巨大。同时,家族也可以成为帝国行政机构干预普通民众生产生活的媒介。早期一直是由保甲、里甲来承担这些责任。然而保甲、里甲这些单纯的以邻里关系为基础的社会组织非常松散,仅仅是一种纯形式的组织,既没有考虑各个村邑之间的相互关系,也未考虑到村落内部各个不同阶层、地位、人之间的差别。同时家族又具有超强稳定性和对族众的凝聚力,这一优一劣、一长一削,使家族逐渐取代了先前产生的保甲、里甲,成为统治集团政权的中转站;而国家则成为家族存在的保证。

（三）生产生活

家族的作用之一就是使广大族人都能够过上好的生活。在生产力不发达的过去,家族内部族人之间可以相互扶持相互帮助,这一原则在许多乡村的家规中均能找到。这也是为什么会在许多古村落中经常出现一村一姓或一村只有少数几个姓氏。这样做,可以将外姓人通过各种手段排挤到边缘上或者干脆排挤出这个村子,使其可以在村落中建立一种完全属于本宗族的产业,用以供给公益事业的开销、用以提高本族的生活水平,用以给本族贫苦成员提供最低的生活保障。在儒雅洋何氏宗族就是属于这种情况。

村落家族在发展过程中,宗族族产的多寡决定了这个家族的经济势力,同时决定了家族在村落中的政治地位和经济地位,也对村落整体的发展构成影响。一般而言,族产多的豪门大户在村落中的社会地位高,而族产少的小户人家则社会地位较低,处于从属地位,常常被人看不起。基于这种原因,家产众多的人家想方设法地保住本族的族产,如在家规中规定后代子孙不许将家族土地售出,不准变卖族产,等等,但却鼓励购买土地、房屋等增加族产。而贫苦人家只有通过寒窗苦读,走仕途这条路来光宗耀祖,就是人们常说的"学而优则仕"。

传统的中国人都希望通过努力来给自己的子孙后代留下些家产,直至今天这种思想也非常普遍。不少人剩吃俭用、节衣缩食,就是为了买房置地给后人遗之有物,这同时也为村落当地的发展起到促进的作用。应该承认,随着生产力的不断发展,家族集体性的经济活动和社会活动逐渐被小家庭式的生产活动所取代,所以为自己的后代预留更多财产的想法越来越迫切,这同样也促进了村落经济活动和社会事业的发展。

## 第二节　宁波古村落宗族例析——象山儒雅洋村何氏宗族

我们选取宁波象山儒雅洋村这样一个村落形态保存完整、村落周围环境变化不大的传统古村落作为典型案例,详细分析宁波村落宗族的衍化及其特征。因为儒雅洋何氏家谱记载详细、资料齐整,村落的物质文化遗产及非物质文化遗产的留存都相对完整和丰富,对其发展过程加以研究,可得出许多有关宁波古村落发展、家族衍变的规律和特点。

### 一、儒雅洋村概括

儒雅洋村是象山县西部纯山区村,素有象山的"大兴安岭"之称。西北距西周镇区 9 公里,东距县城 12.5 公里。村落平均海拔高度约为 50 米,坐落于群山包围的小盆地西北一侧。儒雅洋村北靠乌岩山与后山,南望青山,东隔溪为照山,西依花山;缘溪在村前自西南向东北回环,转北流经淡港入象山港;溪流水深处,村人称潭,自上而下有圣潭、长潭、清水潭,村前段主要是长潭。

根据考古证实,儒雅洋村在唐朝中期已有人生活。相传原名树下洋,后雅化为"儒雅洋",按照何姓族谱记载,乾隆五十二年已有儒雅洋之名。明初,何氏家族迁居于此时,已有应、冯、陆等氏族共居,随时代顺移,何氏家族发展成为象山望族,特别是在清代乾隆时最鼎盛,人才辈出。村落古为象山至宁波驿道所经,曾设邮驿。村东北道路沿溪至欧阳桥折东跨西沙经墙头通县城。民国时期较长一段时间内为乡公所驻地,信用社、邮电局、影剧院、初中、中心小学均设于此,除了商店,还有农贸市场,逢农历四、九集市。儒牙洋村是象西的政治、经济、文化中心,村街两侧店铺林立,商贸繁荣。20 世纪五六十年代村落的繁荣达到鼎盛阶段。1985 年,乡(驻地)迁至黄泥桥。1992 年撤乡并入西周镇后,村落的中心地位消失。

儒雅洋村现有居民 403 户,总计 1190 人。目前仍有不少村民不断迁往城镇,导致村落人口数量下降,村内住宅有部分空置。儒雅洋全村目前共有姓氏 32 个,主要姓氏为何、王、赖、陆四姓,其中王姓人数最多。

村落呈东北—西南走向,为长条形布局,中间较宽,两端略窄。村落中传统建筑占地约为 65000 平方米以上,占全村建筑的 70% 左右,大部连片,祠庙、学校等公益性建筑在东北、西南二端(见图 3-1)。建筑时代可追溯至清早期到 20 世纪 60 年代,以清中期至民国时期建筑为主体。古代民居(含商住用房)大多布置在村落的东北—西南走向的村街两侧与后墙弄一带。现代民居多数布局在村前靠缘溪、长潭沿岸一带,少数于村街东南侧散块状分布,故未打破村落原有格局,传统建筑绝大部分保存良好,少量遭拆除,但空基尚存;个别院落虽局部糟朽,尚可修复。传统建筑大部分连片存在,其周围环境,除街弄路面大多浇上水泥外,其他诸如山体、溪流、植被保持完好。

图 3-1　象山儒雅洋村平面示意图

儒雅洋村座中的传统建筑为硬山顶,砖木或石木结构,穿斗与抬梁混合构架,除以平房为主的街面商住两用房外,其余民居多数为一正两厢的不同档次的三合院,重檐楼房占有较大比例,少数民居以"散道地"形式存在。各类民居通常均有数量不一的余屋,以后房、偏房、披搭等不同形式出现。

2005年年底,儒雅洋村被公布为"宁波市历史文化名村",是宁波市首次认定的十个历史文化名村之一。

### 二、儒雅洋何氏宗族发展

"儒雅洋何氏,象邑望族也。"何氏祖先孔昭公起先居于东阳,后又迁至新昌。直至何氏第十七世孙何恋、何蛮才迁居于象山下沙。所以后人将何恋、何蛮作为儒雅洋何氏始祖。之后,何氏第十九世孙仁六公,即何恋的孙子,见儒雅洋这个地方"山接蒙顶,水绕圣溪,土地圹厚,林木阴翳,足以立家室而长子孙"。遂迁居于此地,繁衍生息,至今已有三百余年(见图3-2)。

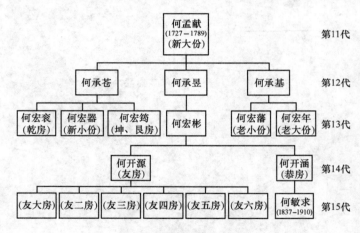

图 3-2　儒雅洋何氏望族关系图

### (一)儒雅洋何氏宗族婚姻圈分析

婚姻对于每个人来说都是极其重要的事情,而在中国漫长的封建社会中,婚姻已经不仅仅被看做是个人的大事,更重要的是被当作家族(宗族)中的大事。婚姻首先是为了家族的繁衍,种姓的延续。父母为儿子娶亲,儿子为家族生子,这似乎成为千百年来的例行公事。人们在完成了这些"任务"之后,就可以心安理得地说自己已经对得起祖宗先人了,如若子未娶,或者没有子嗣,断了宗族的香火,那将是对祖宗最大的不孝,既所谓的"不孝有三,无后为大"。

在封建社会的背景下,为了家族利益的取得,有时也需要借助于婚姻的帮忙。此时,婚姻的主要目的已经不仅是生儿育女,繁衍后代,而衍变成为家族间交往、宗族间往来沟通的一个渠道,或者说是一个工具。通过婚姻,可以将两个家族或者几个家族密切联系起来,而由此交织起来的血缘关系网使各个家族间得到各自的利益,形成一个利益链条,也就是《红楼梦》中所提到的"一荣俱荣,一损俱损"。

儒雅洋何氏自仁六公迁此定居后,与象邑周边各村镇结姻,相互通婚,据《儒雅洋何氏宗谱》记载,儒雅洋何氏与周边许多宗族均有婚姻往来,如张氏、陈氏、周氏、郑氏、伊氏、翁氏、钱氏、赖氏、欧氏等。

与儒雅洋村有婚姻关系的乡邑主要有西周、牌头、城里、墙头等,通过对以上村邑观察,发现这些村邑主要分布在儒雅洋村村落周围(见图3-3)。而且儒雅洋何氏作为"象邑望族",其子孙的婚配对象也多为其他村邑的望族望姓。将这些婚配对象与其所在的村邑结合起来分析,会发现姓氏的分布具有典型的地域性:张氏主要是来自隔溪张张氏;陈氏主要来自墙头陈氏;周氏主要来自西周周氏;郑氏则主要是来自南充;伊氏主要是来自伊家;翁氏主要来自莲花;钱氏主要出自大契头;赖氏主要来自芭蕉;欧氏主要出自方家岙(见图3-4、图3-5)。

图 3-3　儒雅洋村周边村邑分布图

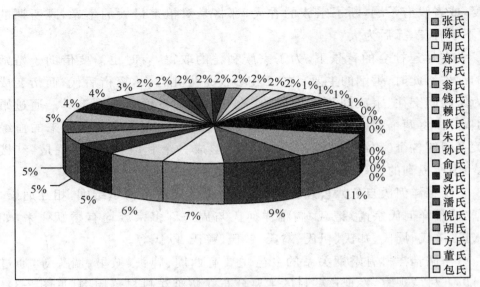

图 3-4    儒雅洋村何氏宗族婚配姓氏比例

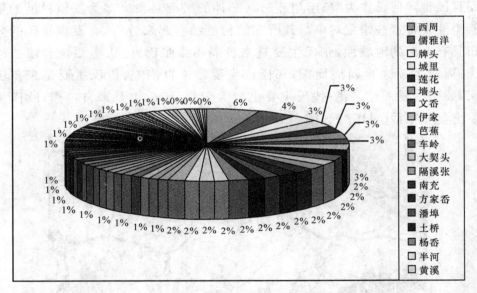

图 3-5    儒雅洋何氏宗族婚配地域分布

## (二)儒雅洋何氏嫡系宗族丧葬圈分析

中国传统文化中,对"死"有一种特殊的认识。老人百年之后,孝子为往者举行一场既庄严肃穆又复杂烦琐的丧礼;贤孙为先人择一块水深土厚、藏风聚气的高燥之地作为阴宅,这既是对祖先的纪念,同时也希望祖先泉下能够保佑家族后人今后的飞黄腾达。丧葬习俗就在这样的背景下逐渐形成了。

无论是在中国的北方还是南方,墓地是丧葬中最重要的部分。中国历史上主要有两种墓地——氏族墓地和家族墓地。氏族墓地的起源比家族墓地早许多。早在四千多年前的原始氏族社会,由于血缘关系而组成的氏族,聚族而居,共同生活。死后也是以同族而葬的原则下葬,其共同的埋葬地就是最早的氏族墓地。氏族墓地的特点在于它是氏族性和血缘性,但把婚姻关系排除在外。因此,早期的氏族墓地几乎都为单人下葬。

到了西汉以后,家族的势力逐渐发展壮大,家族墓地进而取代了之前占主导地位的氏族墓地。随着经济的不断发展,墓地已经和其他土地一样,成为个人或者宗族的私有财产,可以进行自由买卖。这也进一步促进氏族解体后所形成的新的家族,购买属于自己家族的墓地。这种家族式的墓地属于整个家族的公产——族产,由家族中的族长按照制订的家法族规进行管理。

1. 儒雅洋何氏家族墓地不同的入葬习俗

儒雅洋何氏家族,同样也有属于自己家族的墓地,但是与其他传统家族的族规规定不同的是,许多家族族规规定本族内的成年男子及其配偶可以入葬本族墓地。这也就是说,本族所出生的女子无论是否出嫁都不得入葬家族墓地;同时,未成年的男丁或者未婚死亡的成年人都不得入葬家族墓地。但是,儒雅洋何氏家族却出现了许多与其他传统村约族规大相径庭之处。如儒雅洋何氏东大房宗约公房十二世孙承焕公,此人家谱记载为:"生乾隆壬申年十月初四日子时,卒于乾隆乙巳年二月十九日子时,葬枫树岭,未娶。"又如儒雅洋何氏东三房宗绥公房十五世孙开湖,家谱是这样记载他的:"开湖,未娶。生道光丁亥年十二月十六日戌时,卒道光丁未年三月初九日,聘朱氏未婚,卒。葬小竹园黄泥地村。"枫树岭和黄泥地分别为儒雅洋何氏东大房、东三房的家族墓地。由此可见,儒雅仰何氏家族的入葬习俗的确有其不同之处。

2. 儒雅洋何氏家族墓地排列次序

儒雅洋何氏家族墓地内具有比较严格的排列次序,但也由于家族变迁、朝代更替等原因而使得部分家族墓地排列次序上存疑。

对比其他家族墓地,儒雅洋何氏家族墓地也存在着相同或者近似的排列顺序:依照宗族世系和昭穆之序排列,即所谓的"以造茔冢者为始祖,子孙不别嫡庶,以年龄别昭穆"。详见图 3-6。

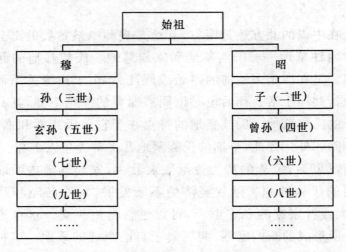

图 3-6　儒雅洋何氏家族墓地排列次序

在次序完整的家族墓地中,始祖的坟冢排在最后、最中间;右前方为昭,从后往前依次是二世、四世、六世、八世……左前方为穆,从后往前依次是一世、三世、五世、七世……在同一世系的兄弟之间不分嫡庶,而是按照年龄的长幼为序,年龄越大的离先辈越近,年龄越小的离先辈越远,排列井然,亲疏关系一目了然。

儒雅洋何氏家族墓地虽未完全严格按照宗族世系和昭穆之序排列,但也大体遵循这一规律。如儒雅洋何氏东大房宗约公房子化公这一支系。根据家谱记载:"子化公,配郑氏、翟氏,子四,葬照山,有栏石,四子具无出,以东二房子显公次子入继。"而子化公的四个儿子(继子守祯公除外),守雲公(子化公长子)、守雷公(子化公次子)、守霖公(子化公三子)、守電公(子化公四子)都分别安葬在子化公祭坛两侧,详见图 3-7。

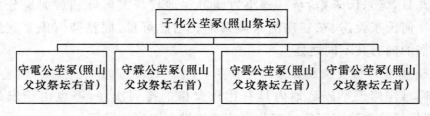

图 3-7　子化公家族墓地排列次序

### 三、儒雅洋何氏宗族空间扩张过程分析

儒雅洋村最早在唐中期已有人居住，最先的村民为裘姓家族，接下来为应姓、冯姓和舒姓（后改姓陆）[①]，陆续迁居至儒雅洋。而儒雅洋何氏家族则是在明朝初年迁居于此地的，此时，儒雅洋村主要的大族为应家和舒家，儒雅洋何氏家族的影响力还较小。在理想的状态下，某种程度可能有先来后到的道理，即先来者应可得到较大的"领地"，或者是先来几个姓氏得以相互协调，若是子嗣薄弱，无力维持其原领域的完整，便可能为其他姓氏或房支所侵蚀，该姓氏的领域空间则有可能逐渐削减。我们从儒雅洋何氏家族居住空间的变化情况，就可以分析出儒雅洋何氏家族于村落中，从定居于此至发迹的一系列的宗族势力变化情况。

儒雅洋何氏家族的祖先仁六公最早迁居儒雅洋时，定居在今崇本堂一带，位于儒雅洋村落的东北角，属于村落中比较偏僻地带，村落中心位置被早于儒雅洋何氏家族定居于此地的应家、舒家占据着。此时属于儒雅洋何氏家族的发展初期阶段，宗族势力薄弱，财力和族众都难以与当时村落的望族应家、舒家抗衡。

随着儒雅洋何氏家族势力的不断扩张，发展至儒雅洋何氏十一世时，何氏宗族进入了快速发展时期。特别是以儒雅洋何氏东三房宗绥公一房发展最为迅速。此时，东三房孟字辈共有九户；到下一代承字辈就有十九户；发展至洪字辈已有二十六户；到了开字辈就有六十户；发展至最高峰明字辈有一百一十户之多。人丁兴旺、族群众多使儒雅洋何氏自十一世始，居住位置逐渐大批由村落边缘向村落中心迁移。以孟献公支系为例，孟献公的三个儿子分别居住于村落的中心位置，并且呈逐渐扩张趋势。尤其以孟献公之孙洪彬公的发展最为强势，其后世子孙所居住的友大房至友六房，基本奠定了儒雅洋村之后的发展格局和村落范围，使儒雅洋何氏家族从居于儒雅洋偏僻一隅的普通家族逐渐转变成为居于村落最中心位置、在儒雅洋村最具影响的一门望族（见图3-8）。

伴随着儒雅洋何氏家族的发展，是其他几支原属于儒雅洋村望族的衰落。最早的大族应家和陆家（何家发迹后舒家改姓陆）从原来的村落中心

---

[①] 注：陆姓原是村里望族，本姓舒。后何姓入住发迹，舒姓以为河（何）大于水（舒），不利，遂改舒为陆，陆比河（何）大，与何（河）对阵。

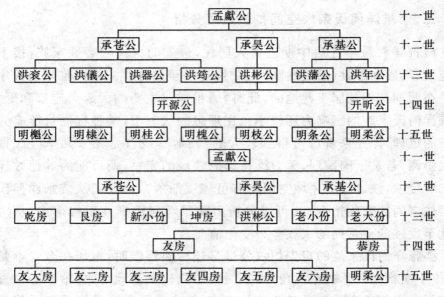

图 3-8　儒雅洋何氏孟献公房 宗族关系、房产示意图

位置逐渐迁出,迁移到村落的边缘位置,有的甚至迁离儒雅洋。以应家为例,应家是儒雅洋最早居住的家族,根据目前的资料来看可以称得上是"原住民"。在何家到来之前,应家一直居住于儒雅洋村的中心位置。但在何家迁来儒雅洋之后,应家一族逐渐衰落,房产、田产等不断出让给何家,最后仅存原作为应家祠堂的西园,为应家子孙所有,其余房产均已售予何家。应家在儒雅洋村的影响力逐渐丧失。

原来儒雅洋大族之一的陆家情况更为严重,由于何家的强势发展,陆家在村内的影响力逐渐式微,最后不得已盍族迁出儒雅洋村。

### 四、儒雅洋何氏宗族子嗣入继、兼祧分析

过继,即本人无子,收养族内侄儿为子嗣,即继子。另有收养孙辈为嗣的叫承重孙。如嫡长子已去世,由嫡长孙代父主持祖父母丧事者,也叫承重孙。

"祧"(音"tiào")的本义是祭祀远祖,"兼祧"是指一子继两家,也叫"独子双祧"即"借子生孙",两家各为该子娶一妇,各妇生子继承各房的产业、香火,"兼祧"和"过继"的主要区别在于兼祧子和生父母不脱离关系,而"过

继"则脱离关系。①

儒雅洋何氏家族在宗族发展中,由于某房男丁幼殇,或者未婚,抑或婚后无子,都会在族内挑选男丁作为自己的子嗣。正是所谓的"兄有子,弟不孤,自近而远,由亲及疏,此不易之例也"②。儒雅洋何氏家族在子嗣继承方面也大体遵循上述原则,但也有许多例外。如何氏东大房伯伦公。伯伦公没有子嗣,本应按照"自近而远,由亲及疏"的顺序以本房兄弟伯傑公的儿子,或入继或兼祧。但伯伦公却以东三房伯俊公次子孟清入继。分析其中原因,一来是因为东大房原本子嗣不多,子化公所生四字均无出,若将本房内子侄过继过来,对今后本房人丁兴旺造成不利影响;二来伯伦公本是守雷公继子,是东三房守琮公长子,伯伦公以自己原支系的伯俊公次子入继也是合情合理的;三是东三房一直子嗣众多,在儒雅洋何氏家族内部的地位较高,东大房以东三房子孙入继本房可以拉近两房关系,为今后东大房的发展带来方便。

"兼祧"在儒雅洋何氏家族的发展历史上也经常会出现。兼祧常见的是一子继两家,然而在儒雅洋何氏家族中却发生了多起一子继三家的事件。如何氏东三房开鋆公的独子明珏公,兼祧本房的开丰公、开裕公;东三房明朝公作为开眷公独子,兼祧本房的开兴公、开天公。儒雅洋何氏会发生如此多的一子继三家的事件,究其原因,主要有以下几点:首先,符合"自近而远,由亲及疏"的规律。开鋆公是洪渐公的继子,虽然出继但与原支系仍有联系,而开鋆公的亲生兄弟开丰、开裕两人恰都无子嗣,以开鋆公独子兼祧开丰、开裕的做法顺理成章;其次,这种做法可以看做是开鋆公认祖归宗,同时也延续了两家的香火,两全其美。

明朝公兼祧自己本支以及本房开兴公、开天公的做法就比较特殊。明朝公是开眷公独子,而开眷公与开天公是亲生兄弟,明朝公兼祧开天公完全可以理解,而兼祧开兴公则是特殊。因为开兴公与开眷公的宗族关系非常遥远(详见图 3-9)。跨过如此遥远的宗族关系兼祧是有些特殊。通过研究儒雅洋何氏家族的发展,找出几点原因来解释该事件。首先,要说明的是,开兴公的亲生兄弟开元公同样无子嗣,所以只有选择在其他几房挑选子侄入继或兼祧。其次,撇开复杂的图 3-9 中所叙述的宗族关系,来看

---

① 费成康等:《中国的家法族规》,上海社会科学院出版社 1998 年版,第 221—416 页。

② 详见九江岳氏家规。

图 3-10中所反映的宗族关系情况就非常清晰了：在研究了儒雅洋何氏家族关系之后，了解到洪圭公是承广公的继子，而亲生父亲为承序公，承序公与承庠公是亲兄弟，从这个角度来看明朝公兼祧三家似乎合理了一些。

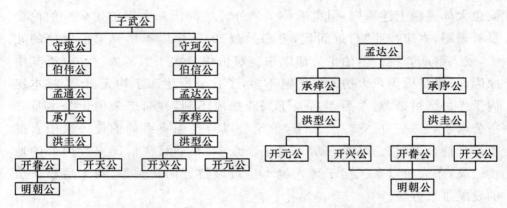

图 3-9　明朝公兼祧三房关系图　　　　图 3-10　明朝公兼祧三房关系图

## 五、儒雅洋何氏宗族内部权力地位分析

儒雅洋何氏宗族实际上就是一个规模和人数都很庞大的家庭。家庭是社会构成的一个基本单元，分析研究古村落，是不能避开对这个"大家庭"的研究的。

儒雅洋何氏宗族同其他传统家族一样，对这个"大家庭"有着一个共同的、传统的认识。在中国的传统社会里，族人即使已经长大也很少离开这个家庭，他们同自己的家人，准确地讲应该是族人一同生活，死后埋在同一块墓地。在儒雅洋何氏宗族漫长的发展历史上，只有一人离开家族，外出未归，简言之，就是儒雅洋何氏宗族族人一直都没离开过这个家庭。这个家庭构成了一个近乎封闭的"小社会"，在这个"社会"中人与人的关系非常复杂，其内部的权力关系是村落研究的一个重要方面。

中国古代传统的家族都具有一个相同的特征，即家族对个人有一系列的约束。由于这个约束，使家族与家族之间、家族内部之间形成了一连串相互影响、相互制约的关系。也就是说，家族对个人的限制越大，个人对家族的依赖也越大，个人的独立性也就越差。这样的关系使中国传统村落中的家族有一种天然的凝聚力和封闭性，家族内部权力关系正是这种关系的体现。

　　在儒雅洋这样的中国传统古村落里,村落经济中传统的小农经营占统治地位,何氏家族除种植粮食作物自给外,兼种植些经济作物,以及进行一些简易的手工业经营来作为补充。无论是作物的种植,还是手工业的经营,在生产力并不发达的封建社会,人口数量的多寡决定了经济实力的强弱。正是由于这个原因,在儒雅洋何氏宗族内部,权力产生了分化。

　　在仁六公刚刚迁至儒雅洋时,何氏宗族还未形成规模,宗族内部谈不上权力分化。此时族内各户的经济势力、权力地位相差不大,处于宗族内部权力的发育期。儒雅洋何氏宗族东房初期有乾瓒、乾佑 2 户;儒雅洋何氏宗族西房初期有敬忠、永泰、永洪 3 户。

　　儒雅洋何氏宗族"文"字辈至"宗"字辈是何氏宗族内部权力的发展期。何氏宗族东房"文"字辈共有族人 4 户;何氏宗族西房"文"字辈共有族人 5 户。何氏宗族东房"良"字辈共有族人 6 户;何氏宗族西房"良"字辈共有族人 9 户。何氏宗族东房"宗"字辈共有族人 10 户;何氏宗族西房"宗"字辈共有族人 20 户。"宗"字辈后,何氏宗族东房分为三房,分别是:东大房宗约公、东二房宗绪公、东三房宗绥公;何氏宗族西房在此时也进入成熟期,子孙此时最众。

　　何氏宗族东房自"子"字辈进入成熟期,至"明"字辈止。何氏宗族西房"子"字辈为成熟期,此后自"守"字辈开始,进入低水平的发展期,也即衰落期。此时,西房的宗族势力明显下降。这点变化可以从祭祀时祀品分发看出:在每年清明节祭祀何氏自下沙始迁儒雅洋始祖时,要将祭祀用的羊劈成四份进行祭拜,之后将羊三份分予东房,一份分予西房。

　　与此同时,东房内部的权力关系也在发生着深刻变化。东房自"宗"字辈分为三房后,东大房、东二房发展与东三房相比来说是缓慢的。如东大房"子"字辈至"明"字辈先后共有族众 32 户;东二房"子"字辈至"明"字辈先后共有族众 44 户;而东三房"子"字辈至"明"字辈先后共有族众达 247 户,是大房、二房族众相加的三倍多。东三房如此众多的族人,使该房在何氏东房的地位,在整个儒雅洋何氏宗族的地位,乃至在整个儒雅洋村的地位来说都是非常重要、极具影响力的。这一点变化可以从何氏各房在儒雅洋村的居住位置中看出。属于东三房的友大房到友六房都位于儒雅洋村的村落中心位置,若再加上乾房、艮房、新小份、坤房、新大份、老大份的话,整个儒雅洋村村落大部分都为何家东三房所有。其他各房和其余各个家族难以与其相比。

通过对儒雅洋何氏家族的研究，并比对宁波古村落中其他存在过、而现今已经消失了的宗族，可以发现：村落家族的发展如同人的一生一样，都经历"生老病死"几个阶段，最终走向消亡。在科学技术、生产力、社会形态迅猛发展的今天，千千万万个类似儒雅洋这样的古村落，原有家族得以存在的基础逐渐瓦解。何氏家族作为曾经的儒雅洋望族，现在在村落中何姓的人数已经很少，大部分何姓村民都已迁往外地，脱离何氏家族生活。所以说，家族的消亡是我们正在面临的事实，从人类学的角度来看几乎也是不可避免的。

## 第三节　宗族对宁波古村落形态的影响

### 一、宗族与聚落

群聚是人类的天性，所谓"物以类聚，人以群分"，中国传统社会的群聚现象通常是建立在相同血缘的族群关系之下，主要的族群维系因素，在早期西方社会里影响最深远的是宗教信仰，而在中国农业社会里则是宗族和土地。费孝通先生指出，"血缘是稳定的力量。在稳定的社会中，地缘不过是血缘的投影。……地域上的靠近可以说是血缘上亲疏的一种反映，……我们在方向上分出尊卑；左尊于右，南尊于北，这是血缘的坐标。"[1]这种血缘的坐标，通过一系列宗族活动和潜在的营造法则，物化在聚落形态之中，反过来也濡染着当地居民的认识与意识。

从现有的各地古村落实例来看，宗族制度对传统村落的影响十分广泛。这种一个或数个血缘共同体居住、生产、生活的空间，以血缘关系为纽带的聚居形态，我们称之为宗族聚落，也是与本著述研究对象"古村落"相对应的、但更具有学术涵义的一个名词。宗族聚落是一个合成词，是由血缘与地缘结合而成的社会基层单元。中国传统宗族聚落不仅是一个地域空间的概念，同时也是宗族制度在居住文化上的物化形式。

---

① 　费孝通：《乡土中国》，三联书店 1985 年版，第 72 页。

### (一)"聚族而居"的村落居住模式

"聚族而居"是中国封建社会村落居住的基本模式。一般说来,一个家庭稳定地在一个足以供给它生存的土地上定居六到七代,也就是说有了100～150年的历史,就足以形成一个人丁兴旺的家族。因乐业而安居,因安居而乐业,生产与生活之间就这样得到了辩证相生的良性循环。浙东、尤其是宁波一直是一块稳定而宜人居住的土地,稳定的农业收成,少有或几乎没有大的战争破坏和干扰,不断完善起来的水利灌溉设施,在精耕细作基础上土地的收益恒定高效,少有自然灾害,这一切,都是人口稳定的基础。人们在这片土地上世代生息,形成了"聚族而居"的生存和定居的格局。

作为家族的聚居地,村落是这一居住模式具体而微的物质形态载体,整个村庄或村庄中某一部分明确的区域,具有明确的四址界限。村落聚居地的基本构成单元是若干组墙门大屋,一般来说,一个墙门即是家族中的一个支派"房"的核心居住地。在典型的墙门里,基本上是同宗近亲的居住者,或者说是"五服之内"的人。如果一个墙门杂姓群处,则基本上可以看做是这个家族败落或者迁徙他处的象征。

"族"与"房"两级利益责任机制的族房制度,是在浙东、尤其是宁波地区较早推行的一种比较先进的家族制度。它的基本要点是:

第一,子嗣一经结婚,就必须立即分房立产,标以新的房名,以成为"独立门户"的家庭。其基本精神则在于以"成家"推动"立业",建立新家庭的新的社会责任与经济责任。当然房名上会注意到相互的关联性,比如四个儿子逐步成家后,会形成"春夏秋冬"或"梅兰竹菊"之类的四个关联房名,三个儿子的可以命名为"松、竹、梅"或"福、禄、寿"三房,当然也可以命名为其他的房名,如奉化蒋氏的"丰镐房"。

第二,每个"房"都是一个独立的家庭经济单位,户主只对家庭(房)承担经济义务,而不必对家族承担具体的经济义务;家族的公共经费来源于逐步积累起来的"公堂田"、"祭祀田"和公共房产的租谷、租金,这样就形成了家族与家庭的两级经济责任制。当然,同族的每一房在道义上仍然对家族承担着公共责任,比如维护家族的秩序、尊重家族的道德规范、维护家族的对外信誉、在必要的时候为家族的公共利益承担某些义务,如消防、治安、修缮道路桥梁,等等。

第三，家族倡导各房（家庭）捐助本族的公共事业，但一般不强行摊派，以保证各房在承担公共义务时能量力而行，不致伤了元气。在家族内部的这种自愿基础上的捐助，约定俗成地形成了按财产与富裕程度自然平衡的机制，而这些事业的组织者又常常是家族中的殷实人家，这些人即使从自己的道德形象考虑，也会积极主动地起好带头作用。

族房制度的建立，在帮助宁波商人完成早期的资本原始积累中起到了一定的作用。由于较早理顺了家族与家庭的经济关系，以及在经济背后的道义关系，就使他们可以轻装前进。尽管宁波商帮的兴起有着诸多的原因，但是族房制度所起的作用也是不可忽视的。

### （二）聚落内部建筑布局形态

宗族聚落空间的成长是与宗族息息相关的，不论是姓氏与姓氏之间、房支与房支之间的关系，甚至是民居的营造，无不受到宗族制度的影响。更精确地说，村落内部的社会关系是基于宗族的社会构成，并且这个关系会透过民居与宗祠等建筑物道路及其他自然景观在聚落形态中呈现。聚落的中心与边缘，聚落与建筑的坐向、建筑的位置、型制等都集中体现了宗法伦理观念和礼制等级思想的内涵。

作为宗族社会象征的宗祠，往往成为宗族聚落的核心建筑之一，一切其他建筑都以此为中心而布局。因此，宗祠建筑往往成为聚落空间的核心区，各房份的支祠呈拱卫之势，各房民居又分别以各自支祠为中心展开布局，相对集中居住，体现了中国传统的聚族而居的居住模式，这是一种社会伦理与家族秩序的象征。

而民居所代表的并非只是一个构造物而是代表宗族构成的小单元，单元的聚集则代表房份或某个姓氏的整体。一个宗族聚落的空间形态，往往是数百年来生长调适的结果。从宗族的衍分与居住空间的区域关系，或是房份与房份之间的分界，或许可以推测聚落空间成长的历程。

作为宗族结构的主要构成单元的"房份"，对宗族聚落形态产生重大的影响。不同的房份，往往形成一个可见或不可见的居住组团。同时，房份的分衍与开创也是聚落拓展的生长点，当宗族发展到一定规模，原有的资源和土地趋向饱和时，便会面临两种可能的选择：一是改变生产方式；二是移出原村落而另辟一个地点，开创新的聚落。

村落宗族内部民居建筑群落布局的组织逻辑十分清晰，即以宗祠为中心,同族中的各房院落沿街巷展开,各房子嗣繁衍之后,再分出"份",也建起自己家庭的住宅院落,由此逐渐形成团块。小户普通民居一般采用三合院形制,大户望族则一般为多进院落形式。同姓聚居往往出于安全和联络方便的需求,在院落与院落之间留出通道小巷,配以"观音兜"或"马头墙"形式高耸的山墙,即可解决交通的共享性。在有些多姓共居的村落,如果一个大的家族连片地拥有一组由"房"居住的"墙门",则墙门之间的这些小巷通道便成为家族内部的公共道路,它的功能除了交通以外,家族会在冬季甚至全年雇用更夫敲更巡火,俗称这种通道为"巡更弄"。

宗族内部不同房份的"墙门"之间,除了一般地以巷弄分隔和联系之外,还存在着比较多样化的建筑和空间的处理方式。在儒雅洋村就有一种特殊的空间形态——甬道,将同姓建筑的门道相联通。甬道一般是直的,但有时也会出现局部的转折与弯曲。它在功能上是一种防御性弄道,但它的形态更像里弄住宅区中通向住户的支弄;从空间属性上看,它属于介于公共和私密之间的灰空间:对内它具有家族内部院落之间的公共走廊性质,对外则是一个由公共转入私密的过渡空间。甬道入口处往往设门屋,从而强化了空间的领域感和限定性。许多入口还善于巧妙利用地形高差,通过踏步或台阶的形式强调内外两个空间的异质性。

在岩头村溪西街西侧的毛氏家族民居群落中同样也可以看到类似的情况。毛氏家族现存的居宅多建于清末或民国,绝大部分均为规整的三合院形式,在其家族内部的不同"房"、"份"的院落之间,形成一种在纵深方向上串联的空间组织方式,组合而成多进院落,每一座三合院仍然保持完整,包括厢房端头的山墙也都形式完整,使后一进的屋顶与前一进正房的屋顶脱开,各自保持相对的完整,使得以三合院为基本型、沿纵轴线紧密串联的空间组织方式从建筑外观上也获得逻辑严明的体现。各进之间的交通联系主要有两种方式:一是通过中轴线,将三合院原本的"堂前"打通成为穿堂,可以沿中轴线从第一进院落直接进入后进的院落;二是使前一进的正房与厢房之间的穿弄与后一进厢房的轩廊相通,由于前后进之间有山墙相隔,因此往往在穿巷与轩廊之间形成与外界相连的巷道,在山墙上开有券洞门或传统的墙门,门套门、廊连廊、柱排柱,更加深了视觉空间的纵深感。这样一来,整个家族的宅屋连绵成片,屋瓦俨然,外观整齐统一,形成家族民居群落在外观上的身份确认;内部空间使用既相对独立、各自成区,打开门则又首尾相连、畅通无碍。

## 二、宗族聚落分类及其特征

### （一）宗族聚落分类

本书将宗族聚落分为单姓宗族聚落和多姓宗族聚落。根据聚落形态的差异，单姓宗族聚落又可分为自由生长型、整饬规划型两种。相对而言，单姓宗族聚落的形态较为完整，结构严谨，脉络清晰，较容易从形态上加以辨认，也容易找出宗族分衍过程中聚落形态的发展过程；而多姓宗族聚落一般是经历复杂的社会变迁而形成的，其结构相对松散，布局更为灵活，聚落空间的安排乃归因于宗族与房份之间的消长，姓氏的移入与迁出，会造成聚落内群体间关系的改变。

### （二）单姓宗族村落形态特征

单姓宗族村落的特点是整个村落共同体只有一个姓氏，全部家庭都是一个姓氏的血亲关系，无外姓介入，保持着单姓的宗族色彩；或者虽有外姓存在，但是外姓所占比例微乎其微，几乎不起什么作用，这样的村落我们也将其视为单姓村落。汉学家弗里德曼曾慨言："在福建和广东两省，宗族和村落明显地重叠在一起，以致许多村落只有单个宗族。"宁波古村落虽然不如福建、广东那么典型，但也表现出很强的宗族与村落的"重叠性"。大量的村落都是单一姓氏聚居，这一点从村落的命名中可以证实，如"张家"、"王家"，或者是姓氏加地貌的"张家漕"、"王家桥"、"殷家湾"、"邱隘"、"柏树方"，等等，或者是多姓并居的，如"孙王"、"张马"、"孔童汪"，等等。我们从亲缘关系入手，考察宗族结构及其人口变迁与传统聚落形态的互动与变迁，是古村落研究不可或缺的环节之一。

单姓宗族村落因不同家族类型、不同历史背景及不同地形地貌而呈现不同的村落形态。宁波的单姓宗族村落从形态上可以分为两种，即自由生长型和整饬规划型宗族村落。聚落发展的影响因素复杂多样，其中村落所在的地理环境对村落形态的影响十分明显，相对而言，平原地带更有利于整饬规划型的布局，因此也更强调聚落的整体性和方整对称；而山地丘陵地带，宗族聚落规模较小，讲究因地制宜，往往结合自然山水，融入各种人文条件，从而形成自由生长型的聚落形态，追求内容而非形式上的整体感，在秩序平衡中寻求一种变化。

1．自由生长型

自由生长的空间发展模式是最为常见的古村落空间布局，也是一个经历一定历史阶段成长成型的村落，在没有经过刻意规划、没有外力施加的情况下自然选择的结果，表现出村落自由生长形成的轨迹。自由生长型宗族村落在时间上表现为连续性，自开基祖定居而下，往往同一宗族分支繁衍，瓜瓞绵长；在空间上表现出较为明显的向心性及由内而外的扩展痕迹，空间布局自由，因形就势，因地制宜，自由生长。村落布局常以宗祠为中心展开，形成以一种由内向外自然生长的村落格局。宗族村落的向心性是宗族内聚性的体现，在原始聚落中，氏族成员的住宅都朝向中心广场。今天，在保存较完好的宗族聚落中，我们依然可以看到很强的内敛性。作为宗族制度的物化形态，自由生长型宗族村落记录了一个宗族的形成、发展和变迁的过程，具有明显的历时性特征。

宗族按支系尊卑长次依次形成若干组团，形式整齐划一，形成密集的胡同、巷道；在建筑形态上，建筑格局基本相同，通过居住的位置、院落的大小、屋脊的变化来反映居住者的社会地位和身份之别；在建筑构件配置上，则要求任何构件配置要反映严格的尊卑、贵贱等级，都有其特定的位置、形式、长度和序列，不得超越。宗族聚落空间布局由此呈现出一种主次分明、先后有序、内外有别的空间形态，体现出中国传统居住文化的位序观。

宗族聚落的生长是各个房支在分衍后对自然环境进行区位择优定居和族群利益相互制衡的结果。由于自然生态系统中存在着资源分布的非均匀性，人们在选择居址时必然优先选择优质区位，以实现族群生产、生活上的最大便利以及生活空间发展的可持续性。同时，由于自然资源可能同时被多个族群所共有，他们之间存在竞争与恃强凌弱的可能性。聚落形态在生长过程中必然受到两者的共同作用，并在一定时期形成相对的稳定与均衡。

2．整饬规划型

有一些大的宗族村落在建村之始或村落形成初期就确定了比较明确的布局模式，各房份在营建自己宅院的时候均遵守这一既定的规则，在形成一定规模之后，整个村落体现出布局规整、井然有序的形态，栉比鳞次，结构清晰，笔者将之称为"整饬规划型宗族村落"。这种宗族村落的空间形态大多为以宗祠为中心、房份甲头为基本单位，建筑朝向相对统一，布局工整，大致有"棋盘式"、"梳式"、"团块组合式"等几种布局模式。这样事先的整饬规划保证了村落形态的可控性和传承性。

(1)鄞州姜山镇陈氏宗族村落——走马塘村

走马塘始祖陈矜,北宋端拱元年出任明州知府,卒于官,年五十八,有善政,修奉化常浦等水利工程,其子陈轩进士出身随父亲明州任录事,为守父墓三年而不官,在茅山南二公里处定居繁衍发族即为走马塘陈氏先祖,至今已传至 38 代。千余年来陈氏家族以耕读传世,兴学重教,历经宋、元、明、清至于今仍子孙繁衍兴旺,从宋代开始的历朝科举制度的乡试、省试、会试和殿试中,走马塘共出了 76 名进士,当朝官、地方官、学官等多达 160人,载入《宋史》、《明史》的 5 名,在《宁波地方志》中列传的近 20 名。

陈氏先祖依据"天圆地方"的宇宙观,挖掘河渠,兴建村落,形成了今天东西长约 460 米,南北长约 430 米的长方形格局。村庄布局力求使水从西北角进村,从东南角出村。因此走马塘将东江之水(奉化江四大支流之一)引入村西的君子河,又经东、南、北及各条漕滨将水源引入村子腹地。为防大旱时水乏断流,陈氏祖先在村内设置了七八条漕滨和十几条水塘,漕滨即可饮水又可蓄水,还可将水引入到村庄脉络的各村民点。水塘则是蓄水库,双管齐下保证了古村落水的供应。走马塘四周环河,出入村庄只能通过东升桥、紫来桥、泥头桥、团桥、树桥和后宅桥,有利于村落的自身防卫。过去有的大户人家沿河处还设置可以收起的木吊桥。

四方河流将走马塘环抱其中。走马塘有前后两条轴线,一个村民公共活动核心。南部以一条东西横街——老街为中轴线,在中轴的中心位置是祖堂;北部以人工所挖掘的池塘"蟹肚脐"为一条中轴横线;中心屋前荷花池为村内最具人气的地点之一,据家谱记载,村中有池塘七十二口,凡池塘中,皆种荷花也,最大的以中新屋荷花池为大也,占地二亩,用石砌成,呈长方形,在大池上架施二条小石桥,只容一人而过,俗称蜈蚣桥(即步町桥),将大池一分为三。村中的主要建筑单体围绕这两线一点布置。沿南轴线布置较多的是祠堂,如祖堂,它是南轴线的中心,也是村中的礼制中心,如慕川公堂,其门前场地也是人气聚集的场所,还有陈氏祠堂及其后的泉公祠等。围绕荷花池布局主要是多路多进的大宅,如前新屋、中新屋及其后的后新屋,还有水龙会和老祠堂。北轴线周围民居相对而立,如信保房、慈荫堂等(见图 3-11)。

(2)鄞江章水镇应氏宗族村落——蜜岩村

蜜岩村属于宁波市首批历史文化名村,但其知名度远逊于走马塘、前

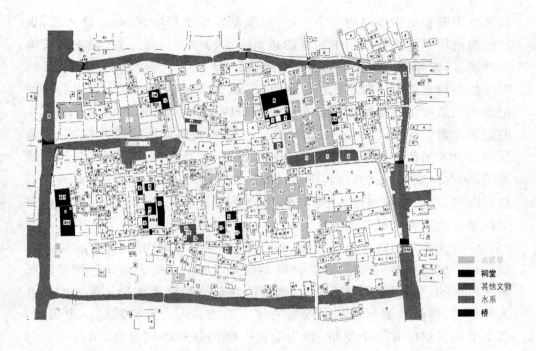

图 3-11　鄞州走马塘村整体平面图

童等。唐朝长庆年间(821),明州刺史应彪到明州上任,成为明州应氏先祖。后应彪第十二世孙应高在宋代(1120)迁蜜岩定居至今。因村庄南面的狮子山山岩嶙峋,多有野蜂筑巢,长年累月岩壁多有蜂蜜流下,所以狮子山又名蜜岩,而村庄亦取名蜜岩村。应氏一系在这里繁衍生息,应高后代在村中分别建起三座宗祠:上宅(桂馥堂)、中宅(崇本堂)、下宅(中和堂)。桂馥堂是上宅的宗祠,也是蜜岩最早的宗祠,是蜜岩应氏的发祥之地。建村时就建有祖堂名"桂馥祠",后上宅人丁繁衍旺盛,尤其是仓门一支,祭祀时拥挤不开,即在乾隆年间,选择所居之南,建新堂——"中和堂",所以现在看到的中和堂亦上宅支系。中和堂建成后又对桂馥祠进行重新修缮,规模更大,品位更高,其名仍沿用"桂馥堂",桂馥即不忘祖宗的意思,而中和堂名字中的"中和"二字更体现出应氏家族的处世根本,中和是做人的道理,是万物顺和的道理,是天下太平、繁盛的道理。而原来真正的下宅在明初就已无所考,中宅也只有百余家,只有上宅一脉最为昌盛。[1] 桂馥堂、中

① 应义植:《蜜岩春秋》,未出版书稿。

和堂位于蜜岩历史地段的一头一尾,崇本堂则位于村庄东部,后遭火灾,现已挪为他用。而桂馥堂和中和堂的建筑大结构依然保存完好,但内部装饰及外墙、门窗等都因年久失修而稍显破败。

如果祠堂是对一段家族历史的见证,那么宗谱则是对家族历史的详细记录。宗谱能将族众牢固扭结在同一祖宗牌位之下,并形成一个系统有序的记录。蜜岩保留至今有一套宗谱——《蜜岩显爵应氏宗谱》。这套宗谱详细记录了历代男性子嗣的姓名、出身、排行、生卒日期、生平事迹、迁徙情况等,而女性则只记载其出自哪房、排行、嫁往何处,寥寥数字。[①] 此外还对应氏起源、村庄选址布局、主要建筑历史变迁等都有详细记载。该宗谱是了解蜜岩的重要文献资料。

宁波大多数的古村落是以街—巷—院的空间格局为主,而蜜岩则多见街—巷—墙门—排屋的格局,这种格局很大程度上是受家族聚居规模的影响而形成的。应氏家族支系庞大,普通的院落格局已无法满足庞大的支系人口群居,进而发展出墙门—排屋的住宅形式。一大家族同住一个墙门,每个宅门又都设有一个堂沿,作为最低一级的宗祠建筑存在,供这一墙门支系的人进行祭祀等活动。如此一村三祠,家族群居,在江南古村实为少见,说明应氏家族在蜜岩昌盛一时。至今依然有多个这样的墙门分布在村落中,墙门中的住户也多可追踪溯源自同一血脉支系。墙门的存在不但丰富了村庄空间格局,同时也组织并划分出不同的居住区域,类似于今天居住区规划中的组团中心,使各个居住区域的识别性、可读性更强。并通过街巷与墙门的连接,达到空间上的过渡与连续,形成收放有序的空间格局(图 3-12)。

这种墙门有别于四合院,没有明显的三面围合,入口有仪门,仪门上有砖雕、文字彩绘,内容有"八仙过海"、"二十四孝"等。南北两面为对称的长排住房,房前有廊,每间隔五、六间设置一堵大墙,用来加固结构,同时可以用来防火。比较考究的墙门,大墙上有彩绘和镂空的花墙,石雕门窗等。民居间有安全通道,使民居前后左右贯通。门前有挑檐走廊,四廊互通,雨不湿履,晴则遮阳。两行排屋之间留有一块空旷场地,有一堂沿居中,是墙门中居民用于婚嫁丧殡的公共建筑,同时也起到一个隔阻视线的屏风作

---

① 何苏仲:《村落文化的认同力、适应性及其变迁态势》,《九江师专学报》(哲学社会科学版)1993 年第 4 期。

图 3-12　鄞州蜜岩村航拍图

用。现在保存比较完整的这类墙门有"乾八房"、"里外堂沿"。即使没有墙门，村中也多可见单排的长排住房，如"长大屋街"，这些住房也是呈一字排开，门前有廊，唯一与墙门排房不同的是，门前即为街巷（见图 3-13）。

　　整饬规划型村落具有很多相似的规划意识。首先，作为宗族象征的宗祠及作为地方保护神的村庙形成具有向心性的领域空间，为宗族的集体活动提供"非日常"的仪式场所。其次，相对整饬排列的民居之间形成纵横交错的巷道，形成内部的交通与防火的空间网络，组团之间

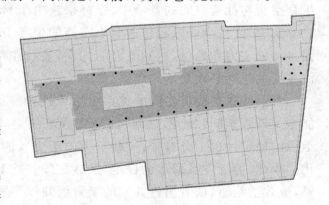

图 3-13　蜜岩村"乾八房"
墙门平面示意图

往往又形成较为开阔的场所，这些空间作为生产、生活的聚散场地和交流通道，如同聚落的骨架，将各个居住单元有机结合起来。再次，聚落空间具

有丰富的层级性,这些层级空间在方便实际生活需求、保障居民安全的同时,创造出连续的、多维的、有序的整体空间序列,将整个宗族凝结为一个功能完备的社区。

### (三)多姓宗族村落形态特征

虽然是"聚族而居",但并不是说一个村落就只能有一个家族,在村落漫长的发展历程中,往往会形成几个姓氏家族并存的局面,定居时间有前后,家族发展有起落。不同的社会组织,物化在聚落形态空间上的发展形式便不同。多姓宗族聚落的发展动力来自于宗族之间的竞争与协作,竞争使各宗族组织产生活力,而协作则在对外事务中提升聚落的整体实力。但是,并不是所有存在多个姓氏的聚落都可以称为多姓宗族聚落,其判断标准首先在于各个姓氏都要具有宗族的特性。

英国人类学家芮马丁在中国传统村落的研究中将宗族组织分为"单姓村"和"多宗族村落",其中,多宗族村落又分为两种:一种为宗族之间在较合作的状态下竞争,并能够团结一致对外行动的多宗族村落;另一种为有强、弱宗族之分,强势宗族与弱势宗族之间的斗争较为激烈的多宗族村落。[①] 这两种不同的宗族村落因宗族关系的差异,宗族组织在聚落事务中发挥不同的作用,决定了宗族聚落形态的不同表现形式。但是,在长期的生存空间与社会空间的竞争中,强势宗族由于具备较为完善的宗族组织和竞争实力,往往会侵蚀和挤占弱小宗族的生存空间,因此,如果后者不能增强自己的实力和地位,达到势力的均衡,最后往往走向宗族组织的解体,从而演变成单姓宗族聚落。

多宗族村落成员之间的关系相对单姓村落较为复杂,宗族组织的整合能力又局限于同宗族群之间,加之宗族组织之间竞争的动态性,因此社区组织的稳定性也十分有限,一些不大的历史风波就可能导致聚落的剧烈变化。因此,为了维系聚落的稳定,宗族之间往往具有千丝万缕的关系,或通婚,或政治结盟,或者通过共同的崇拜信仰等手段将他们联系到一起。

不同族姓的居宅群落在空间分布上也有一定规律可循。首先,很自然地会是先定居的家族选择比较利于耕作、建宅的地点形成定居点,后逐渐

---

① Emily M. Ahern. *The Cult of the Dead in a Chinese Village*. Standford:Standford University Press,1973.

形成村落,后来的家族会与先前家族民居群落相隔一定空间距离,选择有利的地形、地点建宅,并共享所处的环境场所和公共设施,如桥梁、道路、水利设施等。在不同家族场所地点的辨认上,往往他们之间有比较明显的分隔物,或是村中大的街巷的两侧,或是小的河渠的两岸、中间有桥梁相连,或是处于不同的地势上,使得各自聚居的地点四址界限明确。比如一个叫"张马"的村子,由张姓和马姓联合聚居,则村子的内部又分为"张家"和"马家",属于各自家族的公共设施的产权也是明确的,比如会分别称之为"张家埠头"、"马家池塘"而绝不会混淆。当然两姓的边缘部分可能有交错杂居现象,但是内中也会约定俗成地有明确家族产权的方法,同时在家庭档案里有"屋契"、"分书"之类的文件作为依据。

　　宁波江北区半浦村就是这样一个多姓并居的村落,主要为两大姓氏——郑姓和周姓,村中的古建筑群也明显按姓氏布局,正是这两大姓氏家族各自的特点造就了半浦村形成集居官、商、农三位一体的村落(见图 3-14)。半浦村位于姚江之滨,三面环水,南有"灌浦古渡",北有慈城古镇,据交通要冲,是代表性的渡口古村。郑姓在半浦的居住历史估计有近800 年,在半浦郑氏宗谱上有"先祖姓之公系宋代宰相"这样的记载。查阅史书,在南宋确有一位官至参知政事(副宰相)的郑性之。始祖郑毓估计是在南宋(1127—1279)后期,社会动乱时期,从福建迁居半浦的,估计是一位有学问但又不愿入仕参政的人,举家来半浦避乱的,从此在这里繁衍生息。郑姓家族的建筑集中在村的中部,有中书第、郑家大祠堂、二老阁、九间头、五间头等,只可惜由于年代久远及时世战乱,郑家大祠堂及二老阁已只剩遗址。而周家的祖上是铜匠,靠手艺发家,其子孙在村内建有"江南第一大祠堂"的周家大祠堂,可见其当时的财力和地位。周家的建筑集中在村东部,与郑姓家族的建筑群落之间有入村的道路和村口的空场地相隔,分居于其东西两侧。周姓建筑群落中有目前被定为文保点的周家四扇墙门、周家前后进、周家大祠堂,等等。

　　宁波象山儒雅洋村也是一个典型的多姓聚族而居的村落。明初,何氏家族迁居于此,当时已有应、冯、陆、王等氏族共居。随时代变迁,何氏家族发展成为象山望族,特别是在清代乾隆时最鼎盛,人才辈出。现有 32 姓,其中以何、王、赖、叶、郑、陆为主,但目前人口数量最多的是王姓。历史上的何姓在儒雅洋村的人气最旺,房宅也最多最大,清中期起到民国期间的许多房宅都属于何氏家族。从空间分布上看,早期何氏家族大多聚集在承志

图 3-14  江北半浦村航拍图

路一线,后来,随着村落中心区用地紧张,何氏家族宅基地开始向东向北发展,何氏后人纷纷在弘儒路和浣纱路之间建造房屋。王氏、赖氏家族主要集中分布在村西南王家桥一带,这里不仅是整个村的水口,也是村落发展的起始点。郑姓、叶姓主要从事农业耕种,因此主要聚居在村西、村南农田分布较广、与村庄历史核心区有一定间隔的独立地段。历史村落居住空间向外围扩散的界限主要受到宗族祠堂的影响。王氏祠堂和何恭房家祠分别扼守着历史村落空间的南北界限。

# 第四章　宁波古村落的风俗及其演化

## 第一节　宁波古村落风俗影响因素分析

风俗，即在特定的地域内人们历史上形成的风尚、礼节、习惯及其背后的民情心态，这是一种地域个性非常强的文化现象。1997 年，联合国教科文组织曾经为"文化"下了这么一个定义："文化，即是人类的生活方式和思维方式。"正因为如此，我们更有理由把风俗理解为一种文化。因为风俗的本质，就是地域化了的人的生活方式和思维方式，或者更通俗地说，风俗所反映的，正是一个地方老百姓自觉自愿的、并且程式化了的"活法"。在一个特定的地域群体内部，人们似乎以一种"不自觉"的行为，表现出对自己生存方式"理所当然"的个性特色，然而在这个群体外部的人们看来，他们的那种"风俗"化了的行为方式和价值观念，乃是他们作为"这一群人"的显著标志。

### 一、"风俗"的含义及一般特性

风与俗是古人对一定时空范围下人们生活模式的概括，汉代时，"百里不同风，千里不同俗"就已经成为人们的一句口头禅。风、俗虽然小有区别，各有侧重，但其指称说明的对象大体一致，因此风俗较早就组合成一专门的名词。风俗是地方文化的表征。汉平帝为了了解地方情形，特遣王恽等八人"分行天下,览观风俗"①。风俗的民间性与地方性在当时就已得到人们的高度重视。

"风俗"是古代社会中的一个重要词语,它出现的频率非常高,(《四部丛刊》中"风俗"一词出现了 3000 多次)只要讲到地方文化特性或社会风气时尚时,都会用到"风俗",风俗成为正式制度文化之外随处可见的"文化规条",具有十分广泛的文化约束力。

南朝梁人刘勰清晰地表述了风与俗的区别与联系。"风者,气也;俗者,习也。土地水泉,气有缓急,声有高下,谓之风焉;人居此地,习以成性,谓之俗焉。"②风是一种特殊形态的气。自然物态及人的生理特性,都是风的具体表现,风属于自然;俗是在特定的地方风气之下,长期形成的稳定性的生活方式,这种生活方式由社会传习而来。"习以成性",说明某种生活方式在潜移默化过程中,变成了人们的天性,这就是俗的由来。俗既是人们的社会化行为,又与自然环境密切相关。这种风俗的认识是合乎实际的。

风俗作为一种特定的心理与行为的文化现象,它往往在社会变化比较剧烈时引起人们的特定关注。社会风俗的变化是一种社会变化的风向标,它的细微变化往往是社会大变化的前兆。古代学者重视风俗文化的建设,将它作为了解与引导地方或基层社会良性运行的有效措施。

近代学人在风俗的成因与社会作用方面与前人有着较为一致的看法,但认识更为深入,认为风俗与人们最初的生活环境有关,人们在一定的环境之下,形成最初的习俗萌芽,逐渐推演由小至大,由弱转强,最后成为难以觉察、难以变易的文化天性。

晚清张亮采撰写了一部总结传统风俗演变的历史著作《中国风俗史》,对风俗形成过程的描述清晰而简明,他认为风俗起源于"群"的生活,群体的性情、嗜好、语言及习惯,在岁月的淘炼中,成为自觉的文化需要,就成为一种无处不在的风俗,对于生活在风俗之中的人来说它的濡染作用十分的巨大,"而入其风俗者,遂不免为所熏染,而难超出其限界之外"。如果依从风俗,生活就会便利,违俗则不便。因此社会统治者制定礼仪制度的话,要根据风俗的实际,"圣人治天下,立法制礼,必因风俗之所宜"。③

---

① 　班固:《前汉书》,上海古籍出版社 1986 年版,第 397 页。
② 　刘勰:《刘子新论》,《汉魏丛书》,吉林大学出版社 1992 年影印本,第 685 页。
③ 　张亮采:《中国风俗史》,三联书店 1988 年影印版,第 1 页。

从上述学人对风俗的理解看,风俗作为一种特定的文化,它的存在是无形的,不可捉摸,又无处不在。风俗的影响既深且广,人们的思维方式、价值观念、生活习惯,无不受到它的制约。对于传统风俗爱之者视其为精神家园,恨之者必"摧之、抉之、荡之、涤之"而后快。

风俗具有传习性与扩散性,又有着难于变化移易的凝固性。风俗是地方民众在特定的自然历史条件下对生活方式的选择,这种选择受特定时空的局限,但也有一定程度的随机性。风俗的形成是一个渐进的积累过程,它从不知不觉的细微处起步,逐渐向社会扩散,最终形成千万人的共识,世代传习。风俗一旦成为人们的第二天性,即使它不利于社会的进步,要想变易它,也十分困难。首先,人们习惯成自然,人们难以觉察风俗之弊;其次,即使了解到风俗的不宜,也因恋旧的习惯,不想去改变它;最后,即使觉察到了风俗之弊,也想改变它,但风俗的习惯势力十分强固,要实现改易风俗的目的,需要持久艰巨的努力。

## 二、风俗文化圈的形成

作为一种独特生活方式存在的风俗文化,其生存的依托,在很大程度上取决于人们所结成的各种血缘、亲缘、社会和自然关系,即风俗文化总是在一定的范围之内和一定的人群之中才具有存在的意义。风俗文化的生存具有共时性和历时性的时空关系,是一种建立在历史、现实和族群之中的立体结构,构成我们所说的风俗文化圈。

风俗文化生存于老百姓的日常生活之中,老百姓以自己的生存方式、方言和生存空间形成一定区域的独特的风俗文化圈。所以,风俗文化圈是一种以族群为活动依托,具有地域性和传承性特征的民俗文化生存形态。它因为家庭或家族制度的形成、因为自然村落或自然环境的不同、因为行政区划或语言(方言)的不同,从而使风俗文化事项在各自的家庭或家族、自然村落或自然环境,以及相同的行政区域或相同的语言(方言)中形成具有自我个性的内容,互相独立传承、具有不同的解释系统和施行的族群。这里的"圈"当然并不是指一种绝对对称的圆圈,而是一种相对范围的区域,一种包括过去、现在和地域、空间范围的区域。

风俗文化圈的形成大致有以下方面的原因:

第一,家族制度是形成风俗文化的一个最直接也是最重要的原因,这种风俗文化圈不仅最小也最牢固,具有强大的内聚力。我国的家族制度在许多时候表现为同姓集居的现象,他们有着共同的姓氏和祖先,生活在同一方天地,从事着同一种生产方式,过着相同的日子。这种相同的民俗文化习惯,不仅具有完全的一致性,而且具有鲜明的族群性,进而形成一种牢固的民俗文化圈。

第二,中国农村的自然村落除了同姓集聚之外,还大量存在是非同姓、来自于各个不同地方或不同民族的人所组成的自然村落。在长期的共同居住于同一自然村落的生活中,由于生产方式相同,生活空间和区域相同,便在互相影响和学习过程中逐渐地形成了相似或相同的风俗文化事项,从而形成一个以自然村落为主的风俗文化圈。村落无疑是风俗文化圈最小的地域空间单元,在这个风俗文化圈中,他们除了有一些共同的祭神赛社和年节外,还有共同的方言、共同需要遵守的村规村约,以及大量相同的风俗事项。

第三,相对一致的自然生态环境和地理环境的区域也影响着风俗文化圈的形成。由于相同的自然地理环境和相同的文化历史背景而形成相似或相同的风俗文化义项,从而形成具有内聚感的"圈"。如,生活在环湖流域的居民,因为自然生存环境的影响,形成了以捕鱼为生的共有的生产方式,从而形成了共有的信仰神祇和共有的信仰祭祀节日以及一些相同的禁忌和习俗。而事实上他们并非居住于同一自然村落,甚至也非同一县市。

第四,长期的同一行政区划,往往导致大小不同意义的风俗文化圈的形成。一般情况下,因行政区划的归一而形成的风俗文化圈,大致在县一级的行政区划到乡一级的行政区划较为稳定。例如同为浙江省的武义县和永康县,在婚嫁、丧葬、礼仪、语言等方面,都有自身一些相异的风俗文化义项。

第五,地方土语的内聚力量,也有助于形成风俗文化圈。使用同一方言土语的老百姓具有强烈的认同感,在方言的土语之内所传承的文化往往具有趋一性,出现完全相同或相似的风俗文化义项,从而形成风俗文化圈。如宁波和上海的土语比较接近,所以在婚丧嫁娶以及饮食民俗等方面,都有相同的义项。

### 三、宁波古村落风俗形成的影响因素

总之,风俗就是"奉行这种风俗"的人们在长期的生存中对自己的生活方式的一种集体选择。这种选择的依据,除了在大批人口迁徙中文化交流

的影响外,主要是当地诸多地域因素的综合影响,包括自然的、地理的、历史的和文化的诸多因素。地处浙东的宁波在越文化的长期影响下,在优越的自然环境中,形成了别具一格的风俗。但宁波至今罕有系统地记载和剖析地方风俗的典籍,各地的方志虽均有涉及,然其深度与广度是远远不够的。

那么,作为宁波的风俗文化,到底有哪些地域因素影响着它的形成、发展和传承的方向,抑或起到一种什么样的积极作用? 我们不妨作一番简单的剖析。

### (一)促进宁波风俗形成的自然因素

我们现在所说的"宁波",不仅指以它命名的这座城市,而且包括了受到它有机辐射的广大腹地所构成的封闭的区域单元。宁波的两面是山,一面是海,中间是一块三角形的平原,这种特定的地貌以及它在交通上的相对封闭和独立,也导致了风俗文化在该区域内的相对封闭和独立。

具体地说,耸立在宁波的西北和北面的四明山脉,是甬江流域和曹娥江流域的分水岭;而横亘于西南和南面的天台山脉(在区域内表现为金峨—福泉—太白山脉)又构成了甬江流域与大嵩江、凫溪、白溪等滨海小水系的分水岭;它的东面、东北和东南面,即是绵长的海岸线。分水岭除了自然的和水利的意义外,我们凭经验就可以想到,它在古代的陆路交通中往往成为人们与区域外交流的屏障和隘塞。交通的屏蔽限制了人的活动范围,也框定了人与人交流的圈径,于是世居于这个三角形封闭区域内的人们,逐步地形成了按"自己的生存方式"生活的个性特色。这就是宁波的地区风俗之所以个性化的基本原因。

7000 年前全新世的最后一次海侵,在今天宁波平原广袤的表土层下面形成了一道由青紫泥构成的海相地层。这道韧如胶质的泥隔层,使整个平原变成了一个巨大的、不会渗漏水分的"泥盆",这就为日后的水稻种植奠定了理想的物质基础。我们通过宁波的地理坐标,即在东经 $120°55'$ 至 $122°16'$、北纬 $28°51'$ 至 $30°33'$ 之间的这一区域,正好是亚热带季风圈的北缘,因而四季分明、气候湿润。这里的年平均降水达到 1389.7 毫米,常年的平均温度为 16℃,无霜期 230 天至 240 天,全年平均积温为 5080℃。这组数据告诉我们,这种自然条件可以保证水稻的"两熟制"种植制度的实现,并有可能套种一季冬小麦、油菜或作为"绿肥"的紫云英(草子)。农业在相当长的一段时间里，为这一区域提供着自给自足的生存资源，据《宋会要》记载，北宋时期宁波平原水稻的单产甚至创造了当时全国的最高水平。由于农业的稳定，导致了这一区域中人口的长期稳定，这正是风土习俗形成和稳定成型的前提。宁波风俗文化，主要起源于农俗文化，也即起源于以稻作农业为主要生产方式的人们，他们的行为习惯和生存方式，或者说他们的那种适应着稻作农业的特定"活法"。

在此我们十分有必要关注一下宁波的降水。作为以"杏花春雨"为形象特征的江南地区的一部分，宁波的降水十分丰沛，尤其在四、五月份的"梅雨季节"和八、九月份的"台风季节"。年降水曲线描绘出这种"双峰型"的降水特点，我们能够想象这里终年基本保持着湿润温和的气候特征。分别居于平原南、北的两条山脉中的杖锡山、大雷山、金峨山和太白山这四个暴雨中心，以及山脉两坡千沟百壑倾泻下来的大量雨水，最终都注入到中部的平原，在那里形成河网交错的水乡景观。这种水网地带的地理、地貌特征，对于长期生活在这种环境里的人们所带来的影响，并不仅仅是景观和审美的感受，它还主要地表现在对行为的影响。纵横交错的河流限制了人们的行为自由，反过来又促使人们的思想更加自由驰骋。与一马平川的北方平原相比，这里人们的行为更趋稳定、缓慢和内向。船是这里历史形成的主要交通工具，各种手摇的、脚划的、纤引的和风动的船只，形成了水乡的移动风景。坐船是江南人（当然包括宁波人）的一种历史生态，在这种悠然的行进中，人们能够更细微地观察自然江南的秀美的风光，体会和感悟人生的细枝末节，以及酝酿婉约纤细的丰富情感。当然，这种"江南式"的感受不仅仅发生在坐船的时候，它们也完全可能发生在临水的书轩绣楼、枕河的深巷大宅中，或者发生在平畴交远风、隔岸闻鸡鸣的田畦陌头。也就是说，这种水网交错的自然环境，既有利于造就精耕细作的农夫，也有利于培养感情细腻的才子佳人，从而使"精细"成为宁波风俗文化的显著特点。

"缘水而筑"和"聚族而居"，这是宁波土著民的一种富有个性的生存方式，水与这里的人们有着太密切的关系。对于滨海的宁波平原来说，水的意义首先在于对种植业的影响。带有严重盐卤成分的滨海土地，首先需要淡水来中和它的盐度，因而临河的、灌溉条件好的土地，才是可以开垦为耕田的沃土。早期的人们像候鸟一样跟着新开垦的土地迁徙，这一过程基本上起于六朝而终于清初。人们在清澈的河流边上开垦种植，也在这清澈的河流边上建筑了自己的家园。河水流到哪里，人们就会在哪里群居繁衍。在这前后几乎长达一千多年的垦殖史中，汇集了清洌山泉的平原河流，就像蕴埋在宁波这片土地里的血管，它流淌着生命的活力。有很多至今已经斑驳陆离的碑板石刻，都记载着水对宁波特殊的历史作用，以及在水利背后的土地垦殖与人们对于水的态度。总之，水反映着人的活动，而只有人，才是风俗的主体。当然，水同时赋予宁波人在自己的活动小圈子里以交通的便利，并提供丰富的水产品，加之宁波东部的大海又不断被拓展为人们更加广阔的生存空间，因此宁波的风俗文化始终充满了湿漉漉的水气。

首先是自然因素塑造了宁波风俗早期的、或者说是基本的地域特征，这一特征印证了东汉袁康《越绝书》所描述的越民"餐稻羹鱼"、"以舟作马"的特点。宁波这一地域曾是古代于越和春秋时代越国的一部分，因而它的风俗文化也理所当然地具有吴越文化区风俗文化的一般特征，然而对于同处于吴越文化圈的其他大多内陆地区而言，滨海的宁波在"古越风俗"里又演绎出更多的海洋性特点，因此仅仅从上述的"鱼"和"舟"而言，我们的思考就应该拓展到海洋的范畴。

（二）地域文化精神对宁波风俗的影响

在宁波地域文化精神的历史形成中，有一个人起到过很显著的关键性作用，他就是北宋的庆历年间担任过鄞县知县的王安石。鄞县是宁波府（当时称明州府）的附郭县，在宁波城里府县合治，或者说，历史的宁波府政务机关就设置在鄞县的县城宁波。王安石到达宁波就职的时候，他才27岁。宁波的历代儒学碑文中，无不称道这位在日后掀起中国变法浪潮的年轻地方官当时的文化目光。因为有了他的倡导和身体力行，就有了其后的"庆历五先生"和"淳熙四先生"的贡献，以及"尊师崇教"的乡风的形成。到南宋的晚期，这里的教学正如当时宁波籍的大学者王应麟所描述的："庠声序音，洋洋邹鲁，"也因此宁波有了"小邹鲁"的美誉。邹地与鲁地是孟子与孔子的故乡，这里所强调描述的，正是地方教学传统的形成和光大。确实，读书做官在这里蔚然成风，尚儒崇礼成为宁波文化精神的一条主线。

这种文化精神必然会潜移默化地渗透和影响到地方风俗的价值趋向。被儒风所染，宁波风俗从总体上具有了"雅而好礼"的品格。这不但表现在习俗和礼俗中，而且同样也表现在居俗、食俗、乐俗、语俗甚至神俗等各条风俗文化的支脉中。这种"雅"与"礼"是一种广义的概念，它们所表达的是地方风俗的禀性品质和处世态度,从而形成如下的文化特色。

### 1. 诗书传家

诗书传家不但是宁波人自觉的文化意识,它同时也衍化为一种民众的"集体无意识"的风俗精神。历代的学塾和书院是宁波地方教学的一大特色,宋代的程端礼、程端学兄弟为其家族教育所创订的《读书分年日程》后来受到朝廷的褒扬而颁行全国,成为中国第一部国家颁布的教学大纲,这从一个侧面反映了宁波人善于读书和精于读书的品性。在旧时代,读书是进身仕途最便捷的方法,也是一个士子要成为文明、高尚、德才兼备的人才的必由途径。宁波的读书人从宋代到清代通过科举产生过 2432 名进士和 12 名状元,就一座城市而言,这一数量在全国实属罕见。这不仅让宁波人引以为自豪,更引以为激励。因而到清初,"田家有子皆读书"的习俗盎然成风,"诗书传家"成为宁波风俗文化中最具鲜明特色的"亮点"。这一精神沿袭至今,使宁波在目前高考制度下仍旧跻身于全国录取分数线最高的地区之列。

### 2. 体用中外

体用中外是宁波人早已"风俗化"了的文化意识。作为中国"开风气之先"的地区,尤其在"五口通商"以后,宁波对西洋文化的接受和吸收甚于内地的一般城市。一般地说,宁波人不排外,但也不特别地崇外,甚至可以说基本上不媚外。这一方面固然因为宁波人的"骨子里"充盈着中国的儒学精神;而另一方面,在历史悠久的中外文化交流中,宁波人由于频繁地接触外域文化而见怪不怪,他们对外国人及其文化基本上能平易视之,保持着一种相互平等的睦邻姿态。他们对于"洋东西"的选择有自己的一套标准,但本质上还是符合"诗书传家"的文化理想和"经世致用"的处世精神。因此在开埠后,首先为人们所接受的是"洋学堂"和西方科学,并出现了中国最早的女校和最早的女留学生金雅妹。然而即使是受西方教育最充分的学者,他们的"骨子里"还是儒学精神,这不但是他们的家学渊源和蒙学尚儒所致,而且所谓"骨子里",即是儒学精神已经化为"风俗"形态的"集体无意识",化为了在不知不觉中执著的思维定势和价值趋向。正如任何事物都有两面性,由于这种精神底蕴的作用,宁波文化在开放的过程中总会出现出一定程度的保守精神和温文尔雅的稳健姿态,总让人有"雷声大,雨点小"的印象,毕竟是"风俗尚老"。

### 3. 急公好义

急公好义是儒道互补的文化精神在宁波人心理结构中深入人心的积

极表现。在"穷则独善于其身,达则兼济天下"的心理指引下,宁波人不但富有普遍的同情心,而且将回报公众视作一种义务,并以此求得出人头地。这种义务感并不是以一种民约条文的方式规定的,而是以一种风俗的方式存在于人的观念与习惯之中。民约是一种理性的约束,而风俗则是情感的指引。所谓"修桥、铺路、造凉亭"这一类善事,都是深得民众景仰的。善举,它在这里体现为一种传统,它在民众的心目中被理解为最现实和最大的"仁",而这种"仁"所指向的是最广泛也是最笼统的大多数人,也因而体现了一种最宽厚的"义"。如果一个富人不能为这笼统意义上的大多数作出善举,他在公众的心目中就是"为富不仁者",他就会受到鄙视。

4. 重交尚礼

重交尚礼是宁波风俗中表现较为明显的文化精神。由于长期来在这一区域内人口繁衍生息的相对稳定,聚族而居、族间婚嫁,以及在商业的带动下产生的广泛的区域内人际交往,人际关系的复杂性和多元性较他乡尤甚。这些关系包括血缘的、姻亲的、师承的、利益的、乡谊的等五花八门的形态,可谓错综复杂。宁波人普遍重视和尊重这些关系,并积极而自觉地以一种"礼"的方式表现出来。"礼"在老百姓的口语中常常与"人情"混同为一个概念,比如把送礼称为"送人情"。他们一边感叹"人情急如债"的礼仪义务,一边又看重"生意不成人情在"的社交成果。有意思的是,宁波人对于"人情"的评估是以"客气"来作为标准的,客气的本义,即是强调宾主之间的礼仪气度。所以看一个人如何待客,就基本可以判断这个人的气度风范。因此在宁波的风俗文化中,"礼"常常成为核心概念,它会渗透到风俗所涉及的几乎所有的领域,并现实地体现着"礼尚往来"的文化精神。

5. 敬鬼神而远之

敬鬼神而远之,这是宁波风俗的又一个鲜明特点。一方面,"越人好祀"的泛神多元崇拜,一直深深地影响着宁波人的心理常态;另一方面,儒家的入世精神和对鬼神"敬而远之"的原则又在这里产生了深远的影响。这便使宁波人对神祇的态度抱有多重的需求目标。从南宋起,宁波的士大夫阶层尤其热衷于思辨机趣与玄想色彩的佛教禅宗,禅宗的"一花五叶"都在宁波生根落脚;一般市民既满怀热情地尊重着当地的民间崇拜,又充满真诚地泛泛礼佛而不求对教理奥义的深刻了解,在他们心目中,神祇都是帮助他们解决实际问题的万能钥匙,因此观音菩萨和阿弥陀佛是他们与之心灵沟通的最亲近和最实用的神,"临事抱佛脚"则是对他们的神祇观的最好注脚。再其后,舶来的上帝又为一部分信徒所接受,天主教和基督教的几乎所有的教派,都在这里建造过他们的圣殿神龛,但是从总体上看,宁波人对鬼神存在的普遍敬畏之心,则是由于风俗所反映的泛神论观念的影响。长期来,祭祀之风最炽烈的正是民间的庙祀崇拜,尤其在农村,这种有着浓重的原始意味的崇拜,实际上是一个庞杂而混乱的体系,祭祀的对象从帝王将相、忠臣孝子、星辰山川直到精妖灵兽、怪木奇石。即使这样,宁波人对神祇在敬重的同时总是怀有一份恐惧与戒备心理,保持着一段情感的距离,也因此使这种信仰与崇拜远远不能达到"迷惘的境界"。所以这里没有"傩"的形式,也没有为大众真诚心仪、值得大众公祭公祀的对象。这种心理机制的形成,就不能不归结到儒家鬼神观的长期影响。

实际上,地域文化精神对风俗的渗透是自觉而全面的,并且这二者本身也不是截然可分的两个概念,它们有时常常成为同一事物的两个观察面,只不过前者更偏向理性的冷峻,而后者更侧重情感的炽热。

### (三)风俗是凝固了的地域心灵史

从浅显的层面看,风俗是一种地域文化的惯性行为,一种古往今来没有理由解释也不必要解释的生存方式,但是当我们拂去笼罩在它的表面的那一层仿佛"偶然"和"不自觉"的印象,就会发现它的人文内涵非常丰富。所有的风俗行为,在它作为行为出现的当初,都有它十分明确的理性指向,它在开始时,都赋予了明确的行为意义,只是在多少年的生活实践中,当人们普遍地觉得它作为一种"形式"太符合于这一地域的某些文化心理的表达;或者从这些文化心理出发,人们以为只有这些"形式"才是最能表达某种地域情感的时候,这种"形式"就获得了独立存在的社会价值。因此就风俗的各种具体表现形态而言,它永远是"形式大于内容"。

风俗只是一种行为,但是它所表达的,却是隐蔽在行为背后强烈的心灵颤动和炽烈的情感表露。它作为一种历史的产物,一种最民众化的意识形态,它的某些本质只有在历史的积淀中才可能冷却和凝固,因而也才可能"形式化"。这些所谓"本质"的东西,正是浓缩了的民众的心灵史。中国史学长期以来注重政治史而轻视心灵史,注重一统史而忽略地域史,注重典章史而忽略民俗民情史,因而如风俗这一类的"俗史"就永远飘忽于民间的口耳相传之中,而难登学术的大雅之堂。

宁波的地域史起源十分久远,它几乎与大中国的历史并行同步。然而在今天的宁波,已经没有严格意义上的原生态"土著居民"了,今天的宁波土著居民不是河姆渡人的后裔,当时的那支先民,后来融入"百越"而迁徙到中国的南方。这一迁徙在那时一定是十分激烈和残酷的,秦王朝的军队坚决地要把这些"文身断发"的异族驱逐到温州以南,我们可以想象军事弹压甚至镇压的激烈。要不然,为什么当时会有"塞山填海"的传说,又为什么肯定隐蔽过不愿离土的越人的四明山,在宋代又突然冒出个"鬼藏山"的别称? 这一切,都令人遐想。当北方的两万囚徒押解到会稽郡以后,新的一页历史就这样开启了。今天宁波人的先祖都是移民,尤其在"晋室东渡"和"宋室南渡"时期,出现过两次移民的高峰。移民的背后,则是文化的冲突与融合。对于普通的老百姓来说,政治的冲突包括它的最高形式——战争,对他们心灵的冲击毕竟还是外在的,只有当他们经历了激烈的文化碰击与冲撞时,才表现出和体验到深层次的心灵痛苦和彷徨。这也就是旧时村落之间常常为一桩小小的、但又事关信仰或风俗的事而发生大规模械斗的原因。

## 第二节　宁波古村落风俗历史演化概览

早在七千年前,就有先民在这里繁衍生息,创造了灿烂的河姆渡文化。春秋时地处吴越,战国中期以后为楚国辖地。公元前222年,秦始皇平定楚江南地,设置鄞、鄮、句章三县,属会稽郡;两汉、三国至魏晋南北朝时期,三县除隶属的州、国和郡名时有变动外,其区域范围基本未变;隋朝时同余姚合并称句章县,属会稽;唐初改置鄞州,武德八年改称鄮县,属越州;及至唐开元二十六年(738),根据日湖、月湖而得名明州;明朝时为避国号讳,改称宁波府,地域范围大致不变;清宁绍台道,驻宁波;1927年划鄞县城区设宁波市。宁波的村落风俗在上述复杂的历史变迁中随之变化,并呈现了随着历史演变的阶段性特点。

民俗文化因民而生,宁波的民俗文化可以追溯到七千年前或更久,这点可以从1973年在浙江余姚发掘的河姆渡文化遗址中得到证实。它是新石器时代母系氏族公社时期的氏族村落遗址,反映了七千多年前宁绍平原包括舟山在内氏族的生活生产状况。河姆渡文化遗址中出土了大量的石、陶、骨和木制的生产和生活用具,种类有耜、鱼镖、镞、哨、匕、锥、锯形器等器物。最具有代表性的是大量使用末耜,还有发现了大量人工栽培的稻谷,这些都表明了宁波很早就有稻作文化①,并在生产生活中演化了很多独特的民俗文化。比如河姆渡人的捕鱼习俗,根据出土的骨鱼镖(长约 6～9 厘米,取材于大、中兽类的管状骨头)可以发现河姆渡人运用这种镖制成的渔具捕鱼很方便,从而形成了"饭稻羹鱼"的饮食习惯;陶釜的大量出土可以看出"煮"已经是河姆渡人最主要的饮食方法之一;又如从出土的苇席残片、用植物细纤维搓成的绳索可以看出河姆渡人在衣饰习俗方面的取材状况。②

到了春秋战国时期,地处越地的宁波开始与当时的吴国开始有生产生活习俗上的融合,形成了强大的吴越文化。司马迁在《史记》货殖列传中记载:"楚越之地,地广人稀,饭稻羹鱼,火耕水耨。"短短几句话,就勾勒出了当时吴越人的生产方式和饮食习俗。《吴越春秋》记载,当时越国闹饥荒,向吴国求援,"吴王乃与越粟万石""二年,越王粟熟,拣择精粟蒸,还与吴"。③ 从种植传统和自然条件看,当时的"粟"应该指稻。④ 一借一还之间量达万石,可见当时吴越的生产规模巨大。在吴越文化的交融下,生产工具更加先进,生产习俗也更适合稻作。捕捞工具和舟船技术也有较大的发展,江河湖泊中丰富的水生鱼类已经成为主要食物,"饭稻羹鱼"就是对当时浙江先民饮食习俗的最好体现。当时宁波风俗文化也开始对中原地区有影响,如丝织,虽然古有黄帝妻子螺祖发明养蚕的神话,但丝织的技术源于宁波,这点可以在河姆渡出土的蚕纹图案和编织纹饰中得到证实。⑤ 据史料记载,古时人们出海往往从东南沿海出发,开始对海外有影响。

至秦汉时期,包括宁波文化在内的越文化与中原汉文化并存,并慢慢开始受到汉文化的影响。从总体上看,宁波乃至浙江一带的越人在秦汉时期其经济形态相对于北方中原地区来说是比较落后的。像鸟田、象田都是当时比较原始的生产方式。当时的生产方式是混合的,有稻作,有渔捞,也有狩猎。也就是在这个时期,宁波人渐渐学习中原地区的生产生活方式,但是由于南方和北方的自然条件不同,因此必须经历边学习边改造边适应

---

① 姜彬:《稻作文化与江南民俗》,上海文艺出版社 1996 年版,第 34 页。
② 林华东:《河姆渡文化初探》,浙江人民出版社 1992 年版,第 131 页。
③ 《吴越春秋·勾践阴谋外传》。
④ 林华东:《试论河姆渡文化和古越族的关系》,中国社会科学出版社 1988 年版,第89 页。
⑤ 夏鼐:《我国古代蚕、桑、丝、绸的历史》,《考古》1972 年第 2 期。

的漫长过程，如牛耕技术，南方人到唐代才普遍掌握适合自己的新的牛耕技术。宁波当时的信仰是原始的，也可以说是"原创"的——很多史料记载宁波当时把鸟作为信仰，如奉化溪口镇民间认为稻种是麻雀带来的。后来受中原文化的影响才有道教、佛教信仰，民间信仰随之丰富。

魏晋南北朝时期，宁波风俗文化最大的特点是受移民的冲击而产生与北方文化的融合。当时，由于政权更替而导致的社会动荡，致使北方移民大量迁入浙江地区，对浙江产生了强大的冲击，宁波当然不能避免。这次移民对整个浙江的文化都产生了深远的影响，它带来的直接结果是语言、文化形态、生活习俗、信仰方式的部分融合甚至改变。以信仰为例，佛教的进入很大程度上改变了宁波的信仰习俗。《高僧传》就有记载佛法让当地的许多人放弃原先的巫术、方术而皈依佛门。[1]

到了隋唐时期，宁波文化开始跟随浙江文化渐渐融入汉文化，如道教、佛教开始在浙江兴盛，宗教信仰开始对人们的生产生活产生影响。又如婚姻习俗开始受中原制度和文化影响，婚姻要有"媒妁之言"，要"门当户对"等，有明显的中原文化的特点。

宋代是整个浙江文化、经济发展的一个重要时期。尤其是宋室南迁后，浙江更是成为全国经济最发达的地方。明州（宁波）早在北宋时期就是全国三大海外贸易港口之一。时人杨蟠有诗描述道："一片繁华海上头，从来唤作小杭州。"[2]南宋之后，经济更加繁荣，南北文化的大融合是当时主要特征，同时在融合的大背景下，必然引起宁波本地风俗文化的重大变化。由于社会生产力的提高，商品经济产生了质的发展，"重农轻商""重本抑末""农本工商末"等传统思想在宋代有所扭转，社会风气开始转向奢靡享乐。一是饮食结构发生了较大的变化，原本南方人食米，北方人食面，随着北方人南迁并开始经营饮食业，使南方的饮食结构、烹饪方法都受到了不同程度的影响。二是服饰方面，北方贵族的服装样式和发饰也随之传来，上层社会的引导对整个浙江的服饰风俗无疑是一种巨大的影响。三是文化娱乐方面也有不少是继自北方汴京的遗风。

清初，满汉文化融合。在明时，宁波的民俗文化已经形成了鲜明的区域化特征。清军入主中原后，满汉冲突强行使民俗融合，满族与汉族本有

①　《高僧传》卷三。
②　《光绪永嘉县志》卷三三。

着明显的民族差异,比如发饰,满族男子把头顶前半部分头发剃光,后半部分则留发,并梳成辫子在脑后,而汉族的男子则不剃发,在头顶束发。在清初,汉人的头发满化曾是一个重大的历史事件,从"留发不留头"可见一斑,是民俗文化冲突和强行融合的代表性事件。清末,列强入侵,《南京条约》中宁波被列为五口通商口岸之一,又是一次与西方外族文化的融合。西风东渐,洋人在宁波造洋房、建教堂,与本地居民贸易往来,洋装流行,西餐开始在中国人的桌面上,都对宁波风俗文化的发展起到了不可忽视的作用。

综上所述,宁波民俗文化在历史发展的各个时期都有自己的特点,看似是一种偶然,没有可以遵循的固定规律。其实它的发展无不受到当时自然环境、社会环境的影响。从哲学的角度上看,民俗文化的变化既是一种偶然,同时也是自然环境、社会历史等各种因素影响下的必然。虽然宁波的风俗文化一直处于与其他异质文化的碰撞交融之中,但宁波风俗文化始终保持本土特性。那么,宁波风俗的本土特性主要体现在哪些方面呢?

## 第三节　宁波古村落风俗的本土特征

宁波偏居浙东一隅、宁绍平原东部,四明山脉和会稽山脉之间,三面环山,一面临海,属亚热带季风气候,雨水充足,土壤肥沃,其地理环境条件在传统社会中是属于最适宜种植农业的区域,因而农业的发展很早,风俗文化的发展也早就有自己的特点和内容,从河姆渡遗址的发掘可见一斑,这里不作赘述。然而由于特殊的地理位置,在很长的时间内其文化并没有被中原地区接受,双方的文化互动也相对有限,受其他文化、包括上层文化的影响也比较少。在相当长的一段时间,宁波的生产方式和文化相对中原广大地区是落后的。然而这未必是一件坏事,它根据自身环境特点和自己的需要发展而来的文化被完整地保存和继承,有鲜明的个性特点,为后来发展埋下了伏笔。笔者从对宁波村落风俗文化的研究来看,主要有下述特征:

第一,自给自足,自我发展。在传统的农耕社会。宁波由于得天独厚的自然条件,包括优越的地理环境和湿润的海洋性气候,使自己完全可以通过自给自足的方式完成自我发展。实际上,在新石器时代,河姆渡文化、马家浜文化以及良渚文化三者之间没有绝对的承继关系,也可以看到,小区域范围存在的先进文化,常常是由自身的发展而建立起来的。这种现象,在传统的社会中一直延续下来,涵盖了两千多年的封建社会。①

经济的自我发展促使文化也按照与之相适应的方式被创造和传承。譬如,河姆文化时期被发现的一些独特的生产工具,如凿、锥、针、耜、镞等,特别是骨耜,为当时主要的生产工具,是属于河姆渡文化的独特典型器物,这就足够说明此地文化的独特性。而居住方面,河姆渡文化中成熟的干栏式建筑以及榫卯式结构,后来则成为中国建筑文化中最经典、也是运用最为广泛的方式,却与中原地区的半坡氏族中半地穴式的建筑方式存在着巨大的差异。而这一切,与宁波的独特地理和气候环境条件,都有着天然的联系。风俗文化都是为了满足特定地域人们的生存生活需要才被创造出来的,在传统的社会中,这种需要长期地与生活于其中的人们相伴生,因此,即使在后来的很长一段时间,北方文化对宁波等地的影响巨大,也大多只是停留在观念方面,在地方风俗的具体表现上,则体现得不是那么明显了。

第二,环境决定风俗。从环境决定论的角度来解释风俗的发展是不合适的,但是我们不得不承认风俗的发展很大程度上受环境的制约和影响,尤其在传统社会环境对人们生产生活的制约和影响已经几乎达到了绝对的地步,在农业生产上尤其突出。在传统社会中人们生产能力低下,不得不小心翼翼地去适应环境,一年的收成不好就可能直接导致青黄不接、无米下锅,所以一些能在农业上达成稳定收成的风俗被广泛推广,严格遵从,并长久保存。即便是一些"求雨"、"祭祀"等不科学的民俗也被广泛保留。试想,在连绵阴雨或长期干旱的情况下,用双手劳作来求生存的老百姓靠什么来战胜老天? 只有祈祷,祈求老天爷保佑,要么快点下雨,要么快点天晴。因此,对于从事农耕生产的种植业,不管是北方的麦作生产区,还是南方的稻作生产区,所采取的方式几乎是完全一致或基于完全一致的信仰基础上的仪式。但南方毕竟不是北方,南方的气候与北方有着非常巨大的差异,这就使生产方式方面的习俗具有鲜明的浙江或宁波地区的特点。如在秋收之后不再种植任何庄稼而种上作为肥力的紫云英的养田习俗。

第三,南北融合而趋同。魏晋南北朝的东晋时期,使地处江南的杭州、宁波等地区,第一次可以直接感受到来自北方的风俗文化的时期。此时,

---

① 　陈华文:《浙江民俗史》,杭州出版社 2008 年版,第 35 页。

北方大量具有影响力的世家大族进入浙江等地，他们带来的开化早且异于本地文化的生活、礼仪和观念，让本地人感到自己的相形见绌，因此，他们竭力学习模仿北方人的生活方式，甚至是他们的语言，从而导致了南北文化在上层人士中本质上的融合。南宋的建立和更大规模的北方各地人口迁入浙江，使这种融合不仅在上层人士之中，也在平民百姓中展开，并进入生活的方方面面。有史以来，浙江人从来没有感受到过如此丰富多彩的"异文化"进入生活的视野，从衣食住行到婚丧喜庆，从节日习俗到娱乐竞技，生活中南北之间的创造和融合，完全进入了你中有我、我中有你的境地，从此，大部分习俗地不分南北、人不分东西，逐渐融合趋同，并进一步去适应宁波本地的风土，从而在一个新的平台上形成了宁波的本土风俗。

第四，细节差异形成地方性标志。宁波文化在后期的融合发展后，在细节上仍然有自身明显的特点。自古以来，宁波以种植水稻为主，火耕水耨、饭稻羹鱼是宁波生产生活的特点。宁波人喜欢吃米饭，既是水乡，又靠海，鱼是用来"下饭"的主菜，正是因此而来的"饭稻羹鱼"。鱼成为宁波文化中非常重要的象征，如过年吃团圆饭时必须有鸡鸭鱼肉，鱼象征有余。北宋之后，北方人大量迁入浙江，带来差异很大的饮食民俗。大家都知道北方人以面食为主，也有很多经营者在当时当地经营具有北方特点的食品，有很强的传播力量，然而千年下来，宁波人始终还是以稻米作为主食，各种糕点也是用米磨成粉再制作而成，如年糕、米馒头、酒酿等，在南北文化的多次融合中始终带有自己的标志。在信仰民俗中，很多也带了自身的特色。如余姚先民一直把鸟作为信仰，每年农历二月十九日，俗传是麻鸟送谷种到人间的日子，是日，"麻雀饭"活动在田野举行，排场隆重。像这些风俗细节在传承中被保留，沉淀成为宁波地方性文化的象征和标志。

## 第四节　宁波古村落风俗类型概述

宁波的先民们在自觉或不自觉中创造了独一无二的灿烂风俗文化，且存在于有人迹的各个角落，从衣食住行到歌舞戏曲，从岁时节令到禁忌信仰，等等。在漫长的传承过程中，村落风俗的表现是面面俱到且具体而微的，想要描摹其全貌无疑会工作量庞大而又容易挂一漏万，且不说有多少独特又优秀的文化被遗失已经无从稽考。因此，我们在此仅撷取宁波村落风俗中我们认为地方特色最浓郁、最能体现宁波村落生活当中的地方文化属性的那些类型和部分作一些阐述。

### 一、饮食

宁波由于特殊的地理位置,在饮食方面有着特殊的风俗文化。宁波东临东海,海鲜自然成为其最具特色的饮食风俗,宁波海鲜向来以蒸、烤、炖见长,别具特色,轻形式,重实味,鲜咸相兼,美味可口。烹饪制作大都采取蒸、烩,特别讲究火候、刀功,极注重色、香、味。

#### (一)主食

宁波平原地区与城镇以大米为主食,山区则以番薯、玉米(六谷)、高粱为主食。乡民多以番薯干与米合煮,俗称"番薯干饭"、"番薯泡饭"。也有将玉米、高粱磨成粉,与米粉煮成糊,俗称"六谷糊"或"芦穄糊"。

#### (二)团类

多以大米浸水,磨成粉制成。有金团:成圆形,中间嵌入豇豆、黄豆馅,外粘金黄松花。龙凤金团:即用木印印成扁圆形,上有龙凤图案。双嵌麻团:糯米蒸熟,放在石臼中舂,麻粉豆粉嵌入二次,外粘黑洋酥粉。艾青团:艾青与糯米粉混合,内嵌馅子,呈青绿色,多在清明前后食用。米馒头:米粉发酵蒸熟,大如碗口,小如金钱,中间加红点。油炸麻团:糯米粉加糖,搓成团子,外粘芝麻,再用油炸,团子发大,中间空如皮球,称油炸麻团,又叫麻团。

#### (三)糕类

用米粉做的有年糕,多在春节前制作,取"年年高升"之意。其制法:米浸水中数日,磨成粉,待水分蒸发后,蒸熟,用石臼舂,然后做成条状或圆形。年糕浸入水中,可放数月。一般用作点心,如炒年糕、年糕汤等。多在五月端午前后制作。麻糍:用米粉做,在火中焙干,呈黄色。印糕:米粉做,在木印中印成各种形状,外粘松花,焙干。番薯糕或番薯饼干:将番薯蒸熟,粘芝麻,摊平焙干,成饼干状。燥糕:米粉制成,火上焙干,呈白色,比小黄糕大,贮在锡制器皿中经年不变质。耐糕:米粉制成,质软味香,为农村中常见的点心。还有椒盐糕、水绿豆糕等。

## （四）酒

酒为旧时祭祀、宴请所必需。农忙时，干过累活，酒一碗，煮将沸，冲上鸡蛋，叫"鸡蛋酒"，以作滋补，中上农户多自酿。另有用番薯干蒸烧酒，供炎夏饮用，亦多自制。20 世纪 80 年代，城乡盛行啤酒。

## （五）十大名菜、十大名点

宁波十大名菜为冰糖甲鱼、剔骨锅烧河鳗、苔菜小方烤、雪菜大黄鱼、腐皮包黄鱼、网油包鹅肝、荷叶粉蒸肉、黄鱼海参羹、彩熘全黄鱼、炒鳝背。尤以冰糖甲鱼、锅烧河鳗为宁波传统名菜之最。

十大名点为猪油汤团、龙凤金团、水晶油包、豆沙八宝饭、猪油洋酥块、三丝宴面、鲜肉小笼包子、烧卖、鲜肉馄饨、酒酿圆子。其中，尤以宁波猪油汤团为全国闻名。

## （六）地域特色

奉化植芋艿头历史悠久，据乾隆《奉化县志》记载传自日本。芋艿有水芋、旱芋两大类。五月上旬种至十月收获，其叶似荷，主干地下茎块即是芋艿头。

象山有"一日三餐，两干一稀，农忙季节，三餐均干"的说法。平原地区以大米为主，山区则主食番薯干，青黄不接时代以瓜菜。清明至中秋间，百工及农者午、晚之间加"餐顿"。稀客临门，另煮白米饭。解放后，渐以大米为主粮，亦有以面粉为主食。1978 年后，不以番薯丝作食粮。

石浦居民宴客，常用"鱼滋面"，爵溪则多用"红烧黄鱼"、"金银鱼"。20 世纪 50 年代初至 70 年代，喜庆菜肴与过去同，唯碗数渐有增加。80 年代多至二三十碗，鸡鸭鱼虾、牛羊猪肉毕备。

农历正月十四夜，每逢此日晚餐，宁海城乡家家户户都要吃麦流。麦流即是将菜叶、香干丝、虾皮、番薯粉面丝放一块儿烧熟，然后把麦粉放入搅拌，成为薄薄的糊状，就叫"麦流"。

## 二、居住与建造

宁波各县村落多以同姓而聚居，只有个别外姓迁往杂居的，这在一定程度上对宁波居住风俗产生了影响。比如在这聚族而居的背景下，民众都较为讲究祠堂的建设。每一个氏族都建有祠堂,供祖位和家族家谱。祠堂的形式和结构以宗族大小强弱而定,大祠堂比较考究,还建有戏台,供节日做社戏用。祠堂正门均画有"武将"、"文官"神像,两边石雕狮子,前面照墙画有象征公平正义的獬豸、二十四孝子,及梅兰竹菊等。

房屋多朝南或东南,忌正西正北朝向。民房禁朝正南,须略偏东或西,宇宙大殿朝正南。山民依山坡而建宅,平原居民靠河道造房。住宅以二层三合院为多,适合氏族聚居,间数多少不定,有三间两弄、五间二弄、七间二弄之分。官宦豪富之家,占地面积以一井、二井、三井分幢计算。三合院式的正堂房光线阴暗,正房后面或旁边多盖披屋,间数不定,随贫富而别。披屋作为灶间,或放谷柜、杂物,或作佣人的住舍。

屋顶形式多以象征富贵的元宝砖压顶,脊中有绘着"寿星"、"梅兰竹菊"和塑有"福"字或"八卦图"的精致花板。屋面多用中式蝴蝶瓦,檐口多用印有"双龙抢珠"团的封口盖瓦。豪富之家多用空斗高墙作外墙,双屋之间用"马头墙"分隔,以防火。

宁波在建宅的过程中也有很多复杂的风俗文化。

## (一)建宅

建宅俗称"造屋"。在动土前要请风水先生察看地基,用向盘(即八卦盘)定向立桩,并要用水果、香烛祭祀土地公公。祭祀毕,一人执香领路,一人用锄头作掘土状,以示动土建宅,地漕放石片,打夯定宅基,工人多以唱词为打夯歌。建宅禁忌"门对门"、"门对弄"、"屋脊对门",凡有此者,俗谓"相冲",即有相克之意,往往在门框上挂米筛、镜子、八卦,或书写"泰山石敢当"、"姜太公在此,百无禁忌"等字样,以辟邪。遇到邻家屋檐正对本家,在屋面放"瓦砾将军"(一般是姜太公钓鱼泥瓦像),或种屋葱,因"葱"与"冲"谐音。

## (二)上梁

上梁是建宅的重要一环,乡间上梁须按阴阳,认为上梁顺利与否和建宅后的生活相关联,因此上梁这天主人家加倍小心。上梁的时间一般定在"月圆"、"涨潮"的时辰为吉利,取合家团员、钱财如潮水涨进之意思。梁的两头缠红布,或红色绸布,俗称"缠梁红"。小型银钉、银梯置正梁上,宁波话"银"与"人"谐音,取其人丁兴旺、人丁节节高升之意。上梁前,木匠要唱

"上梁歌",俗称"浇梁",主人家用红纸包钱,送给工匠,工匠手拿酒壶一边洒酒绕梁,一边唱吉词。上梁这天,主人家要办上梁酒,少的三桌,多的十几桌,宴请泥水匠、木匠、石匠、帮工及亲戚朋友,工匠桌以石工为大,做上横头。主人身穿整洁衣服,给作头师傅斟酒。

在象山,上梁时正梁上要吊两块红布,用黄色经布或经纸包一些古钱放在红布上沿,即使现在使用现浇水泥正梁,仍沿袭这一放古钱的做法,多的放 60 枚,少的放 10 多枚。

### (三)乔迁

即搬到新宅居住,在未搬前要祭门,用各式糕饼祭神,然后以金团馈送邻居。住进新屋后,要办进屋酒,宴请亲戚朋友、帮工喝酒。

### 三、行旅交通

宁波临海,河流曲折,在渔业生产和交通生活中,必然较多使用船。宁波的交通风俗最大的特点是善舟楫。承继新石器时代制作独木舟的技术,越人在先秦时的造船技术和舟船的使用,在中国无疑是首屈一指的。在长时期与舟楫为伴的岁月里,积淀了许多与行船相关的风俗,从而形成了宁波风俗中独具地方特色的章节。

除水上交通外,陆路交通也有特点。旧时外出远行,必择吉日起程,近路者亦拣"双日"。对远行亲朋,须馈送路菜。儿童外出,尤为重视,肩挎历书,以示"百无禁忌",额中点锅煤,俗称"钶灶记",途中过桥,常由长者挟腰,儿童手足悬空,谓如狗行而过,保途中平安。偶去亲友家,需携带糕饼糖果,叫"进门欢"。

### (一)拉纤、牵渡

拉纤、牵渡是指有两至四人在河岸上背着纤绳前行,带动航船前进。有的石桥下设单人行道,专供拉纤人过桥。每逢过桥,纤夫都要祝祷桥神。若桥下无过道,纤夫就在桥上"打纤",把纤打过桥去。

有的地方河道无桥,在河道中设置一只渡船,两端用麻绳或棕绳牵引,渡人自行动手拉绳过河,叫"牵渡"。

### (二)脚划船

脚划船是指行进在内河中、带篷一类的船只,船夫坐在船后,两脚推动桨板前进,谓之"脚划船",可载客二三人,乘客可坐可卧,日夜可行。

### (三)泥马船

浙东多海涂,海涂陷足,近海作业,如捕鱼拾螺,习惯用泥马船。约40厘米阔,1.5米长,上有栏杆,半跪于船上,一足蹬泥涂,飞行神速。传说是戚继光为追击倭寇所创。

### (四)货船

旧时间宁波港装载货物多用木帆船,分南船和大北船。南船走福建、广东;大北船走北洋(江苏、山东、河北)。宁波货船老大多为舟山人。货船一般都有三支桅杆,即头桅、中桅(也称主桅)和后桅杆,中桅桅顶挂有红布制作的三角状桅顶旗,船尾插有灵风旗以辨风向。每逢春节,船主习惯用大红纸张贴桅杆,前桅写"开路先锋",中桅书"八面威风",后桅为"一路顺风"等吉语。货船平时运送货物各有习尚,如装运棺材(多为尸骨还乡),在中桅缠红布以作标记。

### (五)渔船

宁波传统的渔船大都为木帆船,因"帆"与"翻"谐音,渔民忌讲"翻"字,故俗称篷船。南乡姜山一带渔船有不钉船眼的习惯,称"瞎眼船",有船眼者即称"亮眼船"。渔船起碇出海,船员不得回头看望。

### (六)夜航船

夜航船均为内河船,分上下两层,下层装货,上层载客,每客给一席之地以供夜眠。夏天供应茶、扇,冬天出租被褥。每天黄昏开船,老大双橹并使,交错摇动,借以保持船身平稳,乘客睡在船中无动荡感觉。翌日黎明到埠,一般都能赶上早市。至今,宁波至横溪、白渡、鄞西、南郊仍有夜航船。

### (七)商船信仰

自古以来,宁波老百姓既亲近大海又惧怕大海。之所以亲近大海,是因为大海有盐、有渔、有贸易往来;之所以惧怕大海,是因为大海中有不可预测的风暴海浪,甚至有追到城里岸上来的台风和海侵。宁波人既通过提高造船术来勇敢迈向大海,又通过海神信仰来获取征服大海、战胜困难的精神力量。所以宁波的民间信仰及禁忌大多是围绕船的安全、丰收展开的。也有根据原始的图腾崇拜发展而来,有浓重的本土特色。旧时商船多设财神堂,供财神菩萨或娘娘菩萨。每晨,由火仗(烧饭的人)点香供净茶。春节或正月初五财神生日,则以鱼肉敬财神以保平安。修船时,由船主亲自撑伞把菩萨"请"至家中供奉。船修毕,再"请"回船上。

(八)船上禁忌

船工穿草鞋不得下船,因草鞋无边,意为无边无岸。船工一般不穿袜子,忌说"袜"字,因宁波话"袜"与"没"谐音,称袜为"锄头套"。平日忌问老大何时可到之语,因"到"与"倒"谐音。忌说"死",航行见浮尸,叫"元宝",并将船眼遮掩。

渔船上的禁忌因地域的不同又有更多琐碎的发展,比如以前在象山,女子是不能上渔船的。要是女子上了船出了海,搬不动大网什么,也多了双筷子少了个劳力,本就狭小的空间里还得为她独设闺房,如果是夫妻同上还得要有夫妻房。即使有胆大又不怕吐浪的女力士,一出海便十天半个月,十来个男子里面夹着个女的,闹不好还会写出一本风花雪月来。

渔船上的禁忌确实还不少,有的很琐碎。要抛弃吃剩的东西,不可说"倒掉",船靠岸不准说"到了",避讳的是一个"倒"字,以免在心理上留下阴影。从心理学角度讲,也不无道理,要是心里留了道阴影,老担心着出事,也就容易分心,一分心说不准真会出事。

在渔船上坐,不坐两脚悬空,更不可以坐船的四下,把脚悬空向外荡着,说是有水鬼会拖你落海,用时兴的话来说这也是一种安全条例。船即使不行走,它也是一刻不定地荡游着,你两脚悬空,跌落船的概率就会提高。老渔民对新上船的渔民说"这样坐危险",年轻的至多说一声"我会小心的",因为没遇到过生死现场的惨状,他对这一规矩不当回事,会把这提醒当作耳边风,但一听说这样的坐姿会引来水鬼拖他下水,效果就大不相同,这鬼还是让人怕的。无论是船上、岸上的人,对不可捉摸的东西往往是敬畏的。实实在在的道理听不进去,一个"鬼"字却让人变得服服帖帖。在本质上渔家不是崇尚鬼,而是崇尚人的生命,是通过迂回的方式达到善意警示安全的目的。

(九)轿子

轿子为旧时民间代步工具,种类较多:有椅子轿、竹制,形同坐椅,无脚,前后系绳,中穿竹杠,两人肩抬,雨天上覆篾篷。座拦轿,亦竹制,与前者雷同,有围栏、坐板、靠背,抬法相同。高轿,藤制,形同靠椅,有扶手、踏脚、靠枕,两杠由扶手下穿过,顶端两杠间缚一竹片,供搁置两肩,上有篷架,晴天罩蓝布轿帷,雨天覆篾篷。小官轿,为方形轿,两侧开小窗,前有轿门,亦竹制,抬法与座拦轿同,多供妇女代步,贫困者亦有以之代花轿娶新妇。

### 四、乡村谚语

方言中积淀着一个地方的历史文化和地域性格,蕴含着一个地方的处世经验和人格理想,正如"橘不过淮",水土异也。有许多人客居异乡数十年,却始终改变不了母语习惯,就像始终改变不了他们的故土习俗一样。因为母语已经成为他们的"文化—心理"结构的重要组成部分。因此在本小节的研究中,我们将更偏重于乡村谚语在使用中所表现出来的语言心理、语言姿态和语言视角,更偏重于方言所遵循着的已经习俗化了的语言法则,以及它们在生成变迁中的历史渊源。我们的研究兴趣不在于语言本身,而在于话语者为什么和如何使用这种方言,从而窥探深藏其后的语言习俗、心态和特色。

方言中的谚语,既是社会经验的口诀化,也是社会关注焦点的歌谣化,俚语、俗语、谚语,正是语言化了的文化。谚语是老百姓的格言,他们借以格物致知,它在世代的口耳相传和实际应用中,传递着民族和地域文化的基因。宁波话中保留的大量鲜活而形象的谚语,民间称之为"古人老话"。这些古人老话在老百姓心目中是经过历史锤炼、验证并且是可行的处世之道,是地域成员的公共祖训。

人与人的距离往往是语言风格形成的基本依据。宁波地区常常被形容成"少见树木,多见人头",这就不能不使人们把语言关注的敏感点更集中在人的身上。关注人,尤其关注与自己可能发生利害关系的朝夕相处的芸芸众生,是这里乡土方言形成中的一个特点。这就使宁波人比较善于用心地去"琢磨"人。当然这种主要由草野小民去"琢磨"的结果,常常不会也不可能形成理性而系统的分析,他们只获得表象化的"感觉"。令人惊讶的是,感觉有时会比分析更准确和更本质。但是感觉是具象的,它具有鲜明的形象感,世世代代的人们不断地提炼更为准确的形象,用一种"取象联比"的方法,即以一种足以传神的典型形象来借喻这种感觉,使它鲜活生动。比如宁波人指出某个人的秉性属于"铁丝克箩",懂得这一方言的人都会心领神会地得悉,这是一个精明吝啬、锱铢必较、极端利己的人。"克箩"是一种在进口处装有只能进、不能出的"机关"装置的竹箩,以铁丝代竹篾来编,它的"敛财守财"功能就会更好。这种典型的具体形象,在对"感觉"进行传神达意的同时,"有意识"地疏忽了对它的程度差异的描述,这恰恰符合任何事物都因人而异的特点,但被强调的又正是它们的同质性。

对人的本质的感觉首要的是把握其秉性。如果没有长期接触,甚至没有共同经历过灾难厄运的考验是很难有本质把握的。然而秉性却常常会通过人的言行举止、仪表气质自在地透露出来,形成一种外在的"品相"。在宁波的方言成语中,大量的是关于人的品相与外貌的描述。当然后者只是外在的客观呈现,是对即时"形似"的比喻,而前者却可以透过形象"神似"地联想内在的秉性与品格。比如说一个人"今天咋像瘟鸡耷头?"这仅仅是说这一天他显得精神委靡、气色不振;但是说这个人是"死藤饭瓜",就不是单指某日的外貌精神,也许指出他一生的为人秉性。饭瓜即是南瓜,因瓜菜代粮乃名。南瓜枯了藤蔓,瓜瓢还在成熟,貌似不死不活,内腹仍有活力,只是不细观难察其表露而已。这一形象往往用来比拟平时不善言辞、遇事态度暗昧,但冷不防会语出惊人或有不常之举的人。这就是"琢磨"人得出的语言成果和思想成果。

宁波乡村人深谙在语言谈吐中引用谚语,有人做过初步调查,目前尚在宁波话中活跃应用的谚语起码有两千多条,一个阅历丰富的人,他甚至自己都不知道自己实际上起码已经掌握至少五六百条谚语,并经常在说话时"引经据典"地使用着。每个人对谚语的掌握是日积月累的,他们的老师就是大众口语。当他们在说话时一引用谚语,话语的色彩立刻老到而活色生香。

我们在清理宁波地区村落中流传的乡谚中,发现这样几个有趣的现象:

一是重农重田,表现了传统农业时代人们对农业的价值态度。宁波地区都是水网平原,全新世最后一次海侵在这片平原的地底留下了一片完整的厚约 80～150 厘米的海相青紫泥夹层。这一黏土夹层密度极高,几乎不透水,这就为平原日后的水稻种植创造了基本条件。这是数千年来宁波平原民众赖以生存的最基本的物质生产基础,老百姓坚信,有了这个土地基础,只要出尽力气,是完全可以保证基本生活水平的。因此从方言乡谚中首先表达了种田的自豪感：宁波乡谚说："衙门财主一篷烟，生意财主年打年，种田财主万万年。"这种自豪感甚至成为一种"青蛙田鸡蝈蝈叫，种田师傅坐大轿"的欢乐和幽默。

在这个基本的价值判断下，人们首先对"水田"表现出一种近乎神圣的情感。在宁波的乡谚中，"儿子要亲生，买田买东乡"，"田荒穷一年，人懒穷一世"表达了这样的认识。宁波农人的认识更在于生产要素的质量上，他们说："种田靠三生，后生家生（家什）畜生"，可以看到在人力畜力农业时代，他们把生产力要素的质量要求主要集中在三个方面：青年劳动力（后生）、有效率的工具（家什）和牛力（畜生）。这种能动性的认识基础，就是对"人不欺地皮，地不欺肚皮"的"人·地（田）"价值链关系的最朴素的确信。因此人与田的关系，就形成了"孝顺爹娘自格福，当值田稻自格谷"的这种类亲缘的关系。

因此也就有一系列的"田谚"传达着世代种田人的基本经验。这里面既有对种子、秧苗的认识："箩里得病，田里丧命"（种子）、"秧好一半稻"；也有对水的重视："活水灌到老，割割嗖嗖叫"，"处暑泥头白，每亩去一石"；既有对季节把握的重要性的提示："端午夏至连，车水种爿田"，"处暑前后落白米"，"白露白迷迷，秋分稻头齐"，"处暑断壅还好壅，白露断浇还好浇"，也有对植保技术的提醒："头耘摊摊平，二耘挖挖根，三耘捧捧圆"，"大水耘田，勿如坐坐吃烟"，"处暑根头摸，秋后一把谷"；既有对有机肥的重视："田要肥，草搅泥"，"人无横财勿发，田无野料勿兴"，"养了三年蚀本猪，田稻好嘞勿得知"，也有对粗放操作的警示："接夏米，割青稻，永生永世勿会好"，"割青勿割青，每亩要差一百斤"。这同时也反映了"人广地狭"的地域特殊性所带来的精耕细作的产业传统。关于这样的种田经验的田谚，在宁波地区数以百计。

二是宁波的农村商品生产或者说传统农产品的深加工，从方言中就有很明显的反映。"东乡一株菜，西乡一根草"，这是最基本的两项商品化的农产品深加工的原料。东乡的雪里蕻菜加工的商品咸齑，西乡的席草和草席，这是宁波城郊东西两乡的副业支柱。尤其是草席，"水稻是米缸，席草是钱庄"，"日里席机头，夜里活狲头"，"席背一掼，下饭一篮"之类的席谚，都反映了人们的某种价值判断。此外北郊的商品蔬菜，就有"湾头土地勿得空，拔出萝卜就种葱"之说。另外如中药"浙北味"之一的贝母，最后也是通过药材商的渠道销售，民谚"贝母一袋谷一船"正表达了对这一特产的地区自豪感。

宁波方言中关于海洋渔业的渔谚独树一帜。由于海洋捕捞的艰辛与危险,谚语中表现得更多的却是渔民的自嘲,"上山一篷烟,下海一餐鲜","春发作,夏财主,秋落魄","三寸板里是娘房,三寸板外是阎王","上山怕虎,落海怕雾","湿网燥箍箩,老婆白眼多"这类的谚语,都是这方面的经典反映。但是必须说明的两点是:一是渔业的结果是通过商业的渠道实现价值,渔业无法自给自足;二是海洋渔业在宁波地区恰恰是农民的一种补充性的副业。这一点,从大量渔谚在宁波平原的流传即可得到佐证。宁波农民是舟山渔场的捕捞主力和开拓者,晚清时代舟山渔场著名的八大渔帮,有四支是宁波农民构成,其中最大的是鄞州东钱湖地区的"湖帮",专捕大黄鱼,其次是"大嵩帮"专捕小黄鱼,次之是"姜山帮"专捕带鱼和墨鱼,另一支为奉化的"桐照帮"以捕杂鱼为主。这些外海作业的渔民,其实只是在渔汛时出海赶汛,平时都在家种田,因此他们在舟山常常也有供临时歇脚的房产。这一局面一直维持到1951年的土地改革,当时的政策是让农渔民在农业与渔业之间选择,愿意种田的留在宁波当农民,以后不得出海捕鱼,愿意当渔民的到舟山,以后不得回来种田。这一政策在当时的合理性就与当初形成的"农渔兼业"的原因如出一辙,都是因为有限的土地出产不足以供养众多的人口,而出海捕捞只是一种危险而无奈的副业选择,土地改革把两者更专业化了。

三是对"山花"的副业价值表现出同样的重视。宁波地区有一半以上的国土面积是低山丘陵,亚热带北缘气候,使"山花"成为传统农业的第一副业,尤其是对林木的出花,人们表现出很大的热情。这首先表现在对于特种经济特性的认识上。在宁波地区,"勿用看我家,只要看我山上花","家种千株树,一世勿吃苦","人留子孙草留根,山无树林勿养人"表达的是这样的价值判断;"千年海底松,万年高搁枫","千年针松一根柱,十年檫树好打船"表达的是对林木物性功能的认识。这些谚语,是"五山四田一分水"的宁波地区地貌特征与传统农业产业的特性的反映。

## 五、庙会

传统社会中最具有群众性的娱乐活动就是一年中连绵不断的庙会。这种观念首先来源于"生当封侯,死享庙食"的传统,但是更重要的是,由于绝大部分社火祀庙都是私庙,"庙脚人家"的集体荣誉感在其中起到很重要的作用，庙会的兴衰是庙祀香火兴衰的标志，也是"庙脚"兴衰的标志。在娱神的前提和幌子下，庙会实际上是民众的自娱自乐。

（一）庙会的基本状况

庙会包括祭祀、迎神、赛会三个内容。祭祀即是向神祇贡献牺牲，俗称"请菩萨"。祭祀有官祭、族祭、民祭和官民共祭四种形式。官祭主要是祭公庙，如祭城隍、祭社稷、祭风雨雷电、祭孔子，由府县的正官主祭，也有在特殊的年代为宣传的目的而发动的公祭，如抗日战争初期，鄞县政府公祭岳飞、公祭张苍水。但官祭中最高规格和最有秩序规范的是祭孔子。文庙的祭祀，用全副三牲，称"太牢"，并有规范的祭文、乐舞、钟鼎鸣奏。族祭为宗族到境土神社祭祀，仪俗粗犷，而热烈程度超过官祭。一般一年两次，分别在神诞日与神讳日，也即是神祇的生日与卒日。除明烛高烧，设牲供神外，一般都演戏，大的祭祀也有祭文和司乐。神诞和神讳基本上都集中在农闲时节，宁波平原地区在早、晚稻收割后，宁波山区则在贝母、番薯掏进之后，从中也可看到，这其实也算是农民在闲暇时设想出来的一项娱乐。民祭的范围更为广泛，以社日为主，社日祭祀本来为乡农祭土地神的日子，但往往结合习俗，如春季有"迎春"；夏季旱时有"请龙祈雨"；秋季与"七月焰口"相结合，施斋飨孤魂野鬼；冬祭则为祭灶神、送年、还田头盘、除夕坐夜守岁、点烛接光之类。城区尚有一种有趣的官民共祭的社日，即在立春前一日的祭芒神（谷神），太守穿龙袍、簪宫花，骑马游于东郊，令人扮演芒神小剧。立春一日，府、县官不坐堂，让叫花子头来衙门穿官服坐大堂，然后丐帮头子坐竹杆便轿串街历巷"报春"。这种戏剧性的情节有一定的规范，"奉宪委派"的丐头是经过一番化妆的，头戴纱帽，身穿绯衣，足蹬朝靴，俨然是某品官员登堂受命。地方首官按例谕授其为本年"春官"。丐头任命"春官"后，一本正经地由大堂缓步走入方街，口宣："春官报春，某时某刻某分立春，大老爷指日高升——"此时鼓乐齐鸣，以示贺春。府县首官向得意洋洋的丐头馈发红纸赏包，仪式隆重而可笑。这是一件于两厢均有利的事，对州官、府官来说，是选了个小丑演场闹剧讨个"口彩"，对丐头而言，则是锦上添花，提高了他在市井和帮内的威信与地位。

迎神活动是将菩萨抬出庙殿巡游，接受沿路的供献。它的潜在心理意义即是崇信菩萨能对沿路过境的民间给予保佑，因而巡游的途径首先在"庙脚"或称"庙下"居住的范围之内，同时可以再扩大到邻近村落大路，以交通方便为条件,这里面又有炫耀的成分,张扬自己庙下的人丁兴旺,境遇发达。大族大庙之间也因此常常引起攀比,甚至引出纠纷。另一个潜在的意义在于,当菩萨巡视的途中,让沿途的庙下居民在自己的家门或道口、桥头设香案供献,以示对神的感恩戴德,因而供献是庙会的又一个特点。凡神像经过的沿路,庙下的各族均设供奉,也可数户联办,也有独设家献。如果是公祭,如城隍出巡、祈雨请龙,则所过族宅、店铺等一律设供献,经过官署时,可不设供献,但当赠以果包、银牌。供献分"酒献"与"茶献"两种,酒献供牲礼菜肴,有的还演戏敬神;茶献则献供糕点香茗。巡游所过的其他庙祀社火的门口,也常有"庙脚"设茶献,以示尊重和结缘。一届庙会供献点有时多达一百余处。庙会虽属民间信仰,但有时佛家为了与邻近大族或地方官署结缘,也会在寺外设献,如天童街太白庙会,天童寺会在伏虎亭外设茶献以示敬意。

赛会是一种在庙会的迎神中掺加的表演性和竞技性的群众活动,组织就比一般迎神热闹好看,往往成为大型的民间文化艺术大巡游。旧时城乡均有迎神赛会,名目各异,规模不一,祈神保佑"国泰民安,风调雨顺"。赛会行列,一般备有会旗一面作前导。头牌4只,系长方形玻璃框灯,上书某某社,下有执柄。神轿一般8人扛抬,嵌镶精致,八面玲珑。轿前对锣两副,前后左右护卫"兵勇"8人,开锣喝道。神前仪仗,銮驾全副或半副,置神轿前列队行进,持肃静、回避等执事牌,俗称硬脚牌8面。万民伞,黄缎绣制,列神轿后。妇女神出殿加掌扇二面,由女童执掌。假扮男女"犯人"者随后,多系在身患重病时于神前"许愿"者,身着罪衣,架枷上铐,或双手背绑,插有斩旗,甚至有在手腕肉里钩挂铜香炉点"肉心灯"者,俯首"服罪"行进。至闹区时,挑炮担者快步直冲,所用"翘扁担"乘势上下,忽高忽低,引人瞩目。放铳队,铳手4人或6人,执铳鸣放。队伍出发前,最先为报马,马头缀绒球,驰至各处先行各知。

每逢会期,会社参赛,一般有号马一对,号手2人,在马上吹奏长胡筒(长喇叭)。彩马,马鞍上扎五彩绸篷,上坐青年女子,自拉自唱。抬阁,高约2丈,16人扛抬,每台有4个男女孩童扮演,有"麻姑献寿"、"昭君出番"等戏剧人物。大旗,杆高3丈,绸制,约2丈见方,由强壮年轻人擎持,以能独手悬空持旗疾行者为优。鼓船,前后4人扛抬,船内置鼓手一人司打,船外右侧挂大锣小锣多面,亦由一人敲打。两旁有管弦乐手班,不绝吹打前进。后有高跷、造跸,狮子舞、龙舞、大头和尚等各种民间艺术形式,还有各式灯彩,内有九连灯,在长木架上装置方形玻璃灯9盏,各盏灯内燃烛,由一人肩负。出赛时斗奇竞巧,沿途观者如潮。

由于赛会的文化性十分突出,因而将在下面选择典型的庙会专门讲到。

祭祀是所有庙会必经的程式,庙会的丰富性则主要表现在迎神和赛会上。在宁波,有只迎神不赛会的社火,迎神之后只在庙里演戏娱神,同时酬客,如杨树桥都神会、陶公山九月半庙会、前徐寿春岩官庙庙会,等等,他们在迎神过程中只是菩萨出殿巡游、接受供献,排场上只用一些常规的吹打、爆竹,没有丰富多彩的表演,但演戏十分热闹,而且东钱湖和云龙前徐这样濒湖的地方,又另外组织龙舟竞渡、夜龙船巡湖、神轿抢占山岭之类的群众活动。也有只赛会不迎神的,如鄞江桥礼拜会(它山庙小庙庙会)、黄古林纸会(为合境太平而兴办,也叫太平会)、瞻岐纸会(为酬谢降雨龙神而办),这些庙会因为与庙神无多大关系,只出灯彩器具,巡游行会,而不迎神出殿。大型的庙会都是迎神与赛会结合,如城区四月半庙会、鄞西高桥会、姜山礼拜会、鄞江桥庙会、天童太白庙庙会。宁波地区旧时约有200处庙会都有固定的报赛期,形成了每年周期性的规律,占宁波平原庙会中的40%强。

庙会虽然为历代城乡民众所欢迎,它的内涵十分丰富复杂,然而其外部形式却被近代意识列为“迷信”,因而在时起时落。它首先受到了五四新文化思潮的积极抨击,1922年,姜山礼拜会就遭到了当时进步人士的激烈抵制,最后双方剑拔弩张,由对峙到冲突而至庙台被打坍。庙会起于农俗,丰衣足食之后才有能力举办,因此一般在兵荒马乱的时代如抗日战争时期,庙会就停止,胜利后又继续举办。1946年,高桥会结合欢庆抗战胜利而办得尤其出色,从中也表现了一种民心的向背。同时可见及的是,庙会常常又是一个地域民众集体情绪的宣泄方式,也是一种地域向心力与凝聚力的表现。庙会在土地改革后由于经济基础的破坏,加之意识形态的禁锢而告最后结束。

(二)宁波庙会的典型实例

宁波地区旧时数百种庙会,遍布宁波地区的各个乡间,可以说每一个乡镇甚至下到一些村落,都在漫长的历史时期内形成了自己富有特色的庙会形式,本书不可能一一穷尽,只能选择几个著名或有特色的分述于下。

1. 礼拜会

二月至五月间举行。如鄞州南乡姜山镇礼拜会，每逢闰年举行，每次赛会会期三四天，分东西南北四路，日间巡村，夜间巡镇，往往因迎神争先后酿成械斗。镇海柴桥镇礼拜会，由芦江庙庙脚主办，神轿内供奉芦江庙神像，半月内依次巡行各村，夜入街市，称为"排街"。

2. 青苗会

四五月插秧后、稻苗转青时举行，祈求风调雨顺、大熟年成。如镇海柴桥镇青苗会，以大溟村为会集地，会期3天，白天巡村，夜间巡柴桥街。

3. 稻花会

于早稻开花季节（六月间）举行，祈求丰收，无固定神祇和会期。一般先祀当地庙神，旋以仪仗、头牌、彩亭为前导，高抬木牌神位，放铳放炮仗，敲锣击鼓，庙下子民列成长龙殿后，巡行于田头村道。旧时鄞县西乡鄞江桥、东乡邹溪、南乡茅山和镇海大契、昆亭等地均有此习俗。

4. 台阁会

三北（镇北、慈北、姚北）地区迎神赛会以台阁特高著名，谓之"台阁会"，说是在台阁上献艺给神灵观赏。一些豪富大族，斗奇竞巧。慈溪县沈师桥台阁尤为著称，俗称"三北高台阁"，1932年赛会时，台阁高至5丈，有10座左右，台阁之上有被选中的小孩串扮戏剧人物造型，每座台阁有扛抬及照护人员百余人。

5. 高桥会

相传为纪念南宋抗金高桥之捷而立。《四明谈助》卷四记：张循王庙，宋宝祐五年吴制相潜既成高桥于其西，作新庙肖像（指祀张俊）祠焉（《开庆续志》）。全祖望《鲒奇亭集》撰有《改高桥张俊庙议》，认为不应祀张俊，应祀其另外所列七八，谓："有功矣而不祀，乃祀张俊，非所谓苍黄舛缪者欤？"至民国《鄞县通志·舆地志·庙社》中，在高桥镇已无张循王庙。故高桥会抬何神祇出殿，尚不清楚。

高桥会会脚遍及高桥、白岳、望春、集士港、横街头等镇，由鄞西12个乡镇联合举行。庙社社头由五柱头组成，五柱亦即五社，即为高桥的长生社、集士港的震生社、卖面桥的永丰社（即太平社）、西陆的风云社、新庙跟的灵仪社。1946年重开赛会时，会社增加8个，共有13个，会期三四天，赛会时聚众过万，队伍长达数里。迎赛队伍从高桥出发，先至望春桥石将军庙（祀守信），行至城区望京桥折回，至凤岙过横街头返回。赛会会规，有"净街吃素",街道清洁,屋棚拆除,烘缸出净并加盖,不准外晾衣裤,庭室干净;各家吃素,各柱每十户指派一人监督检查,若发现食荤者,劝说无效则罚款。迎赛三四天内,尤其是放铳炮、抬菩萨者,夫妻不可行房事,以示对神的虔诚,高神会会器众多,赛会时 3000 余会众几无空手者,以类计有二三十种,有大令旗 10 余面,鼓亭、沙船 20 多杠,抬阁 40 多杠,其余如九连灯、踏高跷、女跑马,甩彩瓶、三百六十行(360 人装扮)等。横河村吴家创建的祖传"野人会",扮演 6 个野人、6 只白猴,边走边表演野人、猴子动作姿态。也有扮成狮子、白象、老虎、豹、猴子、猩猩等动物,尚有 9 条 9 节小龙、5 条 24 节老龙,舞龙者转盘变化,在神像两旁护卫。赛会过程中,沿途"爵献"多达百余处。且有抢抬神轿的习俗,谓神轿至本地界,定要本地人去抬,否则"风水"要被别村占去,故常因抢抬神轿而发生殴斗,俚称"勿打勿算会"。1946 年后,高桥会未再举行。

#### 6. 纸会

又称提灯会。鄞县黄古林、布政市、清道乡一带,正月元宵节兴行纸会。黄公林庙,祀汉夏黄公,庙社分 10 堡,庙下户口 4000 余乡。旧例正月灯祭,夜间提灯赛会,火球旋甩,灯彩纷呈,鸣炮放铳,兼有饰作无常、判官、小鬼者穿插表演。不少观者乘船而来,河面船赛。距此庙 3 里的俞家宅跟,有圣女黄姑祠,俗称娘娘庙,祀昭惠庙神黄伯玉之女,庙下户口五六百户。农历八月二十三,村人迎庙神至俞氏老祠堂,当晚回殿,是晚演戏,亦行纸会。

#### 7. 请龙求雨

民国《鄞县通志·文献志·礼俗·迷信》载:"请龙。农民遇久旱,则请龙,约邻村农民异境庙之神往龙潭祷求,偶见水中有蛇、鳗或蛙、鱼等动物浮出即以为龙,置诸缸内,请之而归。要求邑之长官,跪拜供奉如神,或醵赀演戏以敬之。俟雨下乃送回。"

旧时,宁波各县请龙求雨,大体类同,亦有稍异者。鄞县瞻歧地方请龙王,先遣人夜入龙王庙,用麻袋套住神像,抬到当地庙内供奉,称"偷龙王"。数日后仍不雨,则把神像置于烈日下,让"龙王"尝一尝久旱不雨、烈日曝晒之苦,但又恐晒坏神像,乃戴以笠帽、披以蓑衣,称"晒龙王"。再不雨,则相约往"龙潭"请龙求雨。事先遣人鸣锣通告"禁涂"(禁止下海涂捕捞),不准鱼虾上市,各家"净灶吃素",食荤者处罚。瞻歧附近称龙潭者有四处,但当地农民却信远在镇海三山岩头龙潭的"老龙"。午夜出发,抵达后供祭潭边,双手合十跪地,念伴诵"龙王经",请"龙"显身。时已派好数名青年,手持捞具环潭侍立,一见水上有浮游动物,眼明手快,立即将"龙王"网住,放入"圣瓶"。随后族长许愿,如不日赐雨,即演戏"谢龙"。迎归后供祭在庙内神座前的神案上,昼夜有人轮流"值圣",族内大户轮供"圣头饭",每日上香祭供三次,谓之"侍雨"。久旱则雨,适降甘霖,则视为"灵验",开演"谢龙"戏、行纸会,最后送回龙潭。稍有不同者,有些地方"请龙"时由族长或念伴跪在潭边,用铜锣从潭中兜起浮游动物。有的地方凡加入请龙队伍的人,皆手执小旗,烈日晒头,不得戴草帽,脚穿草鞋或蒲鞋,表示虔诚,以感动"龙王"。

（三）庙会市集

旧时,城乡大型市集多与祀神赛会相连。如鄞县鄞江桥它山庙会,每年有三月三日、六月六日、十月十日三次。三月三日庙会插秧在即,上市商品多为犁耙、锄头、粪桶、蓑衣、戴笠等;六月六日庙会,在早稻收获前,上市商品多为竹箩、蓖箅、扫帚、畚斗、镰刀等;十月十日庙会,晚稻收割,天气转冷,农民山民多采办冬令商品衣着之类,交易兴旺。期间,鄞江之上"乌山船"挤江,章溪上竹排、"小滩船"满溪,它山庙演戏,大街小巷,人山人海。当地店铺老板数月前即至宁波办货,城区商家、行贩涌至,赁房屋,租摊基,搭篷帐,临时设店摆摊。三教九流均赶集凑热闹,有算命测字、游方郎中、"祝由科"（巫医）、拔火罐、卖膏药、变戏法、拔牙齿、吹糖人、卖梨膏糖、"打铜宝"（赌博）、强讨饭,等等。遇纠纷事发,由庙会社头出面调解、裁决。

新中国成立后,迎神赛会已废止不行,庙会市集仍有举办。

（四）庙祀

民国《鄞县通志·舆地志·庙社》载:"今之庙,即古之社也。古者,人民聚落所在必奉一神以为社,凡期会要约,必于社申信誓焉。故村社之多寡,即可觇其时民户之疏密,此讲地方史者所当注意也。兹编所载,虽不尽如上所谓,然神庙多处,其民居亦盛,村落凋亡地,其神庙亦多废圮,于此亦可考见地方今昔兴衰之故。盖神社虽亦属迷信之一,而其起源则与僧寺、道院绝殊,不可不表而出之也。"约在1933年,鄞县城乡共有517处庙祀,其中当时的城区有159处,其余均在村落乡间,这是崇神、信鬼、好祀的民间习俗的表现。《鄞县通志》所载"庙社一览表"的栏目,有名称、地址、所祀之神、庙社组织、建修年月、庙下（庙脚）户口、庙会报赛、地图纵横线交点、备注。

### （五）民间演艺活动

庙会伴生有丰富的民间文艺形式，这些文艺形式来源于民间的原生态生活，形式多样活泼，能反映宁波乡间百姓的真实情感和精神面貌。

#### 1. 大头和尚舞

在宁波市郊、鄞县广为流传，昔日每逢新春佳节，民间舞蹈"大头和尚"便以"太平会"名义，走村串户，恭贺新禧，消灾祈福。其表演是将纸制大头和尚变形面具套在头上，由两个分帖子的人领路挨家户分帖，口讲吉利话，待户主出钱后，便将贺年帖贴在门上，然后再表演舞蹈，动作机械、诙谐、滑稽，锣鼓节奏别具一格，充满欢乐气氛。

#### 2. 龙舞

宁波流传最广的民间舞蹈之一。宁波乡村许多地方辟有龙潭，农民历来有舞龙祈求风调雨顺、五谷丰登的风俗，常见于迎神赛会及各种庙会。宁波龙色彩丰富，形式多样，有布龙、绣花龙、双龙盘柱、打结龙、断尾巴龙、小人龙、草龙等，一般为 9 节、12 节，多至 18 节、24 节，现作为群众性文娱活动，常于春节、元宵节和庆祝集会组队表演，奉化条宅村龙舞曾多次参加全国民间舞蹈会演并获奖。

#### 3. 狮舞

在宁波市宁海县一带较为流行，一般在夏历正月或佛教有关节日，数十名农民组班，去各村轮流舞狮，以示敬祖迎神、辟邪祛妖。狮舞有独舞、对舞、群舞，以三狮共舞为多，一雄一雌一仔，边舞边敲锣打鼓，以表演"抢五灯"为最精彩，即在场地中间、四角各置一盏灯，狮子在中间狂舞、嬉打、咬打、抢灯，四周皆围观群众。

#### 4. 赛龙舟

为水乡的民间习俗。宁波的赛龙舟一般在每年农历五月初五和八月十六举行。前者相传是楚国爱国诗人、三闾大夫屈原投汨罗江的日子，划龙舟，表示人们竞相营救。后者则为宁波的中秋节。除举行庙会外，赛龙舟可增加节日娱乐气氛。旧时宁波城区赛龙舟主要在塘河中举行，鄞县的东钱湖的龙舟最负盛名。龙舟分青龙、黄龙、白龙等，龙（船）首高昂，划船人服装与舟同色，一人立于舟前敲锣指挥，一声炮响，龙舟齐发，锣鼓声与岸上观看的人群呼喊声不绝于耳,场面甚为热烈,先到终点者为胜。

5. 造跻

"造跻",又名"肩背戏",亦称"造型"与"造脸"(画脸谱),俗称"马嘟嘟"。由十名十岁左右的英俊男女少年站在青壮年男子肩上,边舞边唱、做、念、打,常见于庙会及重大庆祝活动中。站在肩上的叫"天盘",下面走的称为"地伴"。

造跻流传于宁波市北仑区柴桥街道穿山村(原刑堤村)及三山乡、梅山乡一带。庙会时游观人群似海如潮,一般节目往往被人群所遮,后面的群众很难看到。而造跻由于演员站在人肩上表演,高出人群,加以技巧惊险,因此,格外引人注目。

关于造跻的得名,据老艺人说:穿山村靠海,旧时村中男子常以做脚夫谋生,曾建立"脚夫会"。"造"即造型、造脸,"跻"指脚跻,"造跻"即指站在脚跻肩上的造型。

穿山村造跻艺人周德兴(1929 年 9 月生)根据家传的手抄本史料反映,造跻始于清道光十九年(1839)。当时,穿山村有人出访鄞州(今宁波),在庙会时看见过这种艺术形式,后即移入穿山村。穿山村附近的芦江庙会隔年举行一次,时间是农历二月初一至初五,穿山村就以民间艺术形式高跷、造跻、狮子参加庙会。造跻当时以少年扮童男童女或八仙骑在成年人的肩上,但不表演,百姓俗称"马嘟嘟",这是造跻发展的第一阶段。到了清光绪年间(1875—1909)有人创造出成人双臂立童,少年扮"活观音"及《借东风》等剧目中的人物,但没有唱和舞蹈,只是从原来骑在成人肩上发展成站立在成人肩上,这是第二阶段。到 1912 年后,又发展成"天盘"扮演戏中人物,能唱会舞,"地伴"也能配合动作的独特歌舞形式。由此可见,造跻从鄞州移入穿山村曾经历过三个发展阶段,才形成现在的状况。

造跻出场前由铿锵的锣鼓声伴奏,然后十组造跻紧接出场,走圆场、绕八字,全体退场以后,再开始一对对的表演。第一对扮演《孙悟空三打白骨精》,孙悟空手拿金箍棒,与白骨精三次交战;第二对《金钱豹》,两只金钱豹在山上相遇,互相逞强,三次交锋搏斗;第三对《春草闯堂》,春草戏弄贪官;第四对扮演的是大宋将岳云与金国公主三次交战;第五对《三请樊梨花》,表演薛丁山与樊梨花交战,以打花枪为主,穿插"老快枪"、"小快枪",然后下山下马。

造跻中天盘在表演时双脚站在地伴的肩上,由地伴紧紧抓住天盘的小腿,因此,天盘全靠上半身进行武打、亮相,而表演中所需要的前进和后退等步伐变化,则全靠地伴配合,地伴要随着天盘追打时的表演走圆场步,亮相时的停顿、演唱曲调时则做原地踏步转动踩脚等步伐,达到上下配合浑然一体。

6. 旱船与旱船会

旱船,又称"纱船",是民间流行很广的一种娱乐活动,深受群众的喜爱。旧时一般穿插于乡村庙会、祭祀活动之中,营造气氛,逗人娱神,尤以余姚旱船会出名,现今余姚东北街道永丰村老年协会部分爱好者,还将传统的旱船表演进行复制,用于村老年文化活动。

余姚旱船会,在清到民国初年,数量较多,特别是姚北庵东盐区居多,船式不一,数量不同,有大有小,有多有少,少者一只,多者九只,大的两丈多,小的四五尺,出场人数因人而异,表演各有千秋。不论大船小船都讲究精美,其上半部分和车子灯类似。装饰有两种:一是在木制架子上配套上绣制精美的帐布,不表演时候可拆下来保管;也有用花纸裱糊制作,节省成本,现永丰村仿制,就属此类。二是在楼阁型的木架子上,糊以深浅不一的绫、绢,在绫、绢上画上戏曲故事和吉祥图案,讲究的绣有各种人物画,如《许仙与白娘娘》中的"游湖借伞"、"水漫金山"等场面,犹如一本连环画。船的四角都有一个莲花灯,晚上表演时可以点燃,走起来如流星飞逝。船体下部分围船裙,船裙上绣或画有莲花、花草等,也有鱼、虾。据姚北传说中讲到,因近海渔民信仰海龙王,规模大的时候,船裙上画有金龙。

余姚的旱船表演艺术形式,因旱船多少,表演方式有所不同:

一只船。一般船体比较大,分两种:一种船上坐两人,均扮作怀抱婴儿的妇女,一个划船的老艄公,主要表演程式:船行在逆水、转弯、遇风、遇浪下,艄公划船的动作,坐船的妇女表演配合默契;另一种为一对男女青年,男者扮相为一丑陋小伙子或赶考小生,女者为一村姑,表演方式:男、女相互逗乐、翻筋斗、竖蜻蜓、地上滚等动作,热烈奔放。

三只船。船体小,长不过四五尺,宽二尺余,有一人,女妆居多,多扮《白蛇传》中白娘娘,一身缟素,典雅大方。没有划船的艄公,没有丑角、公子等人物。其表演技艺主要是三个演员驾驶船的功夫。其所用步法有圆场、横跨步、悠船步、转船步等多种步法。三只小船穿插表演,时而鱼贯行,时而挤头并进,左拐右转,前进后退,可以跑出几十个画面,如三条小鱼戏于水中,十分优美。

　　五只船、九只船。船的形状与三只相同,其表演技艺也同三只船基本类似。由于船多人多场面大、表演题材广泛,有《白蛇船》、《八仙庆寿辰》、《东海龙王做寿》等。还有船厂以外的如带鱼群、虾、蟹等水族的。表演气氛热烈,队形式穿插变化更加复杂。

　　余姚海边的旱船会,配合一档文场,除锣鼓等打击乐器外,还配备有唢呐、海螺等吹奏乐。锣鼓方面,点击声音与船的动作密切配合,高潮时唢呐和海螺嘹亮高昂,整个表演气氛,一派欢乐喜庆。

# 第五章　宁波古村落的近现代演变

## 引　言

中国历史、文化和社会结构于晚清真正开始了"三千年未有之大变局"，传统中国在西方资本主义国家的重炮和廉价商品的冲击下被迫纳入不平等的世界体系，开始了历史上前所未有的痛苦变迁历程——中国近代化（亦称中国早期现代化或现代化）。徐泰来主编的《中国近代史记》绪论中指出，近代化是表示向近代文明变化、向近代文明过渡的概念。它是人类社会各个方面综合变化的历史过程，主要表现有三个方面：一是在生产力发展方面，即手工操作向机器生产的变化；二是在生产方式方面，由封建主义向资本主义的变化；三是在政治方面，由封建专制向资产阶级民主共和的变化。在这个过程中，一面是孤岛般、畸形繁荣、新事物纷然出笼的通商大都市的迅速崛起；一面则是作为中国社会主体之乡村的发展相对迟滞、日渐贫困、挣扎于生存危机之中。村落作为确定地域内乡村居民长期生活、聚居、繁衍所组成的空间单元，是农村政治、经济、文化生活的舞台，近代中国村落的变迁是国家经济社会变迁的缩影。

浙东地区位于中国东部沿海，是中国最早受到"西风东渐"影响的地区之一。宁波属于浙东地区的重镇，其产业经济的兴衰变迁与浙东地区的整体形势息息相关。随着宁波成为通商城市之一以及上海成为中国最大的近代工商业城市,外来文化对这一地区的乡村带来重大影响,并促使其踏上了近代化的历程。在这个过程中,传统乡村经济首先受到近代工商业的严重挑战,宗法制度逐渐瓦解,维持乡村社会秩序的机制逐渐转化。伴随着这一过程的,还有乡村空间功能的转换,现代公共设施在一定条件下开始在乡村出现,传统民居型制也悄然变化,开始出现西化建筑。这一过程同时也伴随着新的职业分化、文化观念的改变和社会关系的调整。

我们考察宁波古村落的近代化演变是将其置放在浙东地区乃至整个中国乡村近代化演变的大背景下的。由于这些古村落往往是在近代之前就属于人口及村容规模较大、营造质量比较上乘、经济实力相对殷实的村落,所以在近代化的大背景下往往也能在乡村经济发展、公共服务设施建设、制度变革等方面有明显的表现。在本章,我们描述、推演宁波地区乡村在近代时期的宏观图景,加之在具体问题上瞄准个体村落进行详细考察,以期对宁波古村落的近现代演变历史作一番描摹。

## 第一节　近代乡村经济发展

1840 年后,随着上海、宁波等口岸相继开埠,宁波地区以其特殊的东海门户区位,最早成为西方势力垄断市场、掠夺资源、倾销商品的据点。对外贸易不仅推动了城市的发展,也推动了农村社会的嬗变,区域农业经济越来越多地与国际贸易相联系。在来自外部世界的生存挑战和现代化示范面前,宁波地区被迫踏入现代化的门槛,一个有着七千年历史的农业文明在向自己十分陌生但却充满生机的工业文明作出让步之后,也开始了向后者的缓慢转变。稍后,随着以上海为中心的近代工商业都市形成,以及国外工业品进口日增,使得中国很快形成了有利于列强工业品输入与国内原材料输出的外贸结构。宁波地区作为上海的南翼腹地,自然最先感受到这种外贸结构的影响。工业主义影响逐步深入到浙东乡村腹地,传统的乡村经济在受到严重挑战的同时开始作相应的调整。

从历史的角度看,这固然在生产方式上构成一种进步,但由于外国资本的野蛮剥削和国内政治经济的混乱,乡村与现代工业文明的对接不仅十分有限,而且饱含着屈辱与艰辛。从外贸结构改变到乡村腹地专业经营内容作出相应调整,其间有一定的时间差。从 19 世纪末起,宁波乡村近代化随着乡村经济的发展真正起步,这是工业化进一步渗入宁波乡村的结果。主要表现在两个方面:一是乡村经济与国际贸易的联系更为紧密,传统商品生产从此前基本以国内市场为主转向日益仰赖于国际市场。与此相应,国外工业品进口日益扩大,宁波乡村经济越来越受到国际贸易体系的影响和制约。二是随着近代工业体系在以上海为中心的建立,外资企业兴起,从19世纪末起,在洋务运动影响下的中国民族工业也正式出现。工业化开端形成的产业部门往往是缫丝业、棉纺织业、制茶业等传统手工业。

## 一、传统手工业的变迁

随着上海的崛起,宁波作为一个远洋贸易中心的重要性虽然下降了,但它作为一个区域中心却繁荣起来,变为经济上依附于上海的一个新的区域性职能的经济中心,与上海定期班轮的开航和当地运输效率的适当改善,提高了宁波腹地内进口商品的比例和促进了农业的商品化,19世纪下半叶整个宁波的腹地中新设了好几十个定期集市,一个稠密的集镇网已经扩展到了整个宁波平原,是宁波地区传统手工业走向地域性联盟和商品化的表征。

### (一)缫丝业

以缫丝业为例,生丝出口在鸦片战争之前非常有限,上海开埠后,随着出口关税的调整,生丝出口量逐年增长,价格攀升。在生丝畅销的刺激下,各地纷纷效仿,从苏、湖、嘉、杭等地扩展到了太湖流域及宁绍平原的大多数县区。其他如茶叶业、棉布业,均因海外贸易渠道的打开而增加了新的市场,相应的专业生产呈现出一定程度的兴旺。

鸦片战争后,随着机纱逐步取代土纱及缫丝车的改良,手织机也逐渐改进。1896年宁波人王承淮率先改良手工棉织机,以"旧机作新式东洋西洋等布,专用女工,不借汽力",踏脚增至5竿,可多层开口,王承淮因此获得清廷"五品顶戴之颁赏,并专利15年"①。蚕茧市场的扩大与农民家庭手工缫丝业的瓦解是成正比的,手工缫丝被破坏得越彻底,蚕茧的商品化程度就越高。蚕茧的商品化,使原来农民植桑养蚕、收茧缫丝织绸的农家经济

①　彭泽益:《中国近代手工业史资料》(第2辑),三联书店1957年版,第261页。

系统瓦解，形成了农民植桑养蚕、出售蚕茧、工厂缫丝、农民买厂丝织绸的行业内社会分工。

### （二）棉花种植与加工

棉花作为重要农产品，在鸦片战争前实际上是欧美输华的主要商品，其中尤以英国为甚。鸦片战争后这一情况有所变化。此时在广州虽然尚能维持一定的进口额，但在上海却已明显遭到冷遇。这是因为包括浙东在内的上海附近棉区本身就有丰富的棉花资源。而这预示着这里有可能成为华棉出口的重要区域。19 世纪 60 年代之前，作为浙江第一个条约口岸和主要棉花出口港的宁波并无棉花出口。即使作为内贸，其输出量可能也有限。浙东棉花出口约始于 1860 年。棉花生产是棉花贸易的基础，优越的棉花生产的发展无疑为浙东棉花贸易创造了有利物质条件。徐光启《农政全书》记载："浙花出余姚，中纺织，棉稍重，二十而得七，吴下种大都类是"[①]；"余姚海涂之人种棉极勤，亦二三尺一科，长枝布叶，科百余子。收极早，亦亩得二三百斤。其为畦，广丈许，中高旁下，……"清代，随着商品经济的发展和海涂面积的扩大，棉花的种植更加普遍，尤其在浙东余姚、慈溪一带更是如此。乾隆戴建沐《助修海侯庙记》中在谈到当地物产时曾曰："姚邑北乡沿海百四十余里，皆植木棉。每至秋收，贾集如云，东通闽粤，西达吴楚，其息、岁以百万计。邑民资以为生者十之六七。迄今又百余年，海滨沙地日涨，种植益广，即塘南民田，亦往往种之，较前所产又增益矣。"[②]光绪二十三年十一月《农学报》亦载："浙江海滨沙地，皆棉田也，每岁所收，为出口一大宗。今年棉大丰盛，新花山积，而价值仍复甚涨，刻下每担约银九圆有奇。"

民国 13 年（1924）浙江全省棉花种植面积为 172.08 万亩。仅次于江苏省。浙东地区的余姚、慈溪、萧山、绍兴、鄞县五县均超过 10 万亩，其中余姚多至 40 余万亩。

浙东在棉花出口不断攀升的同时（见表 5-1），机制棉纱出口也在不断增加，这说明近代浙东的棉业生产已达到很高的水平（见表 5-2）。

---

① 徐光启：《农政全书》卷三五，桑蚕光类。
② 光绪版《余姚县志》卷二六，物产。

表 5-1　1861—1933 年宁波出口棉花情况

| 年份 | 出口数量（担） | 备注 |
|------|-----------|------|
| 1861 | 5489 | |
| 1862 | 19648 | 首次超万担 |
| 1863 | 125155 | 首次超十万担。除了交通工具的改进（如轮船的逐步开通）以外，主要还是由于美国南北战争后国际市场棉花趋紧所致 |
| 1864 | 103201 | |
| 1867 | 65644 | |
| 1868 | 44180 | |
| 1869 | 51273 | 宁波的棉花出口虽然稍有回落，但其品质影响力已在国际市场上形成，因此仍能维持相当高的出口量 |
| 1872 | 50081 | |
| 1874 | 52689 | |
| 1881 | 9357 | |
| 1882 | 3909 | "因为普遍受灾，严重影响到棉花之收成" |
| 1883 | 935 | "风灾和洪涝在产棉区三北和余姚一带所造成之生命财产之巨大损失"，创数年棉花出口历史最低点。除了自然灾害以外，频繁发生的金融危机和动荡不定的时局形势也是影响其时棉花出口的重要因素 |
| 1885 | 6434 | 适逢中法战争发生，甬江口之镇海洋面"年内汽轮运输切断了四个月之久"。从 1881 年至 1890 年十年间棉花年均出口量仅 9677.8 担，比前 20 年的年均出口量下降 34720.95 担，仅为前 20 年年均出口量的 21.8% |
| 1894 | 44000 | 甲午战争马关条约以后，浙江棉花出口重振雄风，走向大规模发展。浙棉出口由衰转盛的主要原因除了持续出现的丰收年景和战后民族资本主义渐趋发展以外，主要还同当时国际市场需求的急迫攀升密切相关。其时欧美国家随着机制棉纺织业的进一步扩大和生产能力的进一步提升，向国外的棉布、棉纱输出大量增加 |
| 1895 | 99000 余 | |
| 1911 | 40786 | 辛亥革命以后，民国政府致力发展社会经济。农业的技术改造也渐次受到重视。虽然仍是"乱事暴发，时局摇动，不知所止"，但由于中外贸易还有它自身的规律及中国业已卷入世界资本主义市场的基本事实，再加上其时总体年景尚属"风调雨顺"，因此棉花贸易仍顺畅发展，并继续维持较高水准 |
| 1912 | 95786 | |
| 1914 | 93791 | 大半运赴上海，转运日本 |
| 1915 | 91715 | "商务仍蒙欧战之影响"，但"禾稼收成，俱有丰稔之象" |
| 1916 | 149471 | 日本收花最多，大半转运俄国 |
| 1917 | | 因棉花上市较往年为晚，且"日人以汇兑不利，观望停办"，出口略有下降 |

续 表

| 年份 | 出口数量（担） | 备注 |
|------|------|------|
| 1918 | 158748 | 棉市"大见兴旺"，1918 年协议将附近萧山、绍兴之棉花统一由铁路揽运至宁波出口。这样宁波口岸的运出数便进一步增加 |
| 1919 | 44266 | "停销日货"，本地纱厂开工兴旺，棉花出口显著下降，跌至 20 世纪以来最低位的数字 |
| 1920 | 28901 | |
| 1922 | 45521 | |
| 1923 | 143432 | 对日贸易重新启动，棉花出口仍然迅速复振，并跃至一个新的阶梯，始终保持着年出口 10 万担以上的高水平 |
| 1924 | 171325 | 多运销日本 |
| 1925 | 175230 | "大半来自余姚县龛山" |
| 1926 | 108674 | |
| 1927 | 198143 | 平添关平银 2315159 两，成为历史上出口最多的年份 |
| 1928 | 124186 | |
| 1929 | 151977 | |
| 1930 | 162214 | |
| 1933 | 177719 | |

来源：根据《宁波市志》整理。

表 5-2　宁波口岸机制棉纱出口简表（1898—1918）　　　（单位：担）

| 年份 | 数量 | 年份 | 数量 | 年份 | 数量 |
|------|------|------|------|------|------|
| 1898 | 2141 | 1906 | 5395 | 1914 | 64575 |
| 1899 | 3209 | 1907 | 5395 | 1915 | 73285 |
| 1900 | 2301 | 1908 | 20316 | 1916 | 37355 |
| 1901 | 1329 | 1909 | 35387 | 1917 | 47838 |
| 1902 | 1887 | 1910 | 31217 | 1918 | 31404 |
| 1903 | 570 | 1911 | 38073 | | |
| 1904 | 435 | 1912 | 25899 | | |

来源：陈梅龙：《试论近代浙江的棉花出口》，《史林》2005 年第 4 期，第 95 页，系作者综合参考海关档案及《宁波港史》所列资料等制成。

　　宁波棉花的国内贸易自古就有。进入近代以后由于纱、布市场扩大和浙东棉色白质优洁净度高等特点，也成为内贸商品的畅销货。表 5-2 中通过海关的出口数中，除了直接运销海外市场（如日本、中国香港地区）以外，还包含着对国内各大城市的输出,如上海、广州、武汉、福州等。其中既有这些口岸城市继续转运出口的,也有这些城市用于内贸或加工后制成纱、布出口的。在国内贸易中,对浙江本省棉花欠缺地区的运入也是浙江棉花出口整合的主要内容。浙江地区的整合主要为三个地区,即温、台、海宁等地。

### (三)茶叶种植与销售

平水珠茶是浙东的独特产品,其产区包括浙江的绍兴、诸暨、嵊州、新昌、萧山、上虞、余姚、天台、鄞县、奉化、东阳等县。平水是浙江绍兴东南的一个著名集镇,历史上很早就是茶叶加工贸易的集散地,各县所产珠茶,过去多集中在平水进行精制加工、转运出口。清代至民国的近三百年间,这里成了珠茶的精制加工和集散中心,故国际贸易上逐渐以"平水珠茶"称著。

清康熙年间(1662—1722),平水珠茶以"贡熙"(进贡康熙之意)之名,销往英国伦敦市场。此后,会稽县所产平水珠茶产量日增,传统散茶制作减少。绍兴府境内山阴、嵊县、新昌、上虞、诸暨、余姚以及宁波府奉化、鄞县等地相继仿制。会稽县以平水为中心,普遍开设茶栈,收购浙东各地所产圆茶(毛茶),经精制加工,运抵广州、上海、宁波等口岸,初期以销欧、美为主,20世纪20年代起,以销西、北非为主。

## 二、进口贸易经济的发展

1840年鸦片战争爆发,西方列强迫使清政府"五口通商",中国对外贸易的传统关系发生变化,浙东地区大宗商品主要输往西方国家的同时,舶来品也逐年增加。清末,陆续输入的主要货物有鸦片、钉条铁、布匹、洋油(煤油)、卷烟、五金制品等。民国初期,进口商品的种类主要有卷烟、火柴、肥田粉、肥皂、药品、洋米、布匹、燃料、锡、人造丝、化工原料、五金制品及机电产品、日用杂货等,尤以日货倾销为甚。民国后期,战争频繁,国内经济萧条,对外贸易衰退。

宁波洋油进口贸易典型地反映了浙东地区近代进口贸易的基本特点。19世纪六七十年代,农村手工作坊在浙东地区大量存在和发展,当时,农村普遍使用的是油盏灯,光线昏暗,不适宜夜间进行手工劳作。而这个时候的城镇居民特别是通商口岸宁波的居民,在洋人和侨民先进生活方式的感染下,一些稍有经济实力的住户开始效法洋人使用煤油灯(洋油灯),来改变他们落后的照明条件。19 世纪中后期,洋油迅速在浙东地区盛行,从店铺到普通百姓,从工场作坊到公共场所,照明使用的都是煤油灯。根据《浙海关贸易报告》中所记载,浙江的煤油进口是从 1865 年开始的,当时进口为 7.17 担。此后的十几年里,洋油逐渐被浙人所接受,宁波的洋油进口贸易逐渐呈上升趋势,到 1899 年进口量达 267.2645 万加仑,成为海关记录的重要进口洋货之一。在 20 世纪最初 20 年中,由于电灯的引进,宁波煤油进口数量变化不大,基本与前期持平。"煤油贸易继续持平,平均进口量为 276.7 万加仑,比前 10 年平均量略有增加。俄国煤油逐渐停止进入市场,1907 以后即从我口岸进口清单中消失。""煤油数字缺少变化。年进口 250 万加仑中约 2/3 为美国产品。"①由上面的描述可以看出,在 1902—1921 年中,煤油数字变化不大,增幅也很小,基本处于一种持平状态;在 1922—1931 年中,煤油进口还比较活跃,最高年份达 450 万加仑,但是,到了末期则跌至 180 万加仑。洋油进口对宁波乡村地区的影响主要有三个方面:

一是洋油进口改善了企业和城乡居民的照明条件,煤油的高度的发光能力、比任何一种本地油都便宜的优点使它广受老百姓的欢迎。"在各条约口岸周围相当大的区域内已经普遍使用煤油了。中国人即使是富人,其照明方法也是极原始的。烛心肥大的粗蜡烛便是富人们奢侈品之一,而一股棉纱浮在装着油的铁灯中就为人们破除黑暗。每个村庄都有廉价的煤油灯,最穷的人都买得起。"②

二是洋油进口从一定程度上促进了宁波的近代化发展。在电气工业建立和发展以后,一些通商口岸城市开始使用电灯,而广大农村依然以煤油为主要照明燃料,洋油进口由单一的煤油进口改为汽油、柴油以及石油产品的多种进口。特别是进入 20 世纪以后,浙江的民族工业得到了很大的发展,新式企业不断产生,过去天黑就停工的行业因为有了洋油夜间也可以工作,大大提高了工作效率。铁路、公路开始建设,航运也改过去的帆船为机动船。机器工业需要石油产品,公路建设需要石油产品,汽车的使用、机动船的使用都需要大量的汽油和柴油。近代宁波地区的石油需求主要靠进口来满足。如果没有洋油弥补国产石油的不足,那么近代宁波的新式

---

① 陈梅龙、沈月红:《近代浙江洋油进口探析》,《宁波大学学报》(人文科学版)2006 年第 3 期。

② 陈梅龙、沈月红:《近代浙江洋油进口探析》,《宁波大学学报》(人文科学版)2006 年第 3 期。

企业和交通就无法运营。

三是洋油大量进口，外国油商操纵中国石油市场，进一步控制中国地方经济的发展。浙海关 1882—1891 年和 1892—1901 年十年报告中关于宁波口岸煤油进口货值的统计数字，20 年间累计达 5600821 关平银两。当时，中国的石油贸易主要控制在美商美孚石油公司、英商亚细亚石油公司（属于英荷壳牌石油公司）和美商德士古石油公司三家国际石油垄断组织手中。进入浙东地区的也主要是这三家石油公司，曾有苏联煤油公司的光华牌煤油于 1922 年在远东地区出现，但不久就被美孚、亚细亚、德士古三家公司挤出远东市场。这些国际石油垄断组织一般都采取总公司—公司—分公司—经理行—代理处的形式，逐级对上级负责，公司集中控制，主要高级负责人都由洋人担任，雇佣华人职工，将洋油倾销至穷乡僻壤。以宁波为例，1900 年，美孚石油公司在宁波江北桃渡路设立支公司，在镇海、象山、穿山、莫枝、慈溪、百官、石浦、定海、宁海都设有经销处。各经销处下面还有分销处二至三个。1904 年，英商亚细亚公司也开始进入宁波，设立鄞属部，下属有宁波、余姚、慈溪、镇海、柴桥、定海、石浦、象山、岱山、鸣鹤场、百官、奉化方桥、鄞县五乡等，销售网络遍及浙东城乡各个角落。

表 5-3　1878—1898 年宁波每四年洋油进口数量表

| 年　份 | 宁波的进口数（单位 加仑） |
| --- | --- |
| 1878 | 279584 |
| 1882 | 989000 |
| 1886 | 1540000 |
| 1890 | 2039000 |
| 1894 | 1900990 |
| 1898 | 2672645 |

来源：陈梅龙、沈月红：《近代浙江洋油进口探析》，《宁波大学学报》（人文科学版）2006 年第 3 期。

### 三、新兴工业的萌芽

19 世纪 90 年代，清政府鉴于当时国内外的形势和洋务派的鼓吹，提出"实业救国"、"奖励实业"等口号。通商开放港口沿岸地区及其周边腹地踏上近代民族工业的艰辛历程。1900—1912 年，宁波官僚买办、封建地主和商业资本家先后创办了 18 家工厂，即合丰纱厂、通利源榨油厂、正大火柴厂、立新针织厂、厚丰布厂、明华玻璃厂、宁波自来水公司、永华布厂、和丰纱厂、光明皂烛厂、傅泰记米厂、顺记铁工厂、五美袜厂、任信记营造厂、华泰丝厂、大美肥皂厂、汇昌机器厂、华兴机器厂、战船街电厂。这些工厂规模都不大,如1900年创建的顺记铁工厂,最初就只有5名工人,承接一些小型的机器修理业务。1914年第一次世界大战爆发后,欧美帝国主义国家忙于战争,无暇东顾,暂时放松了对中国的经济压迫。这个时期,宁波和全国各地一样,民族工业得到进一步的发展。从1914年到1921年的八年中,宁波又先后创设了永耀电力公司、四明电话公司、美球针织厂、如生罐头厂、华陛印刷厂等21家工厂企业,至此,全宁波共有39家近代化工厂企业,分类如表5-4。

表 5-4　1900—1921年期间宁波近代工业企业数目一览表

| | |
|---|---|
| 棉纺针织业 | 9 户 |
| 食品加工业 | 11 户 |
| 机器修理业 | 6 户 |
| 公用交通业 | 5 户 |
| 日用品工业 | 8 户 |

来源:李政:《解放前宁波市的民族工业》(http://www.nbzx.gov.cn/article.jsp? aid=2996)。

以上39家工厂,资本共约银元230万元,有工人5000余人,开始形成了宁波资本主义工业。当时宁波民族工业的特点主要是生活资料的轻工业,属于重工业类型的电力厂和机器修理厂还不到工业资本总额的7%。根据1951年私资重估时的材料统计,宁波当时尚有284户工厂,从业人员总数为4988人。除了1家电厂和47户机器厂属于重工业系统外,其余都是轻纺工业和加工工业,包括20家锯木厂,48家小型针织厂,109家小型纺织工厂,32家粮食加工厂。所谓"机器厂",实际上都是一些机器修配厂,47家机器厂只有职工256名,平均每家不到6名。因此只能给进口的一些机器设备搞搞修配。再以纺织厂为例,名义上有109户,但除了恒丰、大昌、厚丰等几家稍大外,其余的大都只有十数台布机。[①] 有些布厂的老板,本身就是织布工,凑上几名家属,就挂上了某某布厂的招牌。又如宁波的十几家烟厂,大都是一台或三两台卷烟机。其他如一些粮食加工厂,甚至稍具规模的通利

---

① 李政:《解放前宁波市的民族工业》(http://www.nbzx.gov.cn/article.jsp? aid=2996)。

源油厂和如生罐头食品厂,也是忙时招来了一批工人,闲时就解散回乡。

### 表 5-5　鄞县乡区工厂一览表(民国 21 年)

| 厂名 | 地址 | 出品种类 | 资本额 | 产量 |
|------|------|----------|--------|------|
| 纬新布厂 | 莫枝堰 | 棉布 | 5000 元 | 10000 锭 |
| 韩岭烟厂 | 韩岭市 | 卷烟 | 2000 元 | 150 箱 |
| 渭丰布厂 | 西乡白龙王庙 | 线尼高布 | 5000 元 | 1500 箱 |
| 露香食物分厂 | 横溪 | 罐头笋 | | |
| 付祥记布厂 | 姜村 | 棉布 | | |
| 治成纱罩厂 | 周韩 | 纱罩 | | |
| 东吴绷布厂 | 东吴 | 绷布 | | |
| 光明电器厂 | 鄞江桥 | 电灯 | | |
| 志成药棉厂 | 鄞江桥 | 药棉 | | |
| 成生布厂 | 姚家浦 | 布 | | |

来源:《鄞县通志·食货志》,第 54—55 页。

　　下面以宁波地区火柴产业的发展说明浙东民族工业的在近代乡村的发展轨迹。宁波慈溪火柴厂是浙东地区也是浙江省境内的第一个火柴厂。据《浙江百年大事记》记载:"一八八九年(清光绪十五年己丑)二月十日,有宁波商人在慈溪县开设浙江慈溪火柴制造厂,雇佣日本工匠,制造火柴,宁波道台批准立案并通知海关。此为浙江民营火柴厂之始。"[1]当时火柴厂规模不大,主要靠手工操作,产量很低,火柴有盒装(牌子不清)和散枝,全由小贩沿街叫卖。后来洋火涌入,在宁波慈溪等地大量倾销,慈溪火柴厂受到冲击,只惨淡经营了两三年就闭歇了。1914 年,爆发了第一次世界大战,西方国家忙于战争,无暇东顾,这给中国的民族工业发展提供了良好的机会,位于宁波江北草马路姚江畔,最早于 1907 年由法国天主教士以教堂名义在宁波创办的正大新公司乘机扩大火柴生产,产量每月增加到 500 箱,设备由老式的 2700 眼排版车改为新式的 3300 眼,由 12 部增加到 15 部,工人总数达到 130 余人,并创新商标,如"浙江"、"童车"、"采桑"、"爱鹅"等。还于 1921 年创建梗片车间,自制盒片、梗子以适应生产发展需要。

---

　　① 中国人民政治协商会议浙江省委员会文史资料研究委员会:《浙江百年大事记(1840—1945)》(《浙江文史资料选辑》第三十一辑),浙江人民出版社 1986 年版,第 65 页。

## 第二节　近代乡村制度变迁

宁波传统乡村经济受到近代工商业的严重挑战的同时,乡村制度也在悄然发生转变。宁波近代乡村制度变迁主要体现在教育、土地、金融、政治和文化等方面,虽然在一定程度上缓解了社会政治和经济矛盾,但最终依然无法摆脱农业内卷化和政权内卷化的命运。内卷化一词源于美国人类学家吉尔茨(Chifford Geertz)的《农业内卷化》(*Agricultural Involution*)。根据吉尔茨的定义,"内卷化"是指一种社会或文化模式在某一发展阶段达到一种确定的形式后,便停滞不前或无法转化为另一种高级模式的现象。①黄宗智在《长江三角洲小农家庭与乡村发展》中,把内卷化这一概念用于中国经济发展与社会变迁的研究,他将边际效益递减称为没有发展的增长即"内卷化",并认为明清以来在人口的压力下,中国的小农经济逐渐变成一种"糊口经济",几个世纪以来的农业商品化不过是"剥削推动的商品化",因为那是一种为了以现金或实物向不在村的地主缴租而从事的市场行为。②杜赞奇在《文化、权力与国家:1900—1949 年的华北》中,提出了国家政权内卷化的概念。"政权内卷化"与农业内卷化的主要相似之处在于:一是没有实际发展的增长(即效益并未提高);二是固定方式(如赢利型国家经纪)的再生和勉强维持。③进入 20 世纪的中国国家政权不是靠提高自身效率来扩大财政收入,而是靠扩大外延——增设机构和增加税种来增加收入,这样做的后果是导致了国家财政收入的增长伴随着"赢利型经纪人"贪污贿赂的增长,这是国家政权内卷化在财政收入方面的表现。

### 一、晚清新政与"兴农"政令

在中国历史上,任何一个时代都没有晚清时期这样频繁地进行"新政"和"变法"。短短 70 年间,全国规模的新政、变法就进行了三次:19 世纪 60年代后的洋务新政,19 世纪末的戊戌新政,20 世纪初的清末新政。

---

① 刘世定、邱泽奇:《"内卷化"概念辨析》,《社会学研究》2004 年第 5 期。

② 黄宗智:《长江三角洲小农家庭与乡村发展》,中华书局 1992 版,第 108、173 页。

③ 杜赞奇(Prasenjit Duara):《文化、权力与国家:1900—1942 年的华北农村》,江苏人民出版社 1994 年版,第 68 页。

洋务新政是晚清时期的第一次改革运动。它是由封建官僚阶层中的洋务派利用手中所掌握的国家机器进行的。浙东学派"经世致用"理论使封建官僚开始以实事求是的态度正视并引进西学,走出固步自封的圈子,加入时代潮流。洋务运动带来了现代生产力和大工业生产方式,从而刺激和促进了民族资本主义的发生。随着民族资本主义的发生发展,中国社会进一步出现了各种体现民族主义的思想和主张。

戊戌新政是甲午战争及战后民族危机刺激下的产物,在很大程度上更是洋务新政播下的现代文明种子的提前收获。戊戌新政的主导力量是维新派,他们的社会基础是当时的新兴社会力量——资产阶级。不仅已涉及洋务新政所没有的政治领域的改革——开制度局以统筹全局、改革官僚机构等,即使是延续洋务新政中的经济、文化教育领域的改革,也更有广度和深度,正反映了维新派所追求的是"全变"——系统的、全面的社会变革,而不是洋务派那种零敲碎打、补苴罅漏式的变法。

清末新政中社会变革的广度、深度是前两次新政无法比拟的。在十年时间里,几乎同时进行了教育制度、军事制度、经济体制、财政制度、法律制度等方面的改革,直至进行政治体制的改革。这是中国历史上从来没有过的广泛、系统而深刻的社会变革。各个领域的改革不仅各自留下了许多有形的成果——这些成果大多被继起的民国所接受,取得了中国早期现代化运动过程中的最大实绩;而且还产生了许多无形的成果,如:加速了社会的分化,新的社会经济成分和社会力量加快成长;促进了政治力量的分化和组合,代表社会进步方向的政治力量得以更快地壮大;推动了社会观念形态的更新,近代文化和思想在逐渐扩大传播的过程中不断向前发展。

晚清新政对浙东乡村的影响主要表现在以下三个方面。

### (一)推广现代教育

清政府从洋务新政开始创建培养洋务专才的军事、外语、技术类的新学堂,到第二、第三次新政在全国各地日益广泛地建立旨在普及国民教育的普通学堂,清光绪二十四年(1898),清政府通令改书院为学堂,中学西学兼习,并奖励绅商捐资办学。浙东各县陆续改原有书院、考棚、义学、私塾为官立小学,有识绅商亦纷纷捐建学堂。光绪二十九年(1903)冬,《奏定学堂章程》颁行,学堂设置始有章可循。原有学堂和新办学堂分官立、公立和私立三类,依程度分别以初等小学堂、高等小学堂和两等小学堂(初高等并置)名之,使近代学堂遍及浙东,逐渐形成了一个从幼稚园、小学堂、中学堂、高等学堂,直到大学堂,以及职业教育、社会教育、师范教育、留学教育的近代教育体制,此时,一些有识之士创设一批公、私立小学。同时,在西方教会的影响下,浙东地区成为近代第一个推行女子教育的地区。

### (二)鼓励兴办农会

商部奏请通饬各省农务摺提到:"振兴农务之法,不外清地亩,办土宜,以及兴水利,学畜牧,立农务学堂,兴试验场。"令各省督抚"振兴农务",选派留学生学习西方先进的农业技术等,积极推进农业经济的发展。出口农产品在世界市场竞争中的劣势地位,使清廷及商部认识到"商务初基,以提倡土货为要义,而商之本在工,工之本在农,非先振兴农务,则始基不立,工商亦无以为资"。而农业的振兴,必须要对传统农业中的各种生产要素进行改良,引进西方先进的生产技术,促使其向近代农业进化。清末,政府饬令设立中间组织——农会,以"开通智识"、"改良种植"和"联合社会"。农业为弱质产业部门,为提高资源配置效率,降低生产和经营过程中不确定因素造成的风险与交易费用(如技术风险与其推广的高成本),因此政府支持、倡导民间设立介于国家与社会之间的中间组织如农会组织是十分必要的。1906年,清政府颁布了专为整顿农务而设的《农务会试办章程》和《农会简明章程》二十三条,详细界定了农会的宗旨、组织、会员条件及任务,从而为农会组织的设立提供了制度上的保障。并要求"各省应于省城地方设立农务总会,于府厅州县酌设分会,其余乡镇村落市集等处并应次第酌设分所","总会地方应设农业学堂一所,农业试验场一区,造就人才分任地方农务以挈各分会分所之纲领"。其中特别强调农务会"应办之事,曰主办报、译书;曰延农师、开学堂;曰储集佳种;曰试种;曰制肥料及防虫药、制农具;曰赛会;曰垦荒"[①]。政府对农会社团合法性的赋予,目的显然是希望农会组织成为新生产要素在地区浸润展延的一个有力工具。这样,在政府政策的激励下,农会组织开始公开地在浙东各县迅速推行。

民国20年至23年(1931—1934),宁波鄞县成立县农会,各区成立区农会,各乡成立乡农会,乡农会会员人数达10632人。[②]《区农会章程准则》指

---

① 《大清光绪新法令》第16册,第十类,实业,商务印书馆1909年版,第41页。
② 《鄞县通志》,政教志,第1555—1558页。

出农会"以发展农民经济、增进农民智识、改善农民生活而图农业发达之目的,指导农民及协助政府或自治机关进行关于土地水利之改良,种子肥料及农具之改良,森林之培植及保护,水旱虫灾之预防及救济,农业教育与农村教育之推进,公共图实施阅报室之设置,公共娱乐之举办,生产消费信用仓库等合作事业之倡导,治疗所、托儿所及养老救贫事业、粮食储备及调剂、荒地之开垦,其他农业之发达改良等"。民国初,定海县曾成立县农会,民国 16 年(1927)后消失,民国 29 年(1940),定海县政府在桃花、六横等地设立县农会,由胡康宁任理事长。民国 35 年(1946)1 月,迁至定海城内。民国 36 年(1947)2 月,改由庄朗庭任理事长,时有 28 个乡镇建立农会,会员 27000 余人。[1]

### (三)提倡改良农业

清政府先后颁布了许多"兴农"政令,在变革学制的基础上,创办各级农务专门学堂,提倡农学教育。近代农业与传统农业的一个最大区别就在于生产中对科学技术的应用。与之相应,人才的需求及培养也就成为此时农业变革中的关键,再加之中西方经济方面的差距,使清政府感悟到"实业教育为今日之急务"。故从 1903 年起,陆续制订、颁布了一系列关于发展农业教育的政策和规章,倡导各省设立农事试验场,推广和传播农业新科技。另外,在变革学制的基础上,还积极创办各级农务专门学堂,提倡农学教育,对农业的近代化产生了一定社会绩效。上虞人陈春澜先后创办上虞农事试验场、春泽实业公司,旨在提高当地农业的生产品质,使农民得到实惠。如农事试验场着力于改善土壤,改良种子,改变耕作方法,提高复种指数等;春泽公司试行农业规模经营,使丰惠、章镇一带贫瘠低洼的湖田得到整治,成为优质农田。宁波人吴锦堂开展近代农业教育、农业学堂,将蚕桑业引入慈北。[2] 在兴办农蚕学堂的同时,吴锦堂积极筹划创办浙省农业股份公司。然而,浙省农业公司因开垦的官荒土地归各地自治公所而流产,但此事在当时并非不能解决。失败的原因是政府配套措施未跟上,加之地方利益所在,不容外人染指。[3]

---

① 《舟山市志》(网络版)http://www.zsgj.gov.cnzsnjindex0.htm。
② 纪立新:《吴锦堂的近代农业教育实践》,《经济与社会发展》2007 年第 6 期。
③ 纪立新:《吴锦堂振兴浙江实业的设想与活动》,《宁波大学学报》(人文科学版)2008 年第 5 期。

## 二、封建土地经济弊病与"二五减租"

明清两代,浙东乡村除官田(公田)外,民田(私田)多为封建地主所占有。土地的佃农民国沿袭清制,维护封建土地制度,土地兼并如故。一方面,土地越来越集中到大封建地主手中,同时,地主还控制着占耕地总面积28%的庙会祀事田的大部分。另一方面,在乾隆一朝的六十年间,人口翻了一番。这给农民经济带来了一些重要影响。首先是耕地规模缩小。中国多子分析遗产的制度,本来就会造成田产的不断分割,而人口的大量增加,更会加强这种趋势。一些原来耕地比较充裕、农民占田较多的地区,自耕农拥有的田地大大减少了。如乾隆后期的慈溪县,已是"慈邑有田之家,或一二亩、或三四亩,自赡不暇"①。而人口过剩直接导致了小农经济"内卷化"或"过密化"(involution)发展。

清至民国期间,宁波地区租佃形式主要有定租制、分租制、预租制、押租制、转租制和力租制。转租制又称大小租,在宁波农村地区相当普遍,它迫使租种土地的广大贫苦农民遭受着更高额的地租盘剥。佃农不仅受地租剥削,还受超经济的强制,当时规定佃农不论年纪大小,对地主"要尽以少事长之礼",对"拖欠租课的佃农","杖八十,所欠之租照数追给田主"②。乡约俗成,逢年过节或婚丧喜庆,佃农须对地主送礼或全家前往服杂役。此外,高利贷盘剥农民,较佃租更甚。地主趁农民青黄不接、天灾人祸或贫病交迫之际放债。

民国初期,浙东地区农村田赋仍按清代赋额,农民负担有增无减,变本加厉。清代和民国时期,农民经受不住租赋、苛捐杂税的压榨,抗租减租斗争时有发生。民国 2 年(1913)余姚县郎霞佃农周生元等集众 5000 人涌入县城请愿,要求永佃权,后经佃农、业主达成协议,勒石于八堡庙。

1926 年,国民党在广东、湖南、湖北、江苏、浙江五省颁布"二五"减租法令,但最终只有浙江进入了实施阶段。1927 年,浙江省颁布"二五"减租条例,规定正产品全部收获量的 50% 为最高租额,佃农按最高租额减 25% 缴租,副产品收入归佃农所有。在 1929 年修订的浙江省《土地法》中,最后的地租上限定为主要作物或正造作物产量的 37.5%,故又称"三七五减租"。

---

① 光绪《慈溪县志》卷十。
② 《光绪大清会典事例》卷八〇九。

浙江各县相继成立县佃业理事局或县佃业仲裁委员会,支持"二五"减租,因遭到地主反对,农民被迫起来斗争。民国 16 至民国 19 年(1927—1930),各县先后爆发数百、数千甚至万人以上规模的农民抗租减租斗争。例如鄞县 1927 年施行减租,一般业主群起反对,后因负责农运同志的努力宣传,纠纷较少。相较其他省份,浙江的"二五减租"无论就其推行的范围、推行的时间,还是减租的影响与成效,都是其他省份所不可比拟的。就某种意义而言,国民政府统治时期的浙江"二五减租"实质上已演变成为通过减租的方式,减轻农民负担、进而整合乡村的重要举措。

### 三、乡村建设运动与县政建设

中国 20 世纪二三十年代在民间兴起的乡村建设运动起因于中国社会危机的日趋加重和国家政治的极度腐败。鸦片战争以后,帝国主义机器工业迅速冲垮了中国自给自足的小农经济。民国以后,军阀连年混战,使原本就极为低下的人民生活水平更趋下降,乡村经济濒于崩溃。30 年代初爆发的"九一八"、"一二八"事变,更将中国推至生死存亡的紧要关头。民国乡村建设运动正是在这样的时代背景之下形成的,因而这场运动的主要目的在于复兴农村经济。这场由公共知识分子出于强烈的社会责任感而掀起的改良运动,受到 20 年代以来西风东渐和西方自由主义思潮的影响,乡建工作者大都本着"教育救国"的思想,在与官方保持一定距离的情况下,希望单纯依靠自己的力量进行实验。由于无法根本解决土地制度核心问题,加上得不到地方政府的支持,以致有时举步维艰。但在 1932 年国民政府第二次内政会议后,各地乡村建设运动开始得到政府的支持和资助。由此,乡村建设运动由纯粹的民间行为走上了与政府合作的方式,即"政教合一"的县政建设道路。

关于县政建设,南京国民政府自成立伊始就存在两种制度倾向:一种是建构以直接民权为核心的乡村自治制度,以之作为国家改造乡村社会的工具;一种是推行保甲制度[①],以国家的强力控制社会。自治与保甲两种制

---

① 即 5 户为一"邻",5 邻(25 户)为一"闾",10 户为"甲",10 甲为"保",确立了县以下党部与区团甲牌连锁关系,使得国民党可以直接控制甲,实行保甲连坐制度,应"剿共"的需要成为钳制民众口舌的机器。

度在各个时期都呈现出了不同的消长离合之势。① 1928 年，第一次内政会议审议通过了《限期实行乡村自治案》，指出："地方自治，为训政实施之基础，而乡村自治，又为地方自治之造端，乡村自治不良，则县自治无由美备，而训政设施，亦感困难。"②当时浙东各县的区和区下的村都为此成立了筹备委员会，委员会由当地的乡绅组成，筹备结束之后，这些人自然就摇身一变成了新的"乡官"。在新的乡村建制建设完毕以后，区长的遴选必须由各村长村副推举符合条件的三人，然后由县政府确定一个，再报省民政厅备案。为了控制势力强大的地方精英，自治运动中非常强调国民党"党义"的学习和培训，规定各区、村长都要定期到县里进"党义训练班"，省民政厅还不定期地派"党部学术家"到各地巡回演讲。似乎是希望通过党义的灌输，使得那些地方精英自觉服从国民党政府的指挥。

　　1932 年 12 月第二次全国内政会议上蒋介石提出议案以推销"剿匪"省区内的保甲经验；1933 年，国民党重新恢复农会组织，并确定其核心职责为"指导农人，改良农村组织，积极参加地方自治工作，并切实举办清乡保甲等"③。1934 年国民党中央政治会议后，保甲制度迅速在全国大部分省份确立起来；最后于 1936 年 5 月，在蒋介石主持的全国地方高级行政人员会议上通过了"融保甲于自治"的地方自治议案。保甲的功用是安定社会秩序，自治则是地方人民参政的阶梯，是整个地方政府体制上的变革；保甲是辅佐官治的制度，保甲人员虽然由户长甲长推选，但最后选委大权操在政府之手，自治则是整个宪政系统中的基层组织，一切自治人员均由人民公选。④ 国民党内政部承认，"保甲制度之本身，与现行自治制度，不无抵触"。为解决保甲与自治之间的矛盾，内政部建议将保甲与自治融为一体，即以保甲代替闾邻，以乡镇代替联保。1937 年 7 月，立法院通过《保甲条例》，作为《县自治法》的补充。这样，国民政府以立法形式确立了保甲在自治组织中的地位，使保甲获得了所谓"新生命"："依县自治法，县以下为乡镇一级，并未因施行保甲制度而稍有变更，于办理自治事务，训练民众使用四权，毫不发生影响。在自治未完成前，依照现在事实，甲长由本甲内各户户长公

---

① 蒋宝麟：《民国乡村建设运动："政教合一"及其悖论——基于对晏阳初"定县实验"的考察》，《二十一世纪》网络版，2006 年八月号，总第 53 期。

② 《内政部第一期民政会议纪要》，内政部第一期民政会议秘书处 1929 年版，第 77 页。

③ 于建嵘：《20 世纪中国农会制度的变迁及启迪》，《福建师范大学学报》2003 年第 5 期。

④ 杨焕鹏：《论抗战后杭州地区保甲运作中的保长与保干事》，《历史档案》2004 年第 4 期。

推,保长由本保内各甲甲长公推,至自治已有相当之成绩,人民已受四权使用之训练,保甲长由乡镇区长,召集所属保甲公民推举之,仍与自治法上,以公民为单位之本旨,不相违背。"①

自 1933 年至抗日战争爆发前由南京国民政府与乡村建设派合作掀起了这场县政建设运动引起了国内 11 省的积极响应,共有 20 个县被划为县政建设实验县。宁波地区的县政建设主要受兰溪模式和宁县模式的影响,普遍采用土地清查的办法,即登记书册,补造鱼鳞册,编造丘地归户册,发给土地管业证,确立推收制度,办理升课,调解土地纠纷等;在税制方面,则改进税制,按亩征捐,合并税目为省、县税;整顿原有之保卫团,加强社会治安管理,在积极方面则是抽训壮丁,以取代警察,并在乡村仿照"剿共"省份推行保甲制,使原有一些赌毒之风盛行的乡村有了很大改观;同时,乡村教育和建设又提上了日程,前者主要是实行乡镇中心小学制和整顿私塾,后者主要是整修公路、水利,推行合作,改良农业。

### 四、合作运动与乡村金融发展

在中国乡村金融史上,民国时期是一个承前启后、新旧更替的重要阶段,最大的变化就是现代农村金融的产生,20 世纪二三十年代出现的农村合作运动就是其重要表现形式。被认为是"救治农村"的有效方法之一。1928 年 7 月,浙省政府第 134 次会议通过了《浙江省农村信用合作社暂行条例》,对组建信用社的条件、社员资格及手续等问题作了详尽规定。这样就为合作事业在浙省的展开提供了法令依据。但当时的鄞县信用合作社发展较落后,因为本地钱庄业发达,利息不高,且手续简单,信用社以信用为前提,且人之信用各异,信用度不一致的人很难合作。因此鄞县人"往往对此组织复杂而蝇头微薄之举辄有不屑为之"②。

浙东的农村合作运动的进展,除了地方政府之努力及一批热心合作事业者的力行外,还与金融资本向乡村渗透有着较大关系。20 世纪二三十年代间,因农村破产的加剧,加速了资金的城市化流向,而且受世界经济危机的影响,都市工商业萧条,公债及房地产等投机事业也趋衰微,结果使城市银行业因借款者甚少,致现金集中银行,出路呆滞,故不得不将城市中闲置

---

① 中央地方自治计划委员会:《我国地方自治制度之演进》,《地方自治》1936 年第 2 期,第1—2 页。

② 《鄞县通志》政教志。

资金向农村投资。此种情况下,各银行也开始在交通便利的江浙等省组织合作社,并以此为通道向乡村输入资金。如在 1934 年 5 月浙省建设厅向中国银行借款 20 万元"转贷农民",嗣后复指定诸暨等十县为该行放款区域,"以合作社为放款对象,以稻作担保品"。其他如上海银行及江浙春茧放款银团也都放款农村,"积极推广合作组织"。[①]

浙东鄞县合作事业促进委员会于民国 20 年成立,其目的是促进利用运销合作社、渔业合作社、农林生产与运销兼营合作、农村及渔村合作实施区的逐渐推广。鄞县农民肥料供给合作社于民国 17 年发起,不数月即宣告成立。因为其设立早于合作事业促进委员会,组织缺乏法度,又该社区域以全县为范围,社员总数 2000 余人,散布县境各乡。平日社员与社员间无法联络,势难互相监督至隔阂丛生。散漫而无组织,是该社失败的根本原因。

以"救济农业"、整合乡村进而为其对农民统治赢得更多"合法性"为出发点的合作运动,是国民政府试图改变农村生活的一个尝试。然其结果是合作社为村落中地主、富农及土劣等少数"权势者"所掌握,背离了政府的"削弱高利贷、辅助弱者"之初衷,蜕变成一种新的"集团高利贷"。究其原因,是因其在运用政治力量向下推行的过程中,底层社会秩序与权力构成未作变革之果。[②]

## 五、新生活运动与公民教育

新生活运动是 1934 年至 1949 年中华民国政府推出的公民教育运动,"礼义廉耻"(四维)是新运的中心思想,其目的在于要民众把"礼义廉耻"结合到日常的"食衣住行"各方面。如果说"礼义廉耻"是新运的理论基础,则"三化"就是实践理论的行动指引。所谓"三化",就是生活"艺术化"、"生产化"、"军事化"。战前的新运工作大致不外乎提倡清洁和守规矩。"规矩"方面有守时运动、节约运动、升降旗礼等;"清洁"则有夏令卫生运动、刷牙、剪指甲、清除垃圾和污水、灭蝇竞赛等。亦有针对愚民陋习、不良风气的活动,如识字运动、禁烟消毒(即禁毒)运动等。抗战爆发后,新生活运动自然地演变为战地服务、伤兵慰问、难民救济、保育童婴、空袭救难、征募物品和捐款等与战时支援有关的活动。

---

① 《近数年我国金融界对农村之贷款》,《中央银行周报》1936 年第 6 期。

② 赵泉民、忻平:《乡村社会整合中的"异趣"——以 20 世纪 30 年代江浙两省乡村合作运动为中心》,《华东师范大学学报》(哲学社会科学版)2003 年第 1 期。

早在民国 19 年（1930）1 月，蒋介石在家乡奉化溪口创办武岭学校。次年始，蒋介石自兼校长，并题校训："礼义廉耻。"1934 年春，在广竹村建分校。学校仿效法国式乡村办学形式，以学校为中心，举办本地各项社会福利事业，至 1936 年，建成含幼稚园、小学部、农业职业学校及农事试验场、林场、电厂、农民借贷所、罐头食品厂、公园、医院、图书馆等单位设施的综合体，这可以说是新生活运动的序曲。

前期新生活运动推出了以"经常中心工作"和"季节中心工作"为主的生活改良措施，并取得一定成效。这里所谓"经常中心工作"，主要是指"规矩"、"清洁"两项。民国 23 年（1934）5 月 2 日，国民党宁海县区党部成立新生活运动促进会筹备会，开展新生活运动。蒋介石视察宁海中学，在训话中所提及的新生活运动有关内容，并将"礼义廉耻"四个大字写在大礼堂墙壁上，"整齐、清洁、简单、朴素、迅速、准确"12 个字写在教室里，并且在学校里严禁随地大小便，不准随地吐痰，不准乱丢纸屑，互相监督，严格遵守。这一运动，风行一时，从宁海中学首起，很快扩展到全县各地。所谓"季节中心工作"，主要是由春季植树、夏季卫生、秋季节约、冬季救济 4 项组成，于1936 年正式推出。由于蒋介石、宋美龄的影响，浙东地区新生活运动的"季节中心工作"走在前列，1935 年 3 月 12 日，宁海民众千余人便在孔庙举行造林运动大会，会后在南校场等地植树。

浙江地区在新生活运动中力倡禁烟。1934 年浙江省政府呈请行政院，提出"令全国禁吸卷烟，令内（务）、财（政）、实（业）三部会同研究并拟禁吸办法"。浙东地区积极响应，同年，国民党宁海县区党部成立新生活运动促进会筹备会，开展"新生活运动"，6 月 3 日，县各界在城隍庙举行"六三"禁烟纪念大会。宁海县的茶院、庙岭、古渡、竹口、薛岙、溪下等处，群众都起而相率戒烟，规定对吸食卷烟者处以 5 元的罚金，至于贩卖各户则罚款演剧，以示警戒（该地演剧一次约需 15 至 20 元）。与此同时，镇海县亦于六届行政会议议定公务人员禁吸卷烟，该县县长徐用首先奉行，并通令所属戒吸卷烟，1934 年 6 月 2 日，宁波《时事公报》曾作报道："……（本邑）流毒之最普遍者莫若卷烟，上自绅士官员，以至于村妇走卒，莫不口衔一枝，自以为时髦。社会虽不乏有识之士，然大都不能免俗同污合流，举凡亲友酬酢，宴会议场，皆有无此君不欢之概，殊不知害己及人，大背乎养生之道者。溯自香烟为祟以来，民族精神之牺牲已无能统计，即就金钱言，其数目尤堪惊人。……本县六届行政会议曾经议定，公务人员禁吸卷烟，其原意以公务人员为民众表率,一言一行潜移世俗至深且巨,故欲戒除上项恶习必先由公务人员庶得上行下效,互相劝勉,一举而成,其意至深且切。"新生活运动中的禁烟举措,致使卷烟销量明显减少,直接触动中外烟草商的利益,华商卷烟业公会尤其是英美烟公司纷纷致函当地政府和国民政府财政部,要求"迅予设法分别切实查禁,以安商业而维税政"。财政部部长孔祥熙为确保国家税收,又要贯彻新生活运动的旨要,曾出面召集财政部等三部审议,决定"对吸食卷烟,暂缓禁止",但对于未成年人禁烟和限制公务员于办公时间内吸食卷烟,以及禁止机关团体以卷烟供客,作出明令禁止。

20 世纪 30 年代蒋介石和宋美龄联手发动的新生活运动,试图改造中国国民之习性,使国人在生活习惯和精神上"脱胎换骨",不要让西方人"看不起我们",但是,这场运动的背景是数千年来根深蒂固的生活习惯和贫穷的广土众民,"新运之风,仅围城市,广大的穷乡苦村难得拂及,因而乡村黎民对新运既缺耳闻,又乏目睹,因之而来的影响就更微弱了"。这场运动就像许多运动一样,很快地走进历史而成为明日黄花。

## 第三节　近代乡村宗法制度的解体与士绅角色的转变

近代,由于战乱纷争和人口流动,特别是政治上封建君主制度的覆灭,经济上商品经济的发展造成乡村的分化和农民贫困化,加上新文化的传播,传统的宗法制度逐步走向瓦解,旧有的乡村秩序逐渐发生转化。然而这一过程并非疾风暴雨式的,更多地反映在代表宗族势力的传统士绅阶层角色的转换过程。

19 世纪中叶,借助平定叛乱的机会,地方士绅的权力从地方性的社会文化事务,扩展到拥有全国影响的政治军事领域。地方士绅在新政和自治的制度化名义下,进一步扩展权力的基础,晚清是"士绅社会"权力扩张登峰造极的时期,同时也因为其过于政治化而自我瓦解:一部分士绅直接转化为政治权力,而另一部分士绅则蜕变为新式地方名流。

在地方政制重建过程中,乡绅权力不仅借以获得"正统性",而且权力作用范围得到前所未有的扩展,从兴学办学到公共卫生,从道路水利到农工商务,从整顿集市到筹集款项,甚至是衙门专管的诉讼官司,社会公共事务的各个领域都有他们的身影。

### 一、宗法制度的逐步瓦解

在 20 世纪上半叶,宗族组织虽在不同的乡村地区依然存在,有的甚至保持着相当完整的组织形态并主导着乡村基层社会的治理,但由于战争的劫难和农民的流动,特别是政治上封建君主制度的覆灭,经济上商品经济的发展造成乡村的分化和农民贫困化,加上新文化的传播,对民众个人权利的宣扬及对封建宗族制度的批判,动摇了宗族赖以生存的经济、政治和文化基础,传统的宗族组织难以正常运行而衰亡。据民国 15 年版《象山县志》记载,当时的乡村地区不同族姓共计 645 个,还设立有祠堂的仅剩 183个。根据民国《鄞县通志》记载的鄞县小学校舍种类统计,当时将祠堂作为小学校舍的比例最高,约占到各类校舍总和的三分之一,其次是新建校舍,占 8%～12%,再次是庙宇和民房作为校舍或原有学校改建,各占 10%～12%。另外还有寺庵、义庄、书院等作为校舍的。应近代乡村教育之需,祠堂建筑主体功能从祭祀向新式教育的转型,也从侧面反映了宗族礼法制度的衰微。

另外宗族组织在乡村社会治理中作用的衰退与国家权力在乡村社会扩张也有直接的关联。在历史上,国家主要是通过里甲制或保甲制来实现对乡村居民的控制,但其控制力十分有限,仅仅体现在征收钱粮和差役上。中国古代社会以(州)县官署为基层政权,(州)县以下不设治,而(州)县正式官员的设置也极简。(州)县及其以下没有科层化行政机构,担当胥吏、差役及里甲、乡地、保甲人员等行政职能的往往是地方乡绅和宗族首领,他们不被正式纳入国家行政人员的管理系统,因此受不到近代意义上的民主监督,容易造成吏治腐败。另外县以下的教育、教化、治安、民事调解、公共设施建设、社会救济和保障等各种社会职能不是由公共机构承担,而是由士绅、宗族等私人势力承担。由于上述人员和社会势力在各地分布不均、存殁无常且良莠不齐,结果一方面经常造成各种社会职能缺位;另一方面经常导致豪劣横行乡里。清末自宣统始,浙东地区普遍实行乡约和城乡自治制,各乡成立乡公所,设乡董,乡佐各一人,城乡议会亦同时成立。民国18 年(1929)实行村里制,民国 20 年(1931)改为区乡镇制,县下设"区",区下设乡镇,乡镇下设闾里。不论城区或乡村,一律以区、乡、镇划分。"每区设区长一人,自区长外得设助理员一人或两人,出纳员一人,雇员若干人,区丁若干人。"乡镇公所负责本乡镇公共事务管理,通过乡镇议会民主决策,此外还设有区调解委员会和闾里邻居议会等自治组织机构。然而,国民政府为维护治安、防止"赤化",曾在乡镇之下推行闾邻保甲制规定,日渐控制和干预地方自治。① 地方自治在短暂发展之后,愈益背离其本质。国民政府对乡村进行地域性行政管治打破了封闭的自然村落社会,取代了宗族血缘组织的大部分功能,一定程度上造成宗族的权力和地位的削弱。

## 二、士绅角色的悄然转变

近代以前,中国士绅阶层是一个具有独特的社会地位与多种社会功能的群体,他们既是知识精英集团,也是政治精英集团。作为国家官吏的来源,士绅属于统治集团的成员,享有法律、政治及经济等方面的特权,与皇权有一致的利害关系,二者相辅相成;但作为"四民"之首,他们又是"民"的代言人,是地方利益与家族利益的政治代表。士绅群体的这种双重属性使其在国家政权与基层社会之间承上启下,起到维持政体与社会整合的作用。可以说,在中国传统社会中,绅权与皇权的相互平衡与有效的运作是社会政治体制维持稳定的重要前提。

19世纪中叶以来,朝代衰落的传统历史变局与西方列强入侵的新的历史变局同至,为应付内忧外患的双重挑战,传统的社会政治体制正经历着或隐或显的变化,作为沟通国家与百姓之间关系的士绅阶层,亦相应有所变化。具体表现在士绅群体的规模扩大,地方绅权大大增加。清朝政府为平息太平天国运动,以奖励功名、官衔及科举学额等手段来鼓励士绅组织团练,镇压动乱。因而太平天国以后,士绅的人数增加了约32%。② 据统计,在太平天国运动鼎盛的19世纪50至60年代,各地民众的起义及骚动事件达三千多次。③ 在普遍而强烈的内乱的冲击下,士绅社会关注的核心是儒家的社会秩序和地方社会的安宁稳定,这与他们的社会政治地位与经济利益息息相关:前者使他们个人及家庭的目标得以实现,后者是维护和扩大其既得利益的保障。因而他们办团练平内乱,大而言之是维护名常纲教,小而言之是"自卫身家"。宁波沿海一带更有外患冲击,身处偏僻乡村

---

① 丰箫:《近代浙江省地方自治制度与实践》,《史学月刊》2008年第7期,第49页。

② Chung-liChang. *The Chinese Gentry*,*Studies on Their Role in 19th Century*,University of Washington Press,1955:164.

③ Frederic Wakeman Jr. and Carolyn Granteds. *Conflict and Control in Late Imperial China*,Berkeley:University of Califorina Press,1985:190.

的地方士绅为更需要利用团练组织来提高保卫自身财产与人身安全。更为重要的是,普遍的团练自救运动使地方权力进一步落入士绅之手,皇权与绅权的平衡开始向绅权倾斜。例如,象山儒雅洋村处丘陵谷地中的交通要道,为防强盗抢劫和战乱,何氏宗族于义和团时期在村街东北头建团练屋15间,并在村口设碉楼,组织村民武装抵御外敌,和平时期则将团练屋用作慈善义庄,增强了何氏宗族在村中的地位和声望。

　　19世纪中叶,借助平定叛乱的机会,地方士绅的权力从地方性的社会文化事务,扩展到拥有全国影响的政治军事领域。地方士绅在新政和自治的制度化名义下,进一步扩展权力的基础,终于在辛亥革命中成为最大的获利者。晚清是"士绅社会"权力扩张的登峰造极,同时也因为其过于政治化而自我瓦解:一部分士绅直接转化为政治权力而失去民间的身份,而另一部分士绅则在新式的建制之下蜕变为新式地方名流。① 其基于"士"的身份性和社会权威性特征已渐弱化;同时,随着士绅阶层开始呈现出商业化特征,其传统文化权威和社会教化功能也在弱化。"当士绅阶级对商业精英予以承认,以及士绅家庭自身在商业中扮演更引人注目的角色的时候,绅商在管理当地公共资源中,就逐渐从主导地位转变为合作关系,从而削弱了用以维系士绅霸权的正统意识形态,事实上,在帝国秩序衰亡以前,传统士绅的统治已开始解体。"②民国时期乡村权力体制的架构完全不同于传统社会,但政治变革对于基层权力主体的触动却相当有限。与传统社会士绅对于公共领域占据不同的只是民国政治制度重建中他们对于县域权力的分割,事实上许多县区地方"财政局"仍然落在士绅们的手中。

　　近代士绅构成要素表现出趋于多元性的特点:可以是经奋斗获得成功商人和实业家,也可以是作为文化权威代表的高学历学人,可以是作为新式村学校教师的儒生,也可以是退隐的官吏军官。近代社会与传统社会之不同,一个显性特征是财富取向取代身份等级取向。财富对于个人社会地位的影响至关重要,以至于晚清以来"绅商"、"商董"集团的形成足以打破传统社会"士农工商"结构体系。浙东文化的精髓是"经世致用",除了关注政治,更多的是注重经济、注重民生。工商业一直在浙东人的社会生活中扮演着极为重要的角色。浙东商人地位的攀升和晚清商会、商部的成立,

---

① 《重建社会重心:近代中国的"知识人社会"——许纪霖教授在宁波天一讲堂的讲演》。
② 许纪霖主编:《公共空间中的知识分子》,江苏人民出版社2007年版,第163页。

在一定程度上体现着财产取向在社会结构变动中的特征,这使得士绅与富商原本清晰的界限变得十分含混。根据萧邦奇的研究,20世纪初浙江地方精英内核区域绅士或多有商业利益。"当绅士逐渐卷入商务领域后,富商无论有无顶戴(身份),都可依凭功名之士履行绅士的功能……传统社会分界变得模糊不清,在语源学上表现为19世纪末20世纪初'绅商'的命名。"①因商而绅或由绅而商的社会流动,使得财富与功名共同成为社会结构重构的重要因素。因商致富而跻身士绅集团的成功范例典型有以五金业起家的宁波籍巨富叶澄衷、大买办虞洽卿、以机器和棉纺织业起家的严裕棠等。财富固然提供了一条为社会所公认的进入社会高层的途径,但是财富与"士绅"并不能直接画等号,因为"只是在富人们的资源被用来满足宽泛界定的村民们的福利需要的范围内,富人们的地位才被认为是合法的……富人被要求做出的慷慨行为并非没有补偿。它有助于提高富人的日益增长的威望,在其周围聚起一批充满感激之情的追随者,从而使其在当地的社会地位合法化"②。

晚清以来,在地方政制重建过程中,乡绅权力不仅借以获得"正统性",而且权力作用范围得到前所未有的扩展,在士绅的"公益事业"职责中,比饥荒救济更普遍、更接近士绅认同的是为地方机构和建设工程的筹资。其中有些工程,它们包括学校、书院、城墙、粮仓、桥梁、码头、水利设施、孤儿院、政府认可的庙宇、地方名人祠堂,甚至是佛寺。在这些公共机构,士绅的参与是各式各样的,财政支持是最普遍的。尤其是大型水利设施,如果地方官员不积极参与,至少也会参与监督,但是士绅是主要的支持资源。所有这些工程都有具备两个方面特点:首先是它们可以进入公众视线,其次是它们被看做是维护社会组织或区域经济基础设施所必需的。在这里,传统士绅的权力不仅公开化而且制度化了,传统士绅转向了"权绅"化了的现代地方名流,这成为了晚清以来直至民国时期的一个共趋性问题。最为典型的实例为近代宁波帮虞洽卿秉持从事社会事业"先乡后国"的宗旨,自1906年起到30年代,先后在其出生地镇海龙山投入300多万元,设立龙山公学、龙山码头、龙山铁路、电报局,火力发电厂、惠乡诊所,疏浚凤浦河,修

---

① R. Keithschoppa. *Chinese Elites and Political Change : Zhejiang Province in the Early Twentieth Century*. Harvard University Press,1982:60.

② [美]詹姆斯·C.斯科特著:《农民的道义经济学——东南亚的反叛与生存》,程立显等译,译文出版社2001年版,第52、53页。

建公路,终于将龙山建成为"宁波唯一之模范村"。①绍兴都昌坊口绅商朱阆仙,自清宣统元年始,个人出资于绍兴都昌坊开办施粥厂,每年十二月初一至除夕,日施粥两餐。同时,独资创办永庆局,赠送膏药、棺材。朱氏并任绍兴育婴堂董事,开元寺内绍兴县同善局董事,出资购买奶粉供弃婴食用。他的种种善举,在绍兴民众中间留下良好的口碑,政府也常常颁奖以资鼓励。

这一转变的条件可以从以下两个方面来认识:

第一,从教育方面来看,科举制度下乡村社会绅士阶层"学而优则仕"可以跻身于官僚阶层,学而不仕可以凭籍功名身份回到乡村控制基层权力。封建社会中限额的官僚职数,注定了大多数绅士终生无法成就"学而优则仕"的社会垂直流动和实现人生追求的夙愿,最终只能以功名身份居处乡野社会,承担起"官"与"民"的中介,维持着地方的秩序和发展。因为世人对"士农工商"的身份等级结构以及对"绅为一邑之望,士为四民之首"普遍的认同,通过科举取得"功名"身份成为社会流动的起点和保障,同时也成为社会流动的唯一方向。清末废科举、兴学堂等教育变革,对整个传统的社会政治体制造成巨大的冲击,其意义远远超出文化教育领域。在新式教育体制下,西方的科学文化知识和价值观念得到传播,"功名"身份已经失去了维系其基本社会地位的功用,传统进仕之路渐渐堵死,在这种情况下,明智的绅士不再只是在读经修身中消磨时光,也不再在科举的老路上颠仆竭蹶,而是转向新式教育的起点,开始追求新文化、新知识,自谋生路,大批流向与新的社会分工相联系的各种社会职业阶层。② 20 世纪初年许多宁波士绅清醒地认识到西学对于近代社会政治经济发展具有重要的启迪与推动作用,乃自觉地接受新式教育。这部分士绅通过接受国内或国外的新式教育,获取既有"旧功名"又有"新学历"的双重身份。在清末的最后 10 年间,有大约五分之一的士绅通过留学海外或国内的新式教育机构接受到程度不等的近代"再教育"③,同时也有士绅成为新式学堂与学务机构的教职员。这些由"绅而为学者",构成清末以新式教育或新的文化事业为职业的"学绅"。

---

① 无名氏:《虞洽卿太夫人之哀荣》,《申报》1930 年第 4 期,第 16 页。

② 王先明:《近代绅士——一个封建阶层的历史命运》,天津人民出版社 1997 年版,第 166—175 页。

③ 贺跃夫:《晚清士绅与中国的近代化》,《中山大学学报》(社会科学版)1993 年第 3 期。

　　第二,从职业来看,接受过新式教育的新式知识分子适应了新的社会职业和社会角色,社会流动出现了复杂多向的趋向。起初,清朝政府的奖励工商政策及企业热的兴起,把相当一部分士绅亦卷入其间。半官方性质的商会、农会及纷纷出现的各类新式经济组织,诸如铁路公司、工矿企业、农垦公司,等等,均为士绅提供了新的活动场所和职业,加速了绅与商之间早已存在的相互流动的速度,近代工商业发展较早的浙东地区因此形成一个新式"绅商"群体。另外,由于中国社会结构出现了政治、经济、文化结构全面而深刻的变动,一些新兴的社会生活领域和事业相继兴起,诸如行政管理、报刊业、学堂教育、社会团体事业的出现,导致了社会职业结构的根本性变化,这些新职业需要新的知识和技能。而新式教育以近代自然科学和社会科学知识为重点教学内容,目的在于培养具备新的知识和技能的、适应城市工业化社会需要的人才。此外,清朝政府新政的推行也为一些地方绅董提供了新的职业,宪政的筹办、各地地方自治研究所的开办及自治机构的成立,不仅为士绅提供了接受近代法政知识的机会,也为他们提供了在地方发挥政治影响的新职业。这样,他们不仅继续向士、农、工、商、学流动,而且也流向了编辑、社团法人代表、文员等城市职业。因为这些职业与城市如此密切,而在乡村却少有用武之地,这样,"农村中比较有志力的分子不断地向城市跑,外县的向省会跑,外省的向首都与通商大埠跑"[①],从而导致了乡村精英向城市流动。许多宁波士绅因经营和职业关系身居城市,但城居与乡居不同,日常开销高出很多,仅仅应付其生活所需就要有相当高的收入,坐吃山空也与城居的初衷相违,所以大部分城居士绅都选择了以地租收入为资本来从事工商业。经商的财富来得更容易、更快捷,但人们却往往不认为经商积累的资本是建立家业的可靠基础,最终往往它又会重新被投资到土地上,商业资本向土地资本的回归是中国历史的一个重要特点。近代士绅的离乡进城过程始终伴随着城镇资本转向农村购买土地的趋势。[②]

---

①　孔飞力:《中华帝国晚期的叛乱及其敌人》,中国社会科学出版社 1990 年版,第 238 页。
②　黄敏、慈鸿飞:《城居地主与近代江南农村经济》,《中国农史》2006 年第 3 期。

## 第四节　近代乡村民居的转变

### 一、传统民居型制的转变

#### （一）从"前厅后堂、四明两廊"到"间弄轩"

与中国的家族制度一样，宁波人的聚族而居产生了内部约定的家族秩序，即以"族·房·户"三级组织形成的"族房制度"。在一个聚居地的同宗同姓是一个"族"，族下有"房"，房下的家庭叫"份"，也就是户，当户发展到有下代的时候，又通过分房产生新的户，而原来的户就上升为房。每个家族都有秩序严谨的排行制度和明确的排行表，有约定俗成的"族规"和不断修订完善的"族谱"，有一套以祭祀祖宗为中心的设施和制度，并为这一制度留出了足够的表演空间。宁波的古村落民居适应了这种族房制度，并在空间布局上得到了表达和体现。

"墙门"这个词概括了墙门建筑对外的基本标志：一圈墙和一道门，墙用来分隔内外，门用来沟通内外，宅第的私密性和内外交流性都被"墙门"这两个字清晰地描绘了。墙的功能不仅仅是围护和防御，墙的高度、厚度和整肃的气象造成强烈领域感，而门是标志，是身份的象征。"墙门"的说法在江浙地区很普遍。就像北京的胡同四合院、上海的里弄石库门一样，"墙门"式的院落住宅代表的是宁波人传统的本乡本土的居住模式和生活方式，宁波人俗称"老墙门"。

在建筑学的概念里，墙门的建筑样式属于"合院式建筑"，但是同属合院，却有种种不同的"合"法。宁波传统民居的组织格局在历史上有过两次大的变革，每一次都是顺应"族房制度"在家庭组织结构上的调整，在居俗的主题上体现了从"以祖宗为中心"向"以家庭为中心"的积极转变，是由"祖先崇拜"走向世俗欢乐的变革进程。

1."前厅后堂，四明两廊"

这是现存的民居中较老的一种形式，更多完整的实例在宁波平原地区的农村老屋中保存，如镇海十七房村的"新房"就是这一型制的典型民居。这种民居在立意中十分强调它的家族性，建筑设计的主题很明确：以祭祀为中心。在中轴线上安排了三个厅堂,即门厅或轿厅;中厅,作为客厅或者穿堂;以及后堂,作为祭祀的厅堂,宁波人称为"堂前"。这样"门厅—中厅—后堂"的格局,构成了"前厅后堂"的特色。厅与堂,是分尊卑而称,这是儒家礼仪在墙门里的表现。厅与厅之间或者厅与堂之间是天井,宁波俗称"明堂"。明堂在建筑学上称为天井,但宁波人之所以称其为明堂而不是天井自有其道理:典型的天井是四合院中间的那一块井形的空地,它的四面是功能上相互平等的房子,因而强调了中间空地直接向天的特点;而宁波人的"明堂",是相对于"暗间"而言,对于这一块空间,人们的理解并不是空地,而仍旧是"堂",它与两边连接的"厅"起着同样的功能——礼仪的功能。前厅与照壁之间、后堂与后外墙之间,也必有一方小天井,构成了四个天井即"明堂"。

图 5-1　宁波海曙区范宅鸟瞰

"前厅后堂"与"四明(堂)"便组成了这种建筑在中轴线上的全部内容,在中轴线的两侧,则是两排长长的板屋,宁波人称为"廊屋"。这样,就完整地形成了"前厅后堂,四明两廊"的格局。这种格局在建筑形式上最明显的特征,就是两边的廊屋是一条屋脊通到头的,就像两条夹板,夹住了中轴线上的前厅后堂和四个天井(见图5-1)。但图中的范宅已不是完整的"前厅后堂,四明两廊"的形式,其建于清康熙初期的第三进(浅色圈内)已是后来"间弄轩"的形式,两边廊屋的屋脊没有直通到底。且由于旧城改造过程中拆除了其台门及台门与主体建筑之间的天井院,以及周边的街巷环境,所以"四明"只剩下"三明"。

在宅院的后堂或者中厅,建起家族的祖堂,称为"祖宗堂",每一位祖宗都有一块写了名讳的木牌作为他的生命符号,以"神位牌"的名义放置在祖堂的正位。"厅"的主要作用是做祭祀"羹饭"的地方,也就是向祖宗的亡灵表示敬意的地方,而它前面的"堂"——天井"明堂",正是候祭的后代子孙聚集跪拜的场所。中轴线又是迎宾接客的礼仪主轴。有一句宁波老话叫开"大墙门",也就是打开中轴线上的正门,这是宁波民居接待客人的最高礼仪。

当中轴线完全用于尊祖祭祀和礼仪迎宾之后,家族成员的起居只能被放置于东西面的两排"廊屋"内。由于三个厅的遮挡,廊屋分割成的各房间明显地区别成明间与暗间,廊屋中正对天井而未被遮挡的明间,中间为各家庭的客厅,俗称"轩子间",这里是家族中各个家庭自己的礼仪场所。除此之外的明间和暗间,则用于作"房"(卧室)或"灶跟"(厨房)。这些房间都呈东西向,没有南北向房屋的采光和日照的优势,在暗间里,常年只能靠开天窗或廊屋后的"后明堂"照射进来的天光。

"前厅后堂,四明两廊"式的老民居,把最好的厅堂留给了祖宗,日常的居住与生活需求让位于祭祀和礼仪,实际的人居性很差。这是宁波人"聚族而居"的早期阶段,家族是一个经济实体,而家庭只是家族的附属品,在家庭的独立经济地位尚未彻底地奠定之前,家族是家庭存在和发展的坚实基础,因此在家族聚居的"墙门"里以祖宗祭祀为中心。这种居住方式阻碍了个体家庭在经济上的脱颖而出,扼制了家庭对自身居住的私密性和对现世欢乐的追求。

2."间弄轩"

明清之间宁波民居在组织格局上有一次重大的变革。这是商业兴起并成为第二大产业的时期,清代乾隆前后宁波商埠的兴起,必然需要有数十年乃至上百年的能量积蓄和诸方面与之适应的准备阶段,当商业投资把个体性的资本积累和私密操作的要求反映到生活方式上时,民居型制结构的变革就成为一种历史的必然,这就是"间弄轩"式住宅。

月湖北岸的"银台第"童府是这类新型民居的典范(见图5-2)。与"前厅后堂,四明两廊"相比,它的特点首先在于取消了中轴线祭祀的功能区,而改变为独立的居住单元。它的最典型和最常见的样式,就是"五间两弄四明轩"。"间"是指南北向正屋的

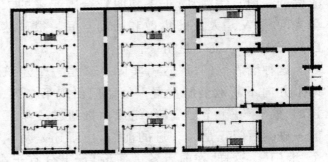

图 5-2  月湖银台第平面示意图

开间数，"弄"是指夹在正屋两侧的与东西廊相通的屋内通道，一侧布置楼梯，一侧供人穿行于不同"进"之间（见图 5-3）。其他的还有"七间两弄"和"三间两弄"，"九间两弄"极为罕见。"间弄轩"式的民居，在晚清至民国时期在宁波乡村已十分普遍。

图 5-3　月湖银台第院落内景

"间弄轩"民居里的一个居住单元，被称为一"进"，它的居住性从以下几个方面来实现：所有的房间包括一字排开的几间正堂房和两边的明轩，都实现了明间采光，太阳或者天光可以直射到房间里；中厅是一个客堂，可以兼作祭祀厅，但它的主要功能却是接客迎宾；明轩间实际上是起居室，供家庭的一般日常活动；正屋和明轩合围起来的天井，既解决了所有房间的采光问题，又是人员的集散和活动空间。很显然，这样的墙门建筑考虑的已经首先是人，而不是祖宗亡灵了。

这种墙门里的每一进，实际上又是一个建筑的"模子"，它可以向前后两个方向不断地复制重置。使墙门出现第二进、第三进、第四进……用同样的"模子"一个个地套合，组成由数进独立单元套合成的联合式建筑群，前一进的后门正是后一进的前门，由于还是从一个大门出入，它依旧是一个"墙门"。这样，在前后各进通畅后，十分宜于一个家族分支的聚居。同时它继续服从于祭祀组织,非常符合"族房制"下的家庭分蘖(分房)的要求和原则,也可以这么说,它还是合乎"族房制"要求的产物。

　　这些白天相互畅通的一进进建筑,当它们把各自的前后门关住之后,又是一个个独立的家庭,具有良好的私密性。在各进的前后门关闭以后,每一进都另有旁门可继续联通外部,以解决各自封闭后的交通问题。这种建筑与"厅堂明廊"式建筑在外部形式中最明显的区别还是两边的厢房屋脊,它不像"厅堂明廊"式建筑两边的廊屋屋脊是一头直通到底的,而是明轩屋脊各自成局、正房的屋脊反而从左墙直通到右墙(见图5-4)。人居性、独立家庭的私密性和可组合性,构成了这种新型墙门的特点。于是,祭祀的色彩渐渐褪去,"祖宗"的地位悄悄地让位于"家长",人的生活要求受到了尊重,空间的独立性获得了实现。总之,它的"人性"愈益大于"神性"。

图 5-4　月湖西区局部鸟瞰

　　新风格的墙门,在它的左右又可以安置同样的墙门,占地紧凑,容积率高,只要墙门与墙门之间留出一个通道小巷,即可解决交通的共享性。在有些地方,如果一个大的家族连片地拥有一组由"房"居住的"墙门"群,则墙门之间的这些小巷通道便成为家族内部的公共道路,它除了解决家族内部交通以外,在冬季,甚至全年雇用更夫敲更巡火,俗称这种通道为"巡更弄"。由于这条通道的建立,配以两边以"马头墙"形式高耸的山墙,自然地起到了"防火弄"和"风火墙"组合起来的隔火作用,尤其在建筑密度很高的地区,更能有效地阻止火灾迅速蔓延。

（二）三合院住宅

20世纪开始宁波民居渐渐摆脱了家族制度的痕迹,完完全全地从家庭本位出发来组织内庭空间,把家庭的独立性和私密性视作最重要的原则,独立三合院不再为祭祀留下专门的空间。其基本平面格局脱胎于"间弄轩"式的老墙门,但与"母本"相比,墙门间已经萎缩成为一道墙和墙上的被装饰成门楼形的门楣。房屋开间比较小巧,一般三开间,最多五开间,中堂常常被加宽而凸现成客堂,两边的楼梯弄被取消,楼梯被旋转了90度,改成为横梯放置到客堂之后,使楼上的房间成为正堂屋的直接延伸。两边的厢房一律成为明轩,向着中间的小天井开放,采光和通风大为改善。而在正堂屋的后面,常常会建造一排小屋,作为厨房和杂物仓库。这样改良后,地皮的利用率大大提高,各个房间的居住性大为加强,明显地加强了居住格局的人性化色彩和与现实生活的贴近便利。在建筑群的组合上,独立三合院不像老墙门那样相互组合有机连片,而是四周不与邻近建筑相通,强调了建筑的独立要求,无形中宣告了一种新的伦理观,家庭作为一个独立的社会细胞被建筑强化出来（见图5-5）。

图 5-5　江北生宝路三合院

　　奉化岩头村的民居即是以三合院为主,列为文物的独立三合院有 8 处,占全部文物民居的 44.4%。三合院可以说是岩头村民居的基本型。岩头村三合院的典型形制是由正房、两侧厢房,照壁围合而成的三合院,正房和厢房沿天井院都设有轩廊。正房一般为 5 或 7 的奇数开间,中间一间为家庭里用作祭祀空间的厅堂,称为"堂前",其开间尺度比正方的其他屋大,如里六份地三合院,堂前开间为 4.4 米,正房其他开间为 3.6 米,空间较为宽敞。厢房多为 2 开间,厢房的进深明显比正房浅,如里六份地三合院,正房进深为 9.56 米,而厢房进深仅为 5.42 米。如果背靠正房面向天井院站立,则常常在其左厢房端部照壁上开有整个院落的出入口。正房和厢房都是重檐硬山顶,与照壁处在同一水平线上的厢房的山墙为人字形山墙,厢房底层轩廊的山墙为一跳头马头墙,与照壁组合在一起。

　　与宁波民居中常见的五(三)间两弄的"间弄轩"式楼梯平行于正房进深方向的做法不同,正房底层轩廊两侧靠厢房边与厢房进深方向平行各有一部楼梯,楼梯底下正房轩廊两头有楼梯弄,通两侧院墙上开的次大门,出门便是巷弄或杂物偏房的狭窄天井院(见图 5-6)。这种楼梯弄的不同布置方式,分析起来,原因可能是岩头村的民居多为晚期和民国期间建造,聚居模式由从前的以家族为单位、几世同堂用多进院落组织,转变为以家庭为核心、独立的三合院

图 5-6　奉化岩头村外
六份地厢房楼梯

为完整的居住单位,因此,楼梯弄的交通组织功能由原来的主要纵向联系内部的前后进院落,转变为主要横向地联系三合院两侧的外部街巷,其方位则旋转了 90 度,由原来的平行于正房改变为平行于厢房。另外,岩头村三合院的天井院一般都比较阔大方正,比例近似方形略扁,显得十分宽敞疏朗,光照充分,体现出对居住的舒适性的追求。

以上述的典型三合院为基本型,可以组织出丰富的空间变化和不同的居住规模。一种组织方式是在三合院原照壁的位置往后稍退一小段距离加一排房屋,形成类似倒座的布局,保留厢房端头的山墙取消照壁,构成方正的四合院,典型的例子如二十四间走马楼。虽然后加的一排房屋方位布局类似倒座,但在房间的秩序安排、开间进深尺度、功能使用上,似与正房没有明显的尊卑之分,也在中轴线位置上安排了供家庭祭祀使用的厅堂。不过,在这一点上走马楼或许应该作为一个特例来分析,因为据现仍居住在此的老人讲,走马楼在建造之初就是几家人合建并一次性达到现存规模的,每一家都需要建立居住空间上的礼仪秩序,因此与一个四合院只居住同一家族或家庭的情况在居住的空间秩序的安排上有明显区别,出现多个以厅堂为中心的家庭向心布局。

另一种更为复杂的组织方式是在纵深方向上将三合院串联起来,形成多进院落的布局模式,每一座三合院仍然保持完整,包括厢房端头的山墙也都形式完整,使后一进的屋顶与前一进正房的屋顶脱开,各自保持相对的完整,使得以三合院为基本型、沿纵轴线紧密串联的空间组织方式从建筑外观上也获得逻辑严明的体现。各进之间的交通联系主要有两种方式:一是通过中轴线,将三合院原本的"堂前"打通成为穿堂,可以沿中轴线从第一进院落直接进入后进的院落;二是使前一进的正房与厢房之间的穿弄与后一进厢房的轩廊相通,由于前后进之间有山墙相隔,因此往往在穿巷与轩廊之间形成与外界相连的巷道,在山墙上开有券洞门或传统的墙门,门套门、廊连廊、柱排柱,更加深了视觉空间的纵深感。

还有一种组织方式是在三合院的基本空间之外横向地增加偏院(见图5-7),围合三合院的院墙本身保持完整,围合偏院的房屋的功能在建造之初多为柴房、伙房和佣人房等附属用途,与主要院落间以纵向的天井院相隔,与主要院落间形

图 5-7  奉化岩头村外六份地柴房天井院

成明显的主次和尊卑的区别,典型的例子如外六份地。这样的布局可以使主要院落三合院保持整洁,是家庭的礼仪和日常起居空间,而偏院可以发挥服务功能,并且前后都有直接对外的出入口,柴米仓储和佣人的进出都不会对主院造成干扰。同时,骑楼、院门、檐廊等建筑元素也丰富了宅院内部的空间变化。

## 二、近代乡村民居的构造与装饰

近代宁波民居呈现一种中西合璧的特色,除了在总体的布局上,更多的显示在民居的装饰位置、构造手法和装饰内容中,体现出巴洛克和折衷主义等混合风格。

### (一)门头

老墙门,顾名思义在外围墙上开的门,墙起围合保护作用,门是进入内部,区分内外的标志。墙门由石条门框及其上面的门头组成,除有门户之用之外,同时反映主人的身份和喜好。门框石梁与石柱之间设有石雀替。

等级高的门头从下到上一般由砖砌的字牌、线脚或砖雕斗栱及披檐等组成。字牌内一般有题字。近代民居的门头的风格受西风影响很大。门头字牌简化为清水砖露砌的扁框,上下有层层突出的线脚,上面砖砌拱形山花,有的砌成巴洛克风格的卷涡山花。同时石门框取消了石雀替,边框外有砖砌的壁柱或卷涡状类似吊柱的装饰,框内再配上带有一副门环的黑色的铁皮门扇,这样形态的大门和门头被称为石库门,据说来源自上海话"石箍门"的谐音(见图5-8)。

图 5-8　江北半浦村某宅

### （二）阑板

近代宁波民居中的阑板主要采用木头和水泥两种材料。木阑板有两种形式：一种为双层结构，内层为木版，外层为装饰的花版，有传统的木棂拼花，有机制风格的几何拼纹，多作

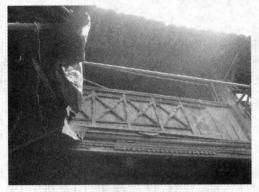

图 5-9 宁波江北岸某居民二层阑板

为正房和厢房临院二楼的窗下墙。大部分扶手阑板采用的是另外一种形式，即简单的透空密柱栏杆。杆柱为车床加工出来的变截面瓶状。在楼屋里采用水泥材质的阑板较多，替换了木头，但风格和做法比较接近，由镂空水泥模块拼装成。机械制造代替了手工雕刻，这些反映出近代工业的审美情趣（见图 5-9）。

### （三）檐柱

传统民居的檐廊是梁架主结构向外加出的单廊步。二层檐柱一般为上下通柱，上细下粗，是一个完整的树材。楼板和梁架在柱子之间，梁板所代表的横向线条被柱子的竖向线条打断，且比柱子外皮靠里，清晰地表达结构关系，表现竖向韵律。近代民居中外墙向内退进一步留出一层的前廊和二层的阳台，对应二楼楼板处的水平线脚向外层叠突出，有的甚至盖过一层的柱头，将上下两层柱子关系打断。近代民居受到西方古典风格的影响，强调横向水平线条，有的线脚内有机制的线刻或浅浮雕装饰。檐柱没有收分，上下通直。一层檐柱常用石或水泥柱，方柱的四角常有内弧的抹角。圆柱头形式多样，常见为科林斯柱头。

### （四）格扇

近代宁波民居的格扇比传统形态简化很多，因为大量采用了玻璃，格扇上部的花心棂子细且疏，组合成简单对称的几何形状。绦环板和群版的雕饰简化为浅浮雕和线刻。雕刻的内容仅显示场景和轮廓，较少刻画人物的生动细部和表情，间接说明传统装饰工艺在近代工业势力强势下的衰落痕迹。

（五）铺地和吊顶

近代宁波民居室外院落仍用方形石块满铺，在一楼的客厅里出现近代的新建材，如彩色水磨石，彩色地砖，水泥抹地（有的用直线绳条印在水泥地面上模仿传统的青石铺地的拼缝）。卧室和二楼仍采用木地板。居室内部的吊顶大多采用石膏平顶，可能与采用三角桁架有关系，吊顶沿着墙面会做一圈突出的线脚，在中心用线脚刻画满圆、同心圆海棠纹、梅花纹等，形成完整的构图关系。在一层檐廊里，往往仍采用传统的卷棚吊顶和满身浅浮雕的梁架作装饰。

值得注意的是近代民居内二楼的柱头和檐口位置之间有一个水平天花封口，采用细密的木格栅保护屋架。这是近代宁波民居一个很重要的特点。传统民居的吊顶不会一般不会延伸到外檐下，二层吊顶顺应举架大多为弧形。

## 第五节　公共意识的觉醒：乡村现代文明生活之开端

随着社会政治、经济和文化制度的变迁，浙东乡村近代化的过程中出现了新型现代公共服务设施，乡村空间功能也悄然发生着变化，他们在很大程度上影响了乡村居民的生活方式和生活观念。今天，公共空间及公共设施享有程度已然成为区分城市生活与乡村生活方式的标志，而这一分异当肇始于近代。可以说，公共领域在近代以前的中国传统社会极不发达，诸如公共教育、公共卫生、公共安全、公共空间等均为近代西方文明输入后才逐步发展起来。从宁波地区的发展来看，当时该地区的商业城市首先在西方文化的影响下引入了公共的理念，开始实施公共教育、公共卫生防疫、公共安全防卫等公共事业，同时营造了大量公共空间（公共建筑、公共设施、公共绿地等）。乡村地区在城市文明的濡染下，公共意识也初步萌芽，但总体水平低于城市。

近代传统乡村也有公共教育、慈善救济以及水利、市政等"公共事业"，这些"公共事业"往往仰赖村落中有势力的大家族来承担，因此常带有深深的家族烙印。作为宗族象征的祠堂在近代大多被改为小学校舍，同时，望族富户为本族人开设的义庄、义学也改为公共教育设施。这是私空间向公共空间的一次大转换。乡村的宗法体系较之城市更为严密牢固,村民整体公民意识也远比市民淡薄,导致乡村人比城市人更缺乏公共精神。因此,在乡间推广现代生活方式,营造公共卫生环境显得尤其困难。诸如小菜场、公坑这类现代公共场所和设施,在城乡渐次推行的过程中,乡间普及的程度远不及城区。小菜场作为每日市场,其市场服务人口门槛相对较高,乡间人口居住分散,任何村庄都不足以独立支撑小菜场的每日运营。因此传统形式的定期集市性质的菜场依然十分普遍,其日常卫生和市场秩序管理势必不如城市规范。公坑制度在乡间推行亦有难度,这主要是由农村特定的生产生活方式造成的,时至今日,乡村公共厕所的建设水平依然与城市有很大差距。

乡村公共精神缺失的根源在于中国传统宗法"伦理本位"的"私民社会"特质。当代著名中国传统文化思想大师梁漱溟认为中国是一个"伦理本位"的社会,伦理关系的特点是在这种关系中的人之间有情分、有情义。"举整个社会各种关系一概家庭化之,务使其情益亲,其义益重。由是乃使居此社会中者,每一个人对于其四面八方底伦理关系,各负有其相当义务。全社会之人,不期而辗转互相联锁起来,无形中成为一种组织。"①私民社会这个概念是以西方"公民社会"为背景参照的。公民社会是依据契约精神组建的社会,所以,公民社会简单地说就是契约社会。当公民要签两个契约:一个是作为自然人的契约,它保障人生来平等,以示对单一自然人的绝对尊重;另一个是作为社会人的契约,它强调个体之间及个体与群体之间在权利与义务上的均衡,以公共义务交换个人权利,以对公共空间的承诺交换私生活的承诺。私民社会中的人与人之间、单个人与社会整体之间也没有契约关系,只有血缘和宗法的既定关系,没有超血缘和超宗法的约定关系和解约关系,当然也不会有以契约为核心的法律体系。林语堂曾在《吾国与吾民》一书中说:"'公共精神'为一新辞,'公共意识'一辞亦然,'社会服务'一辞亦然,中国原来没有这种东西。"②费孝通曾经在其著述《乡土中国》中指出:"中国乡下佬最大的毛病是'私'。"他认为"私的毛病在中国实在比愚和病更普遍得多,从上到下似乎没有不害这种毛病的"③。美国传教士明恩溥(Arthur Henderson Smith)在《中国人的特性》一书中不客气地

---

①　梁漱溟:《中国文化要义》,学林出版社 1996 年版,第 80 页。

②　林语堂:《吾国与吾民》,黄嘉德译,陕西师范大学出版社 2008 年版,第 252 页。

③　费孝通:《乡土中国》,三联书店 1985 年新版,第 22—23 页。

指出中国人"不但对于公家的事物不负责任，而且这种事物，要是无人当心保管或保管而不得法，便会渐渐的不翼而飞，不胫而走"①。

　　从历史发展的角度来看，乡村现代化的实现根本上有赖于村民公共意识的普遍觉醒。村落公共空间作为村落社会生活中的重要组成部分，对村落社会关联的形成同样具有不可忽视的作用，非常值得我们重视。因为公共空间中的活动机制对公共空间的各种主体活动具有规范整合作用，是村落公共秩序形成的基础。它与人们的活动及其活动情境密切联系在一起，使其相互之间极易产生"同感"、"共识"、乃至共同的"价值规范"，从而为他们在社会生活中采取一致行动提供了现实根据。也正是一致行动能力才能把原先较为分散的社会个体编织成一张相互关联的网络，社会个体成员之间的相互关联性在很大程度上制约着社会秩序的形成及其性质。村落中目前存在两种不同性质的公共空间：一种是正式公共空间（formal public space），它的生成来自村落外部行政力量，其中的各类活动均受行政权力的驱使，具有明显的意识形态化倾向。如今天的村委会、过去的大队部、大礼堂等。另一种是非正式公共空间（informal public space），其生成来源于村庄内部的传统、习惯与现实需求，其中所展开的各类活动均受村庄地方性知识及村庄生存理性选择支配，具有浓重的民间化色彩。例如，围绕着祭祖、供神活动所建的家庙、宗祠及各种庙宇、戏台、村头、码头、河埠头、集市等。过去这类空间发挥着构建亲缘与伦理性秩序的功能，今天，它们则可以为村民提供各种"空间场景特性"，赋予其互动活动以具体的意义内涵，进而获得村民的共同行动力量并形成特定的社会关联形式。② 正因为如此，这类转义后的空间在营造乡村和谐新秩序的过程中将扮演重要的角色。

## 一、公共教育——近代文明的先声

　　宁波的近代乡村教育在江浙一带乃至整个中国都在前列，早期得益于思想开放、经济殷实的宁波乡绅对新式教育的普遍重视和资助，后期则得益于蒋介石执政期间报效家乡的桑梓之情所引起的示范效应。公共教育表现为三种形式：基础教育、民众教育和农业教育，其中以基础教育的覆盖面最广、受重视程度最高、作用最大。

---

　　①　明恩溥：《中国人的特性》，匡雁鹏译，光明日报出版社 1998 年版，第 98 页。

　　②　曹海林：《村落公共空间与村庄秩序基础的生成——兼论改革前后乡村社会秩序的演变轨迹》，《人文杂志》2004 年第 6 期。

### (一)基础教育

宁波近代基础教育始于清末。其中的学前教育前身是西方教会的育婴堂,浙东地区受西方影响较早,教会育婴堂分布较广。民国初期,各县出现私立蒙养园或幼稚园。1929年,国民政府教育部颁布《幼稚园暂行课程标准》。正式开办官方幼稚园,且大都附设在小学中。随后,农村幼稚园(班)也应运而生,如奉化溪口武岭学校小学部幼稚园。民国21年(1932),国民政府颁布《小学法》,规定有条件的小学附设幼稚班。抗日战争时期,宁波幼稚园停办,宁波各地改教会孤儿院为儿童教养所,收养战区难童。

清光绪年间推行"新政"后,清政府通令改书院为学堂,中学西学兼习,并奖励绅商捐资办学。宁波各县陆续改原有书院为官立小学,有识绅商亦纷纷捐建学堂。当时的新式小学堂分初等和高等两级。初等小学堂学生7岁入学,学制5年。宁波地区靠近沿海沿江的通商口岸,深受欧风美雨的熏陶,风气较为开通,新式学堂近代化程度较高的由新派士绅主持,不仅西学课程的程度较深,学科门类也比较齐全。例如当时宁波新式小学堂的课程设有修身、读经讲经、中国文学、算术、历史、体操等科目,并视情况加设图画、手工、乐歌等"随意科"。高等小学堂学生12岁入学,学制4年;课程有修身、读经讲经、中国文学、算术、中国历史、地理、格致、体操等9科,并视情况加手工、农业、商业等"随意科"。从江浙各地各项学务岁入统计来看,以萧山、鄞县为代表的浙东地区岁入较高,说明其新式学堂的数量和规模较大,从学务经费来源看,鄞县"乐捐"的比例要远高于官、公的来源,与其他地区相比十分突出,反映了宁波当地士绅对西学的兴趣较大(见表5-6)。

表5-6　江浙各地各项学务岁入统计表　　　(单位:两)

| 地名 | 学务岁入总计 | 百分比(%) | 其中:官款拨给 | | 公款提充 | | 派　捐 | | 乐　捐 | |
|---|---|---|---|---|---|---|---|---|---|---|
| | | | 金额 | 百分比(%) | 金额 | 百分比(%) | 金额 | 百分比(%) | 金额 | 百分比(%) |
| 吴县 | 27554 | 100 | 5537 | 20 | 3011 | 10.9 | 7644 | 27.7 | 3035 | 11 |
| 上海 | 267397 | 100 | 3599 | 1.3 | 20981 | 7.8 | 13866 | 5.2 | 70384 | 26.3 |
| 宝山 | 21815 | 100 | 891 | 4.1 | 3934 | 18 | 9148 | 41.9 | 154 | 0.7 |
| 无锡 | 30247 | 100 | — | — | 6856 | 22.7 | 1748 | 5.8 | 6855 | 22.7 |
| 武进 | 23105 | 100 | — | — | 2177 | 9.4 | 5308 | 23 | 3503 | 15.2 |
| 通州 | 63134 | 100 | 500 | 0.8 | 21462 | 34 | 6814 | 10.8 | 7016 | 11.1 |
| 上元 | 24509 | 100 | 16301 | 66.5 | 1164 | 4.7 | 2280 | 9.3 | 510 | 2.1 |

续　表

| 地名 | 学务岁入总计 | 百分比（％） | 其中:官款拨给 | | 公款提充 | | 派　捐 | | 乐　捐 | |
|------|------|------|------|------|------|------|------|------|------|------|
| | | | 金额 | 百分比（％） | 金额 | 百分比（％） | 金额 | 百分比（％） | 金额 | 百分比（％） |
| 山阳 | 8858 | 100 | 370 | 4.2 | 2665 | 30.1 | 1230 | 13.9 | — | — |
| 铜山 | 7485 | 100 | 2849 | 38.1 | — | — | | | 2405 | 32.1 |
| 高邮 | 2886 | 100 | 2867 | 99.3 | | | | | | |
| 钱塘 | 23178 | 100 | 7833 | 33.8 | 900 | 3.9 | 1500 | 6.5 | 4297 | 18.5 |
| 萧山 | 24474 | 100 | 30 | 0.1 | 6764 | 27.6 | 5399 | 22.1 | 2546 | 10.4 |
| 嘉兴 | 15946 | 100 | — | — | 3919 | 24.6 | 4674 | 29.3 | 4037 | 25.3 |
| 乌程 | 17615 | 100 | — | — | 9207 | 52.3 | 2078 | 11.8 | 1650 | 9.4 |
| 鄞县 | 60519 | 100 | | | 10532 | 17.4 | 610 | 1 | 24527 | 40.5 |
| 金华 | 5380 | 100 | 30 | 0.6 | 1420 | 26.4 | 625 | 11.6 | 411 | 7.6 |
| 龙游 | 4768 | 100 | 490 | 10.3 | 480 | 10.1 | | | 100 | 2.1 |
| 建德 | 1694 | 100 | | | 40 | 2.4 | 120 | 7.1 | 460 | 27.2 |
| 永嘉 | 7862 | 100 | 54 | 0.7 | 2744 | 34.9 | 2145 | 27.3 | 1124 | 14.3 |
| 丽水 | 3896 | 100 | | | 579 | 14.9 | 1051 | 27 | 250 | 6.4 |

　　来源:沈松平:《从西学普及的地域差异看江浙士绅的近代演变》,《华东师范大学学报》(哲学社会科学版)2002 年第 4 期。

　　但乡村与城区比起来,适应新式教育的师资力量明显不足,导致许多从旧式书院或私塾改成的小学堂依然拘泥于传统旧习[①],没有太多改进。晚清,外国教会开始在宁波城镇开设学堂及女子学校,教会学堂初以招收教友子女为主,设英文课和教义课,组织师生做礼拜、唱赞美诗等,宗教色彩较浓。这类学校多设在城区,乡村亦有所见,这与西方教会势力在中国沿海口岸城市周边农村地区的广泛渗透有关,例如,民国期间,象山县偏僻山乡的儒雅洋村何氏族人何涵就曾在本村创办女子学校——"广志女子完全小学",免费开展女子西式教育。他特聘宁波技工建西式礼堂、教室。学校特设缝纫课,购置英国进口的两台缝纫机,供学生实习。

　　民国元年(1912),南京临时政府通令学堂改称学校。小学校分高等、初等两级,初小学制 4 年,高小学制 2 年。蒋介石当政后,对国人基础教育非常关注。民国 14 年至民国 25 年期间(1925—1936),他以故里奉化为实验基地,整合力量推进桑梓地的乡民子女教育,这一举动对宁波地区乡村

---

　　①　沈松平:《从西学普及的地域差异看江浙士绅的近代演变》,《华东师范大学学报》(哲学社会科学版)2002 年第 4 期。

基础教育的发展起到了重要的推动作用。民国 19 年(1930)起,国民政府督促推行义务教育。浙江省教育厅规定,各县每乡镇至少设初级小学 1 所,奖励举办私立小学。按教育部《小学课程暂行标准》规定,课程设有党义(后改公民)、国语、算术、社会、自然、工作(后改劳作)、美术、体育、音乐 9 科,基本与西方教育接轨。民国 24 年,宁波各县订立《普及教育运动方案》,组织县、区普教协进会推动工作。除发展普通小学外,与中央政府"小学教育义务制扩大化"方针相呼应,浙江省规划绍兴、鄞州等 5 县须设一年制短期小学 165 所,实行强迫教育。规划下达后,实际设 332 所,同时提出活用私塾教育的方案(见表 5-7),通过 1935 年、1936 年两年的时间实现浙江省小学教育的量变,这一时期大量增加的小学校主要分布在偏远的乡村地带。浙江省的辅导方针还实行国防教育,即把附属小学的童子军教育和小学教育课程相结合。到 1936 年为止,通过小学生的盛典仪式已形成童子军组织化。民国 29 年(1940),推行国民教育制度。规定各县乡(镇)设中心国民学校、保设国民学校(初级小学编制),乡(镇)长、保长分别兼校长。原短期小学或归并或改中心学校、国民学校。学校均设小学部和民教部。民教部负责为失学民众补习文化。但以中心小学带动地方小学的教育辅导制度在县乡推行过程中发展极不平衡,经济实力强的小学相对积极,"而落后的县全面设立中心小学相当困难,小学老师们参加率也不高,况且不具备小学教育资格的人相当多,主管县学区辅导会议的小学教育者们相当消极,小学与旧式私塾的差别仍很模糊"[1]。

表 5-7　鄞县小学开办情况一览表

|  | 1911 年以前 | 民国时期(1912—1935) |
|---|---|---|
| 幼稚园 | 无 | 10 |
| 初级小学 | 52 | 465 |
| 完全小学 | 38 | 52 |
| 短期小学 | 无 | 16 |
| 短期小学班 | 无 | 55 |
| 其他 | 无 | 2 |

来源:根据《鄞县通志政教志》现存小学开办年份统计表整理。

---

[1]　崔恩珍:《南京国民政府时期浙江省教育辅导制度》,《中国近现代史研究》2008 年第 3 期。

在推广普及新式基础教育的过程中,宁波地方名流和绅商发挥着重要的作用。例如,横跨商业、地产、工业、金融业等几大领域的宁波巨贾叶澄衷于1898年在上海虹口张家湾创办兴建的澄衷蒙学堂,囊括了从小学到高中的新式教育内容。蔡元培是澄衷学堂第一任校长,胡适和竺可桢是澄衷学堂的最早一批学生之一。此外叶澄衷还在镇海庄市创办了叶氏义庄,后更名为叶氏中兴学堂。这所学校的目的是让庄市家乡的子弟能够接受现代教育,形成了"治学严谨,德智并重,中西合璧,理念超前"的办学特色,很早就教授英语等现代课程,曾培养出名扬海内外的宁波商帮名人和遍布国内外的各界精英,包玉刚、邵逸夫、包从兴、赵安中等人就是在这里接受的启蒙教育。

（二）民众教育

晚清至民国时期,通过举办识字学塾、平民学校、民众学校、民众教育馆等社会教育机构,开展识字运动,施行民众教育。

民国政府在1927—1949年之间所建立的民众教育馆组织,是政府探索乡村社会的文化教育、政治和农业经济全面改造的一条重要路径,对当时乡村教育提高和乡村基层政治、农业生产的近代化应当说起到了一定的积极作用。各地民众教育馆不仅大力开展以扫盲为特征的文字教育,注重民众读书识字,更通过图书阅览、出版通俗刊物、讲演、识字运动、代笔会、流动书车、展览会、广播电影等各种各样形式,教育民众,致力于整个乡村文化和民众生活方式的改造。民国期间,鄞县当时设有13个民众教育馆,2个图书馆和1个民众体育场,其中2个县立民众教育馆设在城区,其余则设在各镇上,方便面向乡村服务,如古林镇民众教育馆内设置有民众夜校、农村图书馆、举办各种通俗演讲、壁报和社会调查。

平民学校或单独设立,或附设于小学。除教育机构办学外,还有政府机关及学生团体举办者。平民学校在对平民进行识字教学的同时,还进行政治启蒙和简易的生产知识和技能的教学,开设识字、常识及政治等课。教材为平民教育促进会编写的《平民千字课本》,辅助读物为《平民千字报》。教员一般由小学教师兼任。每晚授课2小时,每期学习5个月,结业时学生识字达1000个以上。民国16年(1927),平民学校根据教育部所颁《民众学校办法大纲》,改办为民众学校。

（三）农业教育

自 19 世纪后半叶起，西方近代自然科学和实验农学伴随着西洋人的纷纷来华而传入中国。19 世纪末，中国开始效法欧美各国和日本，兴办农业教育以培养农业科技人才，并附设农事试验机构，将近代农业科学知识、农业科研成果介绍给广大农民，从而推进了我国的农业现代化进程。

近代，浙江农业学校得到了较快的发展。宁波地区创办了两所农业学校。一处是奉化溪口的武岭中学下属的农业职业技术学校，农事试验场场部设在一山之隔的武山东麓，计有水田 70 亩、旱地 110 亩、林地 1100 亩，先后由朱行夫、宋涛、张恺、鲍尚贤、潘克勤等先生任场长，下设农艺、森林、畜牧、蚕桑、植保等科组。农职部在教学内容安排上，突出"农"字。第一学年以文化课为主，第二至第四学年以农事专业课为主，第五学年进行生产实习。专业课课程有：作物、森林、园艺、畜牧、蚕桑、遗传育种、土壤肥料、植物保护、农村经济、农产品加工及农村教育，等等。生产实习分组进行，下设四个组：农业技术组、农业经营组、农业推广组和农村教育组，分别在农事试验场、武岭罐头厂、学校周围农村、小学部和民众夜校实习。1934 年，自编了《乡土教材》，作为学生必修课目。农校十分注重学生书本知识和初级生产实践的结合，重视实习，除了安排整个毕业学年生产实习外，其他学年也安排了一定时间的实习：一、二年级学生每周是 2 个下午，三、四年级则是每天下午，一个下午 3 小时。另一处农业学校是慈溪的锦堂农业中学堂，为旅日华商吴锦堂创立的私立学堂，但其学制课程大体上遵循学部的规定，办学章程和教职员工名单都呈报省政府备案。锦堂农业中学堂学制为预科 2 年、本科 3 年，设农本科、蚕本科 2 个专业，农本科设置文化课有修身、国文、外国语、算学、物理、化学、博物、图画、体操等；专业课有土壤、肥料、作物、园艺、农具、气候、病虫害、畜产、水产、林业、养蚕、农产品制造和农业理财等。蚕本科的文化课基本相同，专业课有蚕体生理、蚕体病理、养蚕及制种、气象、桑树栽培法、制丝法、蚕业泛论、蚕业理财、农学大意等。

## 二、民间公益自助组织——水龙会(局)

防火一直是传统乡村的重大公益事务，以木结构占绝大多数的乡村民居一旦着火则往往酿成大祸，且易形成连绵之势，需要以整个村落为单位来共同组织进行防范和救助。近代宁波村落中因应防火、灭火的需要形成了"水龙会"这一民间公益自助组织。宁波风俗以农历五月二十为分龙日，分龙之俗源于何时尚难考定，但宋人陆佃的《埤雅》、叶梦得的《避暑录话》等著录就多有记载。《占候书》说："两浙以四月廿为小分龙，五月廿为大分龙，池俗的五月廿九为分龙，闽俗以夏至后为分龙。"古人以为龙主水，而盛夏常有"夏雨隔牛背"的现象，是因为龙的上司在分龙日这天开始，命令下属各自分头行雨，以便"察而治之"的缘故。分龙日也由此一观念而来。从《占候书》中，我们了解到分龙日的具体日期各处不同。这大概是考虑到各地气候不一而有先有后。至于"小分龙"之俗，今人已不得而知。分龙日是水龙检阅的盛大节日。事实上就是一次消防演习竞赛，同时也表达了人们消灾免祸的愿望。

民国期间，官方警察署下设消防警察队，负责城乡区域消防。但作为松散民间组织的水龙会并没有因此而消失，特别是在偏僻的乡村地区，它不失为官方消防力量的重要补充。宁波传统的水龙会又叫水龙局，不同于今天行政序列的"局"，它没有级别，没有编制，更没有下拨经费，而是明清时期兴起的民间自助消防组织，在浙东城乡有着广泛分布。民国后期，宁波各地制定《地方性义务消防队组织规程》，改水龙会等民间消防组织为义务消防队。乡村水龙会一般有一艘龙舟，并备制着一两具木制杠杆式水龙及其他消防器具，救火设施一般存放于傍河的房舍或村庙中。水龙会设备添置及维修等经费开支来自当地商号和开明人士的捐助，或由富户捐些田产作为龙会义田，其地租收入供龙会开支，救火的人员也都是志愿参加不拿薪金补贴的男性青壮年农民及手工业工人。每个水龙会都有一名负责组织和保管器材的"龙头"，水龙会的成员叫龙兵。在出龙救火或演习时，"龙头"负责携带一支两米来长的水龙头。到达目的地之后，他首先确定安放水龙的位置，并迅速套装水龙头，接着就高高地站在龙身上面进行现场指挥。平日，远近村镇一旦发生火警，负责司锣的龙兵就得马上拿起铜锣（火锣）沿村庄或街坊边跑边敲。龙兵们听到急促的火锣声之后，立刻奔向水龙间集合，并按照各自的职司，赶往失火地点参加扑救。救火完毕，司锣敲奏缓慢的太平锣，向沿途乡亲报火后平安。水龙会有不成文的制度，如发生火警时，有水龙会会员听到警报而无故不去救火，将罚其口粮；在救火时奋力扑救，则会受到人们的奖赏。对于那些在救火中负伤的会员，水龙会除及时予以治疗外、还发放一定的误工补贴。至于在救火中死亡的会员,由所属村安葬,发给其家属一定的抚恤金。平日里,水龙会还制订了一些预防措施,如督促店家、企业添置救火设施,检查村民火烛,等等。

鄞县水龙会组织发端于清道光二十六年,由徽人张绎、邑人缪棠等创立水龙局,下设永安会、临安会、同安会、普安会、靖安会、保安会、咸安会、均安会等各城厢救火分会,负责不同片区的消防。道光二十九年鄞县创立救火联合会,专门管理各救火会事项。民国期间,鄞县政府成立宁波公安局消防队,作为官方机构,专门负责城乡消防工作。民间水龙会与之并存,继续发挥着民间自助救火的功能。

鄞县走马塘村的"济安水龙会"就是宁波地区乡村水龙会的一个典型实例,由本村乡人陈松涛等发起,创办于清光绪年间(1875—1908),置存国产消防龙二枝。1928年,村中数名热心公益士绅慷慨襄助,在上海购得人力压力泵水龙大小各一枝,还添置了水带、太平斧、煤油灯、长梯、急救药箱、水桶等配套设备。据说该水龙为洋龙,由英国怡和洋下属的机器制造公司生产,在宁波地区屈指一首,现被保存在上海消防博览会。该水龙会还建有专门的水龙会驻地房屋一幢,简单的砖混双坡顶形式。双开间布局,长约7米,宽约6米,建筑面积为45平方米,至今尚保存完好(见图5-10)。

图 5-10　鄞州走马塘村济安水龙会

镇海的郑氏十七房村早在明天顺五年(1461)就建立了水龙会,之后,同居15世祖郑崇岳(1501—1569)进行白麟溪改造工程,引深溪之水至麟溪,以增水源,在流经村中的溪上建造"十桥九闸",蓄水防洪抗旱,饮用洗漱,为消防备足水源,周边群众受益匪浅。每年农历八月初一为当地的"水龙节",各支水龙会就先后把水龙拉到白麟溪一带试车(检验水泵及配件的好坏),发现问题当时或过后就要进行修理。水龙会上,各水龙会还要进行喷射比赛,通过这一活动,水龙会既测试了水龙的性能,又锻炼了队员的操作技巧。

### 三、规范化管理的集市——小菜场

根据《浙江省市场志》记载,浙江存在大量明、清时代的定期市集。关于这个现象的经济和社会意义,美国人类学家施坚雅(G. William Skinner)在他的《中国农村的市场和社会结构》(*Marketing and Social Structure in Rural China*)一书中指出:集中在各级城市里,每天开市的市场称为"中心市场",是市集系统的最高层;广布于各个村落的零散交易是最基础的"初级市场";而处于中心市场和初级市场之间的为"中介市场",也即定期市集。中介市场最初就是从村头交易的初级市场发展而来的。按照施氏的说法,要支撑一个每天开市的中心市场必须有足够的需求,即"门槛需求"。当不足门槛需求时,只能形成间歇开市的"定期市集"。在这个范围内,需求量较大,开市日就较多、较密,反之,则较少、较稀。三、六、九市与二、五、八市的中介市场市日互相错开,为的是让每一个中介市场都拥有自己足够的市场覆盖区。其范围,通常为赶集的人步行或乘人、畜驱动的车、船能早出晚归为最大半径。当市日关闭时,定期集市上的流动供应商(许多是货郎担)就有机会到相邻的其他中介市场上去做生意。所以,这种相邻市场互相错开的市日,是使供、需双方都能满意的安排。[①]

宁波地区在明、清乃至于民国时期因其优越的交通商贸区位而孕育出一个庞大而有规则的集市网络。为了提高大众公共卫生水平,民国期间,政府在浙东各县市推行小菜场制度,即为专营蔬菜粮油、服务于村民日常饮食生活的固定化集市。小菜场统一在城乡选址设立并固定下来,以便规范菜贩经营。农村地区的小菜场一般由农村集(早市)改造而成,在乡村繁华贸易集市所在地也遍设小菜场。小菜场内综合经营各种时令菜蔬、干、咸、鲜海货及生肉类,同时也经营豆制品、卤制品及其他熟食类等。根据《鄞县县政府管理菜市场规则》[②]规定,距离菜市场半里以内不得开设菜蔬店及鲜卤咸货铺,但在菜市场成立前已经设立者不在此限,违者勒令其停业处以 10 元以下之罚金;他种商店内不得设摊售卖菜蔬及鲜卤咸货,违者处以 10 元以下之罚金;菜市场内酌设管理警及清理夫若干人以维持场中秩序及清洁;各摊须按照摊照所列号码地点设置并不准占场外及行人道上,

① 郑绍昌:《浙江省市场志·概述》,http://www.zjol.com.cn/gb/node2/node87411/node101019/index.html。

② 参见《鄞县通志·政教志》,第 732—733 页。

各摊用户用过污水须倾入污水沟内不得在场地上轻泼;场内各摊位四周污物应由各摊贩于散市后自行扫除干净;场内废弃物应由各摊位自行备器贮置倾倒指定地点以便清理夫挑运。

鄞州走马塘村航船埠头就曾设有一处间歇开市的定期小菜场,主要经营各色菜蔬及肉类,满足本村及附近村镇的日常之需。与小菜场相关的是屠宰场。鄞县当时有官方认可屠宰场两处,第一屠宰场在江北岸西河塘(刘家边),建于民国 17 年,屠宰食用牛;第二屠宰场在旧监仓门外,建于民国 18 年,屠宰猪羊场所。牲畜在屠宰场内统一安全卫生屠宰后,鲜肉被分运到各城乡小菜场上销售。对于牲畜屠宰和销售的集中统一规范化管理,大大促进了城乡公共卫生健康水平的提高。

### 四、公共环境卫生标志——公坑

公坑即公共厕所。清同治三年(1864),上海公共租界工部局在南京路虹庙上海第一座公共厕所的建成后,上海地方绅士也于 1909 年在侯家路集资建造一座中国人自己的公坑。到 20 世纪 40 年代上海的公坑达到 70 座。公共厕所的出现标志着公共环境卫生事业的开始。

民国 4 年(1915),孙中山视察浙东绍兴时指出:"沿途之厕,急宜迁移于一处,勿使臭气熏人;河道之水,急宜使之清洁;卫生之事,处处宜加讲求。"①引起了当地政府对公共卫生环境的重视。鄞县的公坑建设始于民国 18 年(1929)。当时的鄞县政府以本地露天粪缸形式的私坑"邻里秽气熏腾、蝇蛆四溢,有碍卫生,订定规则以取缔之"。规定全市各区相距半里设置公坑一处,每一处设粪斗两个,尿漕两个。② 政府出台的《公坑规则》、《设立公坑取缔私坑规则》、《管理公坑规则》中规定:为谋公众卫生和清洁道路,各村里民众均应明了斯旨共同进行。建造公坑费用由各村委员会体察就地情形妥筹办理。每村设公坑若干由村委员会就地户繁简酌定(至少每间筑一公坑)。公坑先就共有地点设置,若无则得收用相宜之私地办理并须给付代价。建筑务必坚固而能避风遮雨,但其出入之门须有启闭开关。公坑及改良私坑设置应距离街衢 120 米以外。公坑分私有性质的公坑和公有性质公坑。私有性质的公坑建立在原有露天粪缸基础上,由若干家合作改

---

① 《绍兴市志》第三十九卷,医疗卫生,http://app. sx. gov. cnmainsxsz_list. jsp? catalog_id=20050411002062。

② 《鄞州通志·工程志》,第 10 页。

建。公有性质公坑由村里会借款建筑以粪料售卖之收入按期抽还（偿清后其收入即充作村里会公益费用）。公坑每日洗扫两次，每日上午五时须将粪溺出清。每天下午六时开点灯至次日早六时熄灯。管理人员不得向登坑者需索小费。公坑为便于行人大小便不许倾倒便桶。公坑粪便清运由政府向肥料公司招商承办，并根据《肥料运输规则》有偿购买清运。① 这些细则的制定，起到了规范公坑建造、维护之标准的作用，是推动宁波乡村公共环境卫生整饬之始。

## 五、公共健康的基石——乡村医疗设施

清代，虽然医疗职能普遍由地方社会承担，如宗族、各种善堂等慈善机构，但它们都具有一个共同的特点，即均不能算是纯粹单独的医疗机构，而是大多在主体救济功能之外兼具施医诊治的作用，并非"专门化"的医疗机构，而且这些慈善功能基本延续着宋代以来分散性的乡贤救治的地方传统。道光以后，中国地方社会的综合性善堂急速增多，意味着其中所包含的医疗救治成分也会相应地增多，这就为西方医疗行政体系的介入奠定了基础。后来更有"施医局"这样的机构从善堂系统中分化出来独立运作。它与西医医院虽在诊疗手段和组织形式上大有不同，但在对疾病治疗、进行空间组织方面却有相互衔接与共容的地方。

自从近代以来，农村医疗卫生就一直是中国政府和知识分子最为关注的问题之一。在 20 世纪 20 至 30 年代，晏阳初、陶行知、梁漱溟等推行乡村建设运动，其中"自下而上，在村、区、县建立三级医疗保健网，用最经济、最有效的方法，普及农村卫生事业"成为乡村卫生建设的原则，为后来中国的合作医疗与"赤脚医生"提供了经验。② 尽管少数地区因推行乡村卫生建设有所改善，但总体上农村的卫生保健水平依然很低。医疗条件较好的综合医院、诊所多设在城区，乡间依然以私人坐诊中医为主，其中也有少量民间的名医在乡村开设具有一定规模的诊所，可以起到辐射一定范围的医疗卫生服务作用。位于走马塘村的"百年诊所"就是清末鄞南民医陈松焘的行医场所，为一完整的院落，内有诊所用房"贻谷堂"，贮藏医书和古董的"涵碧庐"，小型园林"守拙园"，还有一排五开间的生活用房以及伙房（见图 5-11）。

---

① 《鄞县通志·政教志》，第 748—751 页。

② 张大庆、文树德：《中国赤脚医生的过去、现在和未来》，21 世纪中国与全球健康，ht-tp://download. thelancet. com/flatcontentassets/series/china/comment9. pdf。

图 5-11  鄞州走马塘村百年诊所

随着西方教会在宁波地区的文化传播,西药房开始出现,但数量有限且只是分布在城区,中药房在乡村分布相对比较广泛,私人中医坐诊的古老方式在近代宁波乡村依然十分普遍。例如当时鄞县的医院共13所,其中只有2所设在乡间。诊所共55所,乡间仅9所(见表5-8)。

表 5-8  鄞县医疗设施统计表(民国 25 年 12 月)

| 种类 | 性质 | 数量 | 附记 |
|------|------|------|------|
| 医院 | 县立 | 1 所 | 城区 11 所,乡区 2 所 |
| | 公立 | 1 所 | |
| | 私立 | 11 所 | |
| 助产所 | 省县合办 | 1 所 | |
| | 私立 | 14 所 | |
| 诊所 | 县立 | 4 所 | 其中城区 50 所,乡区 9 所共计 55 所 |
| | 公立 | 1 所 | |
| | 私立 | 34 所 | |
| 西药房 | | 4 家* | 全部在城区 |
| 中药房 | | 113 家* | 其中城区 71 家,乡 42 家。 |
| 中医 | | 412 人 | |

* 根据鄞县通志食货志整理。来源:《鄞县通志政教志》,第 764 页。

### 六、城市生活方式的延伸——乡村电话与邮政

浙东乡村电话有官办和商办两种形式,民国 20 年,鄞县官办四明电话局曾拥有磁石交换机 100 门,并在各乡分设交换所,"以期节省装费而僻壤小村均得通话之便"①。成立乡村电话交换所后改为鄞县电话局。政府制定线路设置计划并负责安装,线路由地方人士集资兴建,遇有损坏均即派工巡修。②

浙东对外贸易往来的发达带来了近代邮政的发展。明朝永乐后,民办信局(初称信局)首创于宁波,逐次推向全国。五口通商后,宁波帮迅速崛起,民信局进入鼎盛时期,宁波有全盛、协兴、福润等信局 125 家。其时有信客之专业,信局扩大组织遍设分局及代办处,成为邮政代理机关之一,后因近代邮政发达而渐次衰落。光绪四年(1878),中国海关总税务司英人赫德(Robert Hart)与北洋大臣李鸿章商定,依照西欧邮政之法,授权天津海关税务司英籍德人德催琳(Gustar Detring),指令宁波海关书信馆收寄华洋公众邮件,承担投递和转发业务,并附发大龙邮票,开创了浙江近代邮政之先河。光绪二十二年(1896)年清廷唯恐邮权旁落,御批创办大清国家邮政,全国首批御准成立的邮政局共 24 处,宁波名列其中。光绪二十五年(1899),宁波邮政局改为"宁波邮界邮政总局",光绪三十一年(1905),宁波邮界邮政总局下辖宁波府、绍兴府、台州府、金华府、衢州府等 15 处邮政局和 24 处代办邮政铺商,几遍大半个浙江省。

随着近代官办邮政服务开展以来,以宁波为核心形成的铁路和汽车公路交通网发展弥补了水上邮路的局限性,使宁波城乡地区与杭州、上海、温州等地联系更为快捷,宁波乡村地区的乡村邮政也得到了迅速的发展,各乡镇普遍设立邮政代办所、乡村邮站、村镇信柜、邮票代售处等,通常采用自办邮差邮路、航(民)船邮路及脚夫邮路三种方式投递。如鄞县邮电局于民国 24 年(1935)奉令开村镇投递及揽收邮件事务,依照规定,每天经行鄞西村镇邮路(经 14 村)和鄞东村镇邮路(经 22 村)各村镇一次。③

---

① 《鄞州通志·工程志》,第 11 页。
② 《鄞县通志·政教志》,第 96 页。
③ 《鄞州通志·政教志》,第 1253—1254 页。

# 结语:正在消逝的历史?

　　隐藏在山水之间、风情各异的历经历史风云幸存下来的历史村落,就是今天我们口中称之为"古村落"的这些古老的村落,而在现代化的历史进程中,一个显著的特征就是快速发展的工业文明正在吞噬着农耕文明,乡村社会正在成片地急剧消失,作为整个人类摇篮的、绵延了数千年走到今天的古村落,正在一个个地被五光十色的现代建筑群所取代。正如本书前言里就已经指出的那样,我们的文化遗存向来是自然保留下来,而不是保护下来的。但随着经济社会的发展,所有的古村落都几乎宿命地时刻面临着发展的命题:是保护,还是开发,还是保护性的开发?(其实关于这保护性的开发本身又存在着诸多解释和争议,此处不作展开)这绝不仅仅是宁波古村落面临的问题,这是全中国保留下来可作为文化遗产传承下去的古村落共同面临的问题和困境。

　　建设部总规划师陈晓丽认为,中国历史文化村镇的保护面临着五大方面的难题,包括认识不足、规划滞后、年久失修、资金缺乏、档案缺失。一些古老的历史文化村镇饱受现代经济活动和城镇化的影响,传统风貌仍在遭受不同程度的破坏。究其原因,主要是由于人们对历史文化价值认识不够,既没有将历史文化资源作为全人类遗产进行抢救,也没有将其作为延续民族文化、展示传统风貌的载体来看待,在实际保护中没有处理好保护与发展的关系。随着时间的推移,很多传统民居建筑年久失修,随时都有倒塌的可能,这为保存其完整性带来了困难。另外,消防、给水、排水、供电等基础设施陈旧落后,远不能满足人们日常生活的需要,也存在一些安全隐患。我们在调查走访中经常遇到这样让人痛心的现象，即曾经到过的某古村落中的古民宅，下回再想造访增补些资料的时候，赫然发现只剩下烧毁后的残垣断壁和一片焦黑的废墟，譬如象山的儒雅洋村，我们在四五年间几度造访，每次都遗憾地知道又有我们测绘过的经典古宅毁于火灾。由于当地保护资金不足，缺乏长期有效的资金投入保障机制和明确的管理主体，无法承担对传统民居修缮的补贴，一些极有科学艺术价值的传统民居、街巷、祠堂、园林等，就在我们的手中眼睁睁地消逝了，不得不说这是让一切热爱历史和传统文化的人们深感痛心的现状。

这还不包括新建插建以及开发带来的建设性破坏。据我们多年来深入乡村的调查了解，古民宅十之五六已不同程度改造和翻新，相邻周边新建楼房更是普遍，从目前情况看，古村落采取大拆大建全部推倒重来的情况很少，但拓宽大马路、建起新楼房的现象十分普遍，传统民居、村落历史风貌被新建的方形建筑弄得支离破碎。可以说，过去的三十年间我们的历史村落消逝了有十之七八，如果我们任由这种情形延续下去，在未来的三十年间，幸存的这些古村落还能保留下来多少？

每个村落都是一个巨大的文化库，宏观来讲，古村落要求整体性保护，可概括为两大方面：物质形态方面和非物质形态方面。物质形态方面包括：古村落的自然环境、空间格局和独特的形态，以及古村落的物质组成因素，如居民、院落、广场、街道等。非物质形态方面包括生活方式、文化观念、语言、文字以及村落的文化意象、氛围。古村落保护有几种形式：一种是景区形式，这一类比较多；一种是民居博物馆的形式，即把各个地方零散的经典性的古建筑集中起来保护，比如晋中的一些大院；一种是生态区的方式，维持当地原住民生活的原生态，比如鄞州走马塘村，宁海前童村；一种是纯粹博物馆的方式，在西方比较多，我国在贵州黔东南地区的梭嘎地区也建了一两个；还有一种是分区保护方式，比如镇海十七房村，在老村边上建一个新村，老村整体进行整修保护。这些都各有各的得失和问题，应该进行比较思考研究，每一个古村落应该有适合自己实际情况的独特发展模式。

我们要保护的是古村落，但不是说所有的村落都要原封不动地僵硬保护。处理古村落问题有几条原则：第一，应该有悠久的历史，而且这一历史都被村落以各种有形或无形的载体记忆着。第二，应该有属于这个村落的较完整的文化生态体系，比如有完整的戏台、庙宇、祠堂、民居、街道、水井、晒场等,应该有自己完整的体系。第三,应该有比较深厚的物质和非物质的文化遗存,包括各种民俗民间艺术,当然这个村落可能没有特殊节庆方式,那个村庄可能没有民间戏剧,这都可能,但是每一个村落应该有它自己的特色、特点。

一般来说,在村落保护当中,物质形态方面的保护是比较显性的问题,相对来讲比较受到重视和易于执行,前面所说景区式和博物馆式的古村落保护形式都是着眼于物质形态方面的保护,虽然在保存传统文化物质载体方面做出了卓有成效的工作,但难免陷入只留下传统文化躯壳的尴尬境地。古村落中储藏着极其丰富的非物质的精神文化遗产,包括生产民俗、生活民俗、商贸民俗、节日民俗、婚丧嫁娶信仰民俗,以及民间的戏剧、音乐、舞蹈、民歌、民间文学、传说故事、歌谣歇后语、笑话寓言以及各种手工技艺,等等,大量的文化还有这些文化的传承人,它们才是一个个村落的文化灵魂。而非物质文化遗产是讲究口传心授的,千百年来,它通过父授子传、婆领媳做的形式一代代传了下来。如果下一代人都到城市中打工去了,或者原本聚族而居、世代繁衍的村落迁移散居,文化就无法鲜活地传承延续,这是非物质文化的本性,同时也是当前中国传统文化日见稀薄的原因。因此我们保护古村落更是要保护这些无形的、个性的、多样的精神传统,保住我们民族的精神 DNA。

正如宁波地方文化学者周时奋先生所说:"当所有的老村落全部消失的那一天,整个人类都将沉重地怀念它。"也正是从这样的意义出发,我们不能坐视古村落成为"正在消逝的历史"。